跨文化

影视广告创意

聂艳梅 著

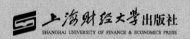
上海财经大学出版社
SHANGHAI UNIVERSITY OF FINANCE & ECONOMICS PRESS

图书在版编目（CIP）数据

跨文化影视广告创意/聂艳梅著.—上海：上海财经大学出版社，
2016.8

ISBN 978-7-5642-2544-5/F·2544

I.①跨…　II.①聂…　III.①影视广告–创意　IV.①F713.851

中国版本图书馆CIP数据核字（2016）第208145号

□ 责任编辑　吴晓群
□ 封面设计　杨雪婷

KUAWENHUA YINGSHI GUANGGAO CHUANGYI

跨 文 化 影 视 广 告 创 意

聂艳梅　著

上海财经大学出版社出版发行
（上海市中山北一路369号　邮编200083）
网　　址：http://www.sufep.com
电子邮箱：webmaster@sufep.com
全国新华书店经销
江苏凤凰数码印务有限公司印刷装订
2016年8月第1版　2019年7月第3次印刷

710mm×1000mm　1/16　26.5印张　446千字
定价：49.00元

序
Preface

广告太容易获得了，也太容易流失了！很少有人会认认真真地收集广告，然后比较、研判、综合，读出那些五光十色背后的文化传统和生活经验，最终形成自己的超越。

广告太容易被批评了，也太容易被扭曲了！太多的随意指责，太多的"正言呵斥"，让广告一脸惶然，广告甚至被剥夺了可怜的价值形象！应该指出，这不是一种好的广告氛围，更不是一种负责的广告批评。

广告价值源于生活的赋予，源于人与生活的文化沟通。读懂广告，既是生活的要求，也是文化的要求。广告中的欲望表达以及文化感觉的塑造，值得我们认真研究。因为这就是我们最为形象的、纠缠于心物之间的精神进化表征。

这世界不缺广告，缺的是有论、有据、有创新方法的广告研究。特别是缺乏具有国际视野，在跨文化传播立场上的研究，并对世界广告进行比较分析，能够着眼于文化元素和创意视角的开掘，以及力求在共通的文化心理解析基础上，达成广告的国际化沟通。

本书作者的学术努力是值得关注的。作者长期研究影视广告，在美国访学期间，收集了大量广告案例，并在此基础上形成研究框架，聚焦跨文化传播，旨在从多元文化的背景上获得深度的阐释。

本书论及的影视广告来自亚洲、欧洲、美洲14个国家，共400多支，可见工程浩大。这些影视广告的生产背景各不相同，要能深度还原作品的内涵，真不是件容易的事！作者没有简单地走就事论事的文本分析之路，而是以作品为基本前提，努力拓展批评视野，重点分析了十多个国家的影视广告创意现状、文化传统以及影视广告中文化元素的产生和运用。由此，作者直观地呈现了跨文化影

1

视广告的创意驱动和形象策略，同时又宏观地探讨了20多个相关品牌的核心诉求和价值内涵。

跨文化解读，最怕的是"鸡与鸭讲"，在基本的逻辑上发生错位，缺乏共同理解的基本前提。作者在研究之初就意识到这一问题的存在，意识到文化冲突和创意误读的风险。因此，作者努力从一些国际通用的符号以及人性共通的情感上来寻求批评的深度，探索跨国广告的有效沟通路径，比如从音乐、音响、动物以及通用符号、图腾象征等元素入手，找出创意发生的规律，思考跨国品牌通过广告创意打开他国市场的营销奥秘。这一点，本书无疑是成功的。

中国广告自1979年恢复以来，已走过37个年头！这些年来，中国广告在不断地走向理论自觉，并提出要梳理西方广告的文化脉络，要建构中国广告的文化自信。然而，真正要实现广告理论的创新，反省舶来广告的价值陷阱，不是一件容易的事！这需要大量的阅读，需要大量的素材和数据，需要将跨国广告置放于原生的文化秩序中去，求真解读。

值此，本书的贡献，可见一斑！

金定海

中国广告协会学术委员会　主任

上海师范大学人文与传播学院 教授　博导

目　录
Contents

绪　论
影视广告创意与文化元素运用

　　1895年12月28日，卢米埃尔兄弟在一家咖啡馆里公映了《工厂大门》《火车进站》等影片，后来这一天被确定为电影的诞生日。1926年1月27日，苏格兰发明家约翰-贝尔德向伦敦皇家学院的院士们展示了一种新型的、能够通过无线电传递活动图像的机器，这就是电视媒介。由于影视媒介具有视听结合、声画并茂的优势，因此获得了观众的认可。

　　借由影视媒介的诞生，影视广告也迅速出现。从世界范围来看，目前保存下来的最早的一支影视广告是1926年南斯拉夫的KALONONT牙膏的广告，广告以无声电影的形式通过故事情节来展示牙膏的功能特点。而在中国，最早的影视广告则是1979年1月28日投放在上海电视台的"参桂补酒"广告。

　　如今，世界影视广告经过90年的发展，中国影视广告经过30多年的发展，在创意和表现上都获得了长足的进步。然而从总体上来看，影视广告的创意还存在很多问题，必须对影视广告的创意理论和创意方法进行分析和总结。因此，本书将从分析我国影视广告创作中存在的问题入手，探讨提高我国影视广告创意的策略和方法。

一、我国影视广告创意发展中存在的问题

　　在我国影视广告发展的30多年间，它从最初的突飞猛进，到现在的平稳发展，已经逐渐形成了其创意风格和创意格局。然而伴随着影视广告的迅猛发展，在影视广告的创作中也滋生了许多亟待解决的问题，具体如下：

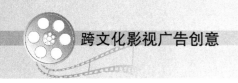

（一）重视数量推进，轻视质量深化

与欧美发达国家相比，我国的影视广告业起步晚、起点低，因此在发展过程中出现了数量上的极度膨胀现象，由于缺乏广告与市场方面的知识，又没有经验可循，于是高速增长的背后隐藏着严重的质量危机。近年来，随着我国电视产业中的频道化发展，电视频道的数量增多，广告投放时间段更充裕，广告的投放数量就更多了。与这种高速增加的广告投放量相比，我国影视广告的创意质量还较低，因此，提高影视广告的创作水平便成为增强广告传播效果的迫在眉睫的问题。

（二）重视投放声势，忽视作品质量

在整体策划的基础上，提高单则广告的创意水平是影视广告创作的必由之路。影视广告创意不仅仅是玄妙的"灵感突现"，更应当是在深入的市场调研给予产品以准确定位的基础上的巧妙构思与独特表达。只有好的创意，才能有效地传达信息，把产品的定位转变为消费者的心理定位，从而塑造产品的独特形象，达到创建品牌的目的。但是，我国的影视广告界却经常有重声势、轻创意的投机取巧现象。以高频次的广告投放而进入观众视野的脑白金广告，就是典型的例子。因此，对于生命周期较短的我国企业来讲，产品通常处于导入期或成长期，还没有足够的资历追求广告声势上的所谓大制作。只有脚踏实地进行产品和功能研究，找准产品的定位，以独特的创意来诠释产品信息，才能创作出有效的影视广告作品。

（三）奉企业为上帝，忽视消费者

当前的影视广告中存在一种"高声叫卖"现象，即广告中充满了居高临下的叫卖声和慷慨激昂的豪言壮语，这类广告如同一个霸道的推销员猛然闯入消费者的家中，指手画脚地高谈阔论，竭力地自我炫耀。末了，还想威胁消费者购买。试想这种广告怎能被消费者接受呢？

影视广告只有从顾客的角度思考，用心去创作，以平等的朋友般的诚挚来打动消费者，才能得到消费者的认同与回报。广告宣传要基于消费者"听的需要"，而不是广告主"说的需要"，才能实现广告与消费者的顺利沟通。

(四) 创意低俗,缺乏文化内涵

综观我国的影视广告,其创意缺乏文化内涵,整体品位比较低俗。虽然近年来,随着我国参与国际广告活动的增加,以及外资广告公司进驻中国,中国影视广告的创意水平得到了一定的提升,然而从总体和全局来看,我国影视广告的创意水平仍然较低,尤其是文化元素的运用较少且不够巧妙。

在创建品牌成为全球共识的今天,塑造有个性、有内涵的品牌已经成为各大企业共同追求的目标。因此,为了增加品牌内涵,塑造内涵丰富的持久品牌,就需要在影视广告创意中巧妙地运用文化元素,提升广告的文化品位。

二、影视广告创意方法研究综述

影视广告创意是整个广告创意学的分支,因此影视广告创意需要遵循广告学、传播学、营销学等学科的理论基础。然而由于影视媒体的特殊性,影视广告的创意理论又有其独特性。所以在建构影视广告创意理论、探讨影视广告创意方法的时候,要从影视媒体的媒介属性出发,才能总结出符合影视广告创意需求、具有行业指导性的创意理论和方法。

由于影视媒体在传播上的巨大影响,影视广告也赢得了众多企业和电视台的关注,影视广告的创意问题也一直是广告业界最为关注的课题之一。下面将对影视广告创意理论和创意方法的研究进行总结。

总体来看,当前对于影视广告创意的研究更多集中在具体的创意方法上,也就是对于具体的创意技巧和制作方法的探讨较多,而对于理论上的总结较少。

总结国外影视广告创意的研究成果,更多的是一些外资广告公司的创意经验总结。比如,霍珀·怀特 (美) 的著作《如何制作有效的广告影片》对美国李奥贝纳广告公司多年来的影视广告创意经验进行了总结,分别就影视广告创意、表现和制作等问题进行分析和研究,具有很强的实际操作性。另外,笔者以关键词 "TV Advertising" 对 SpringerLink 电子期刊数据库进行检索,对这些论文成果 (如《性诉求在跨文化传播中的对比研究——分析主流媒介上的电视广告》《儿童对电视广告的反应研究》《香烟类电视广告研究》《儿童对电视广告的理解——年龄、性别和父母的影响等因素》等),进行分析经研究发现总体来看,国

基础。

3. 案例法

对中外影视广告作品进行收集和整理,对整个中国 (包括港澳台地区) 的电视媒体上投放的广告进行监测,对戛纳广告节、纽约广告节、克里奥广告节、Oneshow美国金铅笔广告大赛、伦敦广告节、亚太广告节、全国广告节等共计2 000余件获奖影视广告作品进行剖析。在大量作品分析的基础上,对影视广告的创意方法进行研究。

4. 归纳法

归纳法是一种由个别到一般的论证方法。它通过许多个别的事例或分论点,归纳出它们所共有的特性,从而得出一般性的结论。本研究正是基于对众多影视广告作品创意方法进行的分析,对不同国家的影视广告创意风格和创意方法进行总结归纳,形成影视广告的创意方法论。

(三) 创新点

1. 研究角度新: 在跨文化的背景下研究影视广告的创意方法

本研究从跨文化传播的角度入手,选取当前广告业发展快、影视广告创意独具特色的亚洲、欧洲和美洲的14个国家进行重点分析,基本囊括了影视广告创意最前沿的创意经验。在分析各国文化元素和影视广告创意方法的基础上,总结中国影视广告应对跨文化传播大潮的创意方法体系。

2. 研究方法新: 重视实证研究,全面建构影视广告的创意方法体系

本研究采用定性研究和定量研究相结合的方法,点面结合,力求有理有据。运用案例法从广告的情节设置、道具运用、音响效果运用、性感诉求方法运用和动物形象运用等角度深度剖析影视广告的创意方法;运用内容分析法选取亚洲、欧洲和美洲的14个国家探讨文化元素在影视广告创意中的表现方法;运用数理统计法对中外获奖作品中文化元素的运用以及植入式广告的创意进行对比分析。

3. 研究内容丰富: 案例丰富,材料翔实

为了更好地研究影视广告创意方法,本研究收集了自1926年以来世界各国的2 000多支优秀的影视广告作品,在此基础上挑选了近400支作品进行重点分析;同时,本课题还搜集整理了各国具有代表性的品牌,进行案例分析,如SK电讯、午后红茶、泰国旅游、健力士啤酒 (Guinness)、维珍集团、香奈儿、奔驰、富豪、诺基亚、李维斯等品牌的影视广告。

四、中外影视广告获奖作品中文化元素的运用现状调查

为了分析影视广告中文化元素的运用情况,下面以2005年以来的中国广告节和戛纳广告节的影视类获奖作品作为分析样本,深入分析文化元素在影视广告创意表现中的运用方法。中国广告节作为当前最有影响的中国广告赛事,其获奖作品代表了中国影视广告的最高创意水平;而戛纳广告节作为国际上最有影响的广告赛事之一,其获奖作品也代表了国际影视广告的创意水准。

下面对随机抽取的67支中国广告节获奖作品和35支戛纳广告节获奖作品进行分析,旨在研究这些广告作品中文化元素的运用情况。

(一) 中国广告节影视广告获奖作品分析

1. 文化主导型广告的比例

在67支中国广告节获奖作品中,有31支广告是文化主导型广告,占全部样本广告的46.3%;有36支广告是非文化主导型广告,占全部样本的53.7%。

2. 文化主导型作品的文化类型情况分布

在中国广告节的获奖作品中,常用的文化类型有自然文化,地域文化、社交文化和体育文化,就中国而言,地域文化包含的内容比较多,如市井文化、血缘亲族文化、历史传统文化、大都市文化、民族精神、民俗文化、方言文化等。从图0-1中可以看出,在中国广告节文化主导型作品中,32%的作品运用的是地域文化,20%的作品用的是社交文化,自然文化元素和体育文化元素各占13%。

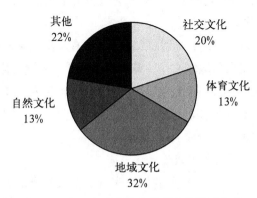

图0-1　中国广告节获奖作品文化类型分布

3. 创意表现方法的运用情况

经分析,中国广告节获奖作品的创意表现类型大致有幽默式、夸张式、情感诉求式、环境渲染式、对比式、草根式(平民风格)六种。通过对67支样本广告的分析统计,可发现幽默式广告的比例最高,占31%;夸张式广告占25%;情感诉求式广告占12%;环境渲染式广告占10%;对比式和草根式广告分别占5%。

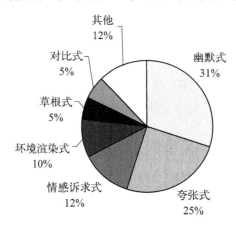

图 0-2　中国广告节获奖作品创意表现方法的运用情况分布

(二) 戛纳广告节影视广告获奖作品分析

1. 文化主导型广告的比例

在35支戛纳广告节获奖作品中,有24支是文化主导型广告,占全部样本广告的68.6%;有11支是非文化主导型广告,占全部样本的31.4%。与中国广告节获奖作品相比,戛纳广告节获奖作品更善于运用文化元素进行广告创意。

2. 文化主导型作品的文化类型情况分布

在戛纳广告节获奖作品中,常用的文化类型有明星文化、校园文化、艺术文化、社交文化、体育文化和地域文化。作为国际比赛,地域文化主要是指各国的国别文化。从图 0-3 中可以看出,在戛纳广告节文化主导型作品中,32%的作品运用的是地域文化,17%的作品用的是社交文化,艺术文化元素和体育文化元素各占13%,明星文化占8%,校园文化占4%。

3. 创意表现方法的运用情况

经分析,戛纳广告节获奖作品的创意表现类型大致有幽默式、夸张式、情感诉求式、情节式和拟人式五种。通过对35支样本广告的分析统计,可发现夸张式广告比例最高,占31%;拟人式广告占19%;幽默式广告和情感诉求式广告均占15%;情节式广告占8%。

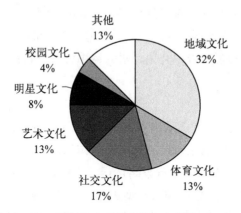

图0-3 戛纳广告节获奖作品文化类型分布

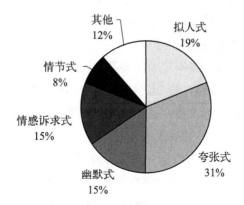

图0-4 戛纳广告节获奖作品创意表现方法的运用情况分布

五、我国影视广告创意中文化元素的运用思路

随着全球知名品牌的增多,一些有几十年甚至超过百年历史的品牌越来越多,这些品牌已经成功地经过了品牌塑造阶段,开始逐渐转入品牌管理和品牌社会化的阶段。在品牌管理和品牌社会化的过程中,为了增强品牌与社会的关系,履行企业作为社会人的角色,更好地突出品牌个性,运用文化元素开展文化营销将是这些企业非常重要的任务。

国际品牌的文化路线,也影响着很多正处于品牌塑造阶段的企业,带动着企业的品牌意识和文化意识,塑造有个性的品牌。影视广告是直观而形象的媒介,在承载和传递文化元素的时候具有非常明显的优势。

随着我国企业品牌意识的觉醒,为了更好地塑造品牌形象,发挥影视广告的作用,我们需要对影视广告中文化元素的运用方法进行深入探讨。

(一) 分析行业属性

行业属性是影视广告创意的出发点。只有了解行业属性和品牌特性,才能创作出符合市场需求的、真正有效的影视广告作品。

(1) 行业属性影响着广告创意策略。行业属性对广告的创意策略有一定的影响。广告创意策略有进攻型和防守型之分:所谓进攻型广告创意策略是指广告在同行业竞争中保持进攻态势,广告在创意质量上要求更高、投放时间上要求更早、投放力度上要求更大,比如关心度较低的日常生活用品类;而防守型广告策略是指在行业竞争中保持观望态势,视竞争对手的广告创作和投放情况而定,比如一些工业用品、高关心度的品类。

(2) 行业属性影响着广告创意表现类型。由于行业属性不同,不同的行业往往采用不同风格的创意表现方法,比如日常消费品的电视广告通常适合幽默式、家庭剧场式广告来表现,而商务用品、工业用品则适合较为严肃的表现风格,如比较式、名人推荐式、播音员播报式等。

(3) 行业属性影响着广告诉求方式。行业属性对广告诉求方式也有一定的影响。广告诉求方式有感性诉求和理性诉求两种,行业属性不同,广告的诉求方式通常也有所不同。一般来讲,生活类的日用品、低关心度的品类经常以感性诉求方式为主,从情感的角度来打动消费者、吸引消费者的关注;而对于工业用品和高关心度的商品,消费者通常要在充分掌握信息的基础上进行分析和比较,才能作出购买决策,因此这种行业的广告以理性诉求方式为主,重视给消费者提供充分的理性信息。

(4) 行业属性影响着广告文化元素的类型。运用文化元素进行影视广告创意表现的时候,要结合客户的行业属性,分析可采用的文化元素。比如房地产的影视广告适合采用建筑文化、风水文化等文化类型和文化元素,食品饮料类产品的影视广告则适合采用养生文化、饮食文化等文化类型和文化元素,而电子通信类产品的影视广告则适合采用现代科技文化、流行文化等文化元素等。

（二）确认品牌精神

分析行业属性之后，就需要对具体的品牌进行深入分析。每个品牌都应该有明确的品牌理念和品牌精神，影视广告创意要在这个确定的品牌理念和品牌精神下进行。影视广告创意作品中的文化类型和文化元素应该与品牌既有的理念和精神保持一致。

分析客户类型，大致有两类，一类是既有的知名品牌，比如具有几十年甚至上百年历史的李维斯、可口可乐、百事可乐、耐克、阿迪达斯、奔驰、宝马等，也有一些全新的品牌，如茶里王饮料、比亚迪汽车等。

为既有的知名品牌做广告创意，首先就要分析该品牌原有的品牌理念和品牌精神。比如麦当劳作为一个近80年历史的品牌，为了迎合年轻消费者的品位和价值观、保持品牌的新鲜感，自2004年以来，其品牌精神就由"尝尝欢笑，常常麦当劳"换成了"我就喜欢"，开始了其品牌年轻化的征程。在"我就喜欢"这一新的品牌精神的指导下，麦当劳的影视广告也做了全新的转变，它在我国市场不仅投放了由王力宏主唱的"我就喜欢"主题歌影视广告，更是创作了系列影视广告作品，这些广告以独特的价值观、时尚另类的符号来表现，向观众展现了一个不断自我突破、不断更新的品牌形象，保持了品牌活力。

有些品牌是全新品牌，在塑造全新品牌的时候，一定首先要明确品牌内涵和品牌精神。

（三）选择文化类型

运用文化元素进行影视广告创意表现，还要了解产品和品牌的特征和属性。

每种产品都有每种产品固有的调性，比如矿泉水是纯净的、咖啡是深沉的、啤酒是清冽的、果汁是健康的、碳酸饮料是年轻快乐的……

每个品牌都有其自身的个性，比如同是运动品牌，耐克的品牌理念是"I can"，阿迪达斯的品牌主张是"Impossible is nothing"，而李宁则提出了"一切皆有可能"的广告口号，锐步则倡导"I am what I am"的理念……

因此，在思考影视广告的创意点子，确定广告创意表现中的文化元素的时候，要从产品的属性和品牌的个性出发，在广告文化元素中体现出产品的特性和品牌的个性，广告文化元素要符合产品和品牌的调性。

比如咖啡产品的调性是深沉的，但是不同品牌的咖啡在塑造品牌形象时会赋予品牌以不同的内涵。麦斯威尔咖啡的广告口号是"滴滴香浓，意犹未尽"，在推广麦斯威尔典藏咖啡的时候，就配合了这样一支影视广告"典藏篇"，广告强调产品"典藏"的特质，以中年男女为广告诉求对象，为此广告代言人选择了王侠军，广告以情感文化为切入口，情节如下：每个人都有过去，就像广告里面的一对夫妻，他们都有情感上的过去，让过去的都典藏起来吧，就像面前的这杯麦斯威尔咖啡，虽内蕴丰富但宽容、不张扬。广告文案如下：

（女声独白） 一个人的一生总有些收藏，我不想知道那杯咖啡藏了多少心事，让我们各自喝完自己的这一杯。

（男声旁白） 一生总有些收藏……

而对于统一集团旗下的左岸咖啡，在创建品牌之初就确定目标消费者为17~22岁的年轻女性，并且提出了"追求一种宁静，追求一种心灵"的品牌主张。左岸咖啡命名的由来是：这是来自巴黎塞纳河左岸一个咖啡馆里的咖啡，是艺术、人文和浪漫的代表。与这种品牌调性相配合，左岸咖啡的影视广告"春天篇"就选择了浪漫的巴黎文化为切入点：浪漫的外景和极富异域风情的咖啡馆，一个浪漫的女孩在巴黎的心情和感受……

"我在这里找到一个角落

一个上午，一杯café aulait

café aulait，一如记忆里的模糊地带

这是春天的最后一天

我在左岸咖啡馆"

（四）确定文化元素

选定文化类型之后，还需要选择能够体现这种文化的文化元素，也就是具体的文化符号。文化元素是最直观体现品牌精神和品牌价值观的符号，文化元素选择得当，不仅可以准确地传达品牌精神，还能更有效地跟消费者沟通。对中外文化类型和文化元素的总结归纳如表0-1~表0-3所示。

表0-1　中国传统文化元素及其在影视广告中的表现

中国传统文化	文化符号类型	文化符号的表现形式
外在表现符号	文字书法和图形	如彩陶上的纹路、崖壁上的岩石刻、青铜器上的饕餮图形、春秋战国时代的蝌蚪文和梅花篆、黑白两个鱼形纹组成的太极图等
	绘画艺术	如典雅大气的国画
	传统音乐艺术	如中国传统特色的乐器：二胡、古筝、琵琶、长笛等
	传统节日庆典符号	如春节、元宵节、端午节、中秋节等，相应的节日符号有"福"字、剪纸、对联、门神、汤圆、粽子、月饼、嫦娥、月亮
	传统的服饰元素	如旗袍、中山装、各类戏剧的戏服等
	传统的图腾符号	龙、凤所传达的"龙凤呈祥"的吉祥寓意；松、鹤所表现出来的"松鹤延年"的祝福；梅花所代表的高雅、竹子所代表的气节；十二生肖图像
	传统的文化历史遗产	故宫、华表、石库门等
内涵的文化意义	传统的孝道美德	父亲节、母亲节
	重义、互助的传统	捐助、公益行为
	节庆文化	新年、中秋节、元宵节等传统节日庆祝
	爱家、爱国、民族自强精神	想家、民族自强自豪感
	多民族文化传统和地方文化特色	民族服装、民族传统文化、地方文化

表0-2　亚洲主要国家的影视广告创意特点和文化元素的表现

国别	影视广告创意特点	影视广告中的文化类型和文化元素
韩国	名人广告的数量很大,极少采用对比的方式,广告形式单调	儒家文化、情感文化、科技文化、民族自强文化、明星文化、跆拳道文化、饮食文化、韩服文化
日本	具有时代的特点,反映时代的氛围;具有商业性特点	和服、富士山、温泉、樱花、武士道、大相扑、歌舞伎、茶道、动漫
印度	故事情节式广告多,且广告时间较长;歌舞片段较多	服饰文化、饮食文化、宗教文化、电影文化、舞蹈文化、建筑、动物形象(大象)
泰国	重视广告的原创性,反对抄袭与模仿;反对图解说明,大胆创意,极富情趣;平民化,即杜绝偶像崇拜、摒弃明星符号;注重民族化个性的铸造	泰国传统音乐和自然风光、佛教文化元素、人妖元素、泰拳、泰国手语、泰国住宅、传统家庭文化

表0-3　欧美主要国家的影视广告创意特点和文化元素的表现

国别	影视广告创意特点	影视广告中的文化类型和文化元素
美国	幽默、夸张、创新性和挑战性	美国西部文化、餐饮文化、可乐文化、街头文化、节庆文化、宗教文化、政治文化、感恩文化
英国	幽默、风度十足、夸张	英国绅士淑女文化、天气和雨伞文化、酒吧文化、汽车文化、足球文化、美术馆文化、巴士文化、苏格兰短裙文化、建筑文化、宠物文化、传统木偶戏、宗教文化、服饰文化、历史文化
法国	人文风格、奢侈、幽默、性感诉求	国旗、法国建筑、香水、咖啡情结、葡萄酒文化、美食文化、服饰礼仪、优雅精致、舒适生活、自由主义
德国	以人为本,关注人性;逆向思维,出其不意	葡萄酒文化、啤酒文化、旅游文化、足球文化
西班牙	强烈的艺术感染力,表现形式多种多样	西班牙的足球艺术、斗牛艺术、传统音乐艺术、对生活质量的追求、热情奔放、爱国精神、幽默
葡萄牙	轻松幽默,广告节奏比较舒缓	天主教与教堂文化、足球文化、注重视觉感官体验

（五）选择创意表现方法

最后，在确认了文化类型和文化元素之后，还要选择合适的创意表现方法。在影视广告中，常用的创意表现方法有名人代言型广告、普通大众代言型广告、虚拟动画形象代言型广告、比较广告、幽默广告、夸张式广告、生活剧场式广告、连续剧式广告、超长型广告、植入式广告等。

不同的文化元素，应该有适合的创意表现方法，也有不适合的创意表现方法。比如现代科技文化，适合用名人代言方式、幽默方式、夸张方式来体现，传统文化元素则适合用情感诉求方式、生活型态式方法来体现。

本 章 小 结

在跨文化传播的大背景下，影视广告的创意更应该重视文化元素的运用。事实上，在影视广告的传播实践中，因文化元素使用不当而造成传播危机的案例确有不少。为了实现有效的传播，就需要更深入地了解各国的文化类型和文化元素，更深入地分析各类创意表现类型，更全面地总结影视广告的创意方法。基于此点，本书选择了从跨文化传播的视角来研究影视广告的创意方法。

第一章
影视广告发展概述

在媒介发展的历史长河中,视频媒介的出现给广告以勃勃生机,从此广告可以通过视听结合、声画并茂的媒介方式来展示。

1888年,法国人爱米尔·雷诺发明了"光学影戏机",人们开始在幕布上看到几分钟的活动影戏。1895年12月28日,在法国巴黎卡普新路14号的"大咖啡馆"内,卢米埃兄弟第一次以公开售票的方式,放映了其摄制的最早一批电影短片,这一天被公认为电影的诞生日。[①]从此,由他们所启动的活动摄影(Cinematography)不只在人类纪实工具的发展史上具有划时代的意义,同时也象征着电影技术的源起。

电影技术和电影媒介的出现,也为广告提供了视频保存技术,广告借助这一"记录影像"的技术,更为形象生动起来。

之后,电视技术也有了质的突破。1925年10月,英国的约翰·贝尔德在伦敦百货公司的橱窗里公开演示了他命名为"Televisor"的东西。1928年,贝尔德把伦敦传播室的人像传送到纽约的一部接收机上,被《纽约时报》誉为"具有划时代的意义"。1928年7月,贝尔德又通过使用安装了红、蓝、绿三色过滤镜的旋转碟盘,实现了原始意义上的彩色电视传输。[②]

电视的出现也为广告提供了新的视频保存技术和播放平台。广告与电视的结合把电视广告推向了主力地位,正如大卫·奥格威所言:"当我在麦迪逊大道

---

① 周星,王宜文:《影视艺术史》,广西师范大学出版社2005年版,第1~2页。

② 周星,王宜文:《影视艺术史》,广西师范大学出版社2005年版,第65~66页。

创业时，我认为在我退休之前，广告会有巨大变化，然而，时至今日，唯一的大变化就是电视已成为推销各种产品最有力的媒体。"由此可见，影视广告自诞生之日起就以旺盛的生命力迅速成长。

从国际范围来看，影视广告已经有80多年的历史。在这80多年里，影视广告从无到有、从数量稀少到蓬勃发展、从单纯的产品表现到对创新表现方法的追求，突飞猛进地向前发展着。

以下将对影视广告的含义、由来、历史，以及全球影视广告的发展现状等问题进行探讨和分析。

第一节 影视广告的发展演进

一、影视广告的含义

影视广告一般是指利用电影、电视技术进行制作的广告形式。由于这类广告通常发布在电影、电视媒体上，所以习惯上被称为影视广告或电视广告。

在广告公司里，对于影视广告的称呼，往往有两种，即CF和TVC。

CF是Commercial Film的简称，英文原义是商业影片，是指利用电影技术制作的商业影片。正是由于影片的商业性，才使得CF获得了商业广告影片的称号。因此，CF通常特指电影胶片广告。[①]CF这一简称的使用，从影视广告的起源上揭示了影视广告与电影的关系，电影的出现为影视广告在影像信息的获取和保存方面提供了极大的便利。早期CF广告在技术方面的成长与电影技术的发展有着密切的关系，并且在一定程度上反映了电影技术的发展现状。比如在对影视广告影片的收集和整理过程中，笔者发现了一支1926年南斯拉夫的KALONONT牙膏的影视广告，这则广告长达5分钟。由于当时的电影还处于"默片"时期，电影都是以无声电影的形式来表现的，因此观众只能通过画面和字幕来获取信息。与当时的电影制作技术相适应，这则牙膏广告是无声广告，通过两位女性广告模特夸张的面部表情和肢体语言来表现，以字幕来提示情节，从而传达了商品的特性和功能。

---

① 聂艳梅，林永强：《电视广告创意》，中国市场出版社2009年版，第1~2页。

TVC是Television Commercial的简称,英文原义是商业电视广告影片,是指以电视摄像机为工具进行拍摄、为电视媒体创作、在电视媒体上投放的商业广告影片。TVC这一简称更强调了广告与电视媒体的结合。广告与电视媒体的结合,使得各自都获得了一个飞速发展的推动力:得益于电视这一视听结合、声画并茂、形象生动的媒体特性,广告在创意表现上获得了更大的发挥空间,广告的创意能力和创意水平也有了长足的发展,而电视媒体由于商业付费广告的投放,在经济收益上也大幅激增,从而为电视节目的制作提供了更多资金,推动着电视媒体的发展。

二、影视广告的由来和发展演进

借助电影和电视的制作技术和表现舞台,在经济发展和企业营销需求的推动下,影视广告得以产生并且不断地发展。

下面以时间为线索,纵向分析国际影视广告的发展历史和演进阶段。

(一) 电影广告时期 (20世纪40年代初期之前)

这个时期的划分依据主要是:20世纪40年代初商业电视台出现之前,虽然还没有直接投放在电视媒体上面的影视广告,但是由于电影制作技术的推动,已经出现了一些电影形态的广告。这种广告与当时的电影技术密切相关,在电影院中播放,并且在很大程度上保持着电影的样貌形态。比如前文提及的1926年南斯拉夫的KALODONT牙膏广告就是这个阶段的作品,该广告在刻画人物形象、讲述故事情节和展示商品功能等方面细致入微,并且具备了广告主、广告人物、情节故事、商品功能等基本的广告要素,是一则要素齐全的电影广告。从这则广告上我们也可以清晰地看到当时的电影形态:无声电影、字幕配合。

这个时期的广告已具备在电视上投放的条件,由于当时商业电视媒体还没有出现,所以这类广告主要投放在电影院中,因此这一阶段被称为电影广告时期。

(二) 现场影视广告时期 (20世纪40年代初期到50年代初期)

1941年6月17日,美国广播电视的主管部门——联邦通信委员会批准第一家商业电视台正式成立,这就是全国广播公司的WNBT电视台。自此,就有了发布影视广告的商业媒介。

所谓现场广告,就是指在演播室里一边表演、一边拍摄、一边播放的影视广告,简言之,就是影视广告直播。在当前的电视制作条件下,直播广告是一种很难保证广告制作质量的冒险形式,更何况是在电视媒体的发展初期。

在美国著名的电视广告制作人霍珀·怀特 (Hooper White) 的描述中,我们可以看到当时现场广告的形态,"在节目中间,播音员通常手拿稿子在麦克风前念广告词,或是节目主持人由夏威夷四弦琴伴奏,面对面地告诉观众立顿 (Lipton) 红茶的醇香浓郁。那时,电视台还没有采用以电影片或录像带播送广告的方法,而只是做现场的实况播出……棚子里挤满了各个节目所要用的布景。在稍远的一角就是'广告区',它只有一个小小的背景幕。当时,电视广告就是在这个广告区演出的。在歌舞、戏剧等节目结束时,广告区的灯光就亮了起来,播音员和演员各就广告演出位置,一号摄像机移过来准备开拍。二号摄像机在歌舞节目结束后立刻移进拍摄位置,只有10秒钟让它进入位置和对焦。歌舞结束后,节目导播就命令'淡出',然后广告导播命令一号摄像机'淡入'。此时现场广告不论好坏,就出现在观众眼前了。有时候,某架摄影机不小心碰到了布景,把一面墙碰倒,甚至在节目演出中会出现更糟的情况。1952年后,现场广告终于被广告影片所取代,广告影片制作公司也随之出现。"

现场广告时期的广告作品由于诞生于这种边表演边直播的制作形式中,总体制作质量一般,保存下来的广告作品较少。

(三) 影视广告探索期 (20世纪50年代初期到70年代)

1952年,现场广告被影片广告取代,国际影视广告由现场广告步入了广告影片时代。这个阶段,影视广告在创意表现方面开始进入全面的探索时期。这个时期,配合营销理论的发展,影视广告在创意表现上也不断调整。

在探索期的最初阶段,由于第二次世界大战后生产力的恢复,产品迅速增多,批量生产的商品大量积压,为了把商品卖出去,就需要用推销的方法和技巧,在这种背景下,就有了"硬销"理念的出现,也就是把既有商品强行推销给消费者。广告作为推销的手段之一,当然得到极大的重视,然而由于当时影视广告刚刚出现,只要企业投放了影视广告,就很容易被消费者识别,并能起到所期望的促销作用。因此,当时的影视广告大多是叫卖式的告白,直接传达商品信息,几乎没有什么创意和设计。

之后,随着竞争的加剧,产品的同质化现象也越来越严重,于是更多的企业选择在电视媒介上投放广告。在这种情况下,为了更好地发挥影视广告的作用,让本企业的广告在竞争广告中脱颖而出,这时的影视广告开始在创新表达方面进行探索。

首先,20世纪50年代中后期,名人证言式广告出现,借用社会名人的影响力来宣传产品。例如,广告大师大卫·奥格威请罗斯福总统夫人为"好运"牌奶油代言广告,广告不仅在当时大获成功,同时也开创了名人广告的先河。

60年代,营销观念有了很大的发展,营销中心由企业转为消费者,消费者成为企业营销行为的出发点与核心,于是营销从"硬销"转变为"软销"时期,也就是从企业获利的角度转变为满足消费者的需求。配合这一营销思路的转变,在影视广告的创意方面,出现了大量重视消费者需求、重视和消费者之间的沟通、把握消费者接受心理的广告。广告大师李奥·贝纳为万宝路香烟创作的系列西部牛仔的形象广告,就是非常经典的例子:广告借用西部牛仔的形象,通过一幕幕的情节故事,刻画了一个力量型的、不羁的、自由的、无畏的万宝路品牌形象,从而在消费者心中留下了非常深刻的印象,使得万宝路这一品牌与其他香烟品牌获得了非常明显的形象区分。

70年代,虽然在亚洲、非洲、拉丁美洲的一些影视广告影片纪录上,还保留着浓重的叫卖式广告的痕迹,但是在欧美地区的一些优秀影视广告的创意表现上,则注入了更多文化和情感的要素,这类广告淡化了商业味道,更注重从情感的角度与消费者沟通,拉近品牌和消费者之间的距离。比如,这个时期美国电报电话公司(AT&T)推出的"Reach out, and touch someone"(传出你的问候)的广告运动,便是通过感性诉求的方式,利用生活中感人的故事情节,把该公司塑造成为人与人之间沟通情感的纽带,而不是单纯的提供通话功能的机构。

(四) 影视广告发展期 (20世纪80年代到90年代末期)

随着营销观念的演进,企业的品牌意识也越来越强,对影视广告的要求也越来越高,因此在20世纪80年代以后,影视广告在创意表现上有了更大的发展和进步。80年代,影视广告在题材的选择上视角更为宽广,一些社会话题也逐渐融入广告,如环境保护、生态平衡、和平与正义、关爱与互助等。广告中增加了社会题材和公益观念,一方面推动了企业利用广告传播品牌理念的探索,以创作更多的品牌形象广告,另一方面也出现了一批公益广告,在发挥广告的社会功效方面起到了切实的作用。比如,我国在1987年设置了公益广告栏目《广而告之》,这个栏目在每天晚间20:59分播放,持续一分钟时段,其中涌现了大量优秀的影视公益广告,极大地丰富了影视广告的内涵。

90年代,电视制作技术的不断发展为影视广告的创意表现开拓了更宽广的舞台,凡是创意人员能够想出来的场景和情节,都能通过相应的电视制作技术表现出来。借助先进的电视制作技术,影视广告也获得了长足的发展。观看这个时期的广告,不乏一些优秀的广告作品,无论在创意概念还是在创意表现上都有不俗的表现。如孔府家酒的"想家篇",南方黑芝麻糊的"小男孩"篇都是这个时期的广告作品。

在这个时期,不同国家之间的广告交流活动日渐频繁,国际性的广告比赛也逐渐在全球开展起来,如戛纳广告节、纽约广告节、克里奥广告节、伦敦广告节、美国金铅笔广告大奖以及亚太广告节等,并且,经过严谨的评选工作产生了大量优秀的获奖作品,这些作品在全球的传播和推广对世界各国影视广告的创意发展起到了非常大的推动和鼓舞作用。

(五) 影视广告成熟期 (20世纪90年代末至今)

网络媒介的出现是20世纪末的一件大事。90年代初,网络媒介实现商业化,大大扩展了网络的运用范围,使整个地球成为"村落",加拿大传播学者和预言家麦克鲁汉关于"地球村"的寓言变成现实。

网络的出现大大推动了影视广告的发展。首先表现为网络作为一个互动方便、资讯量巨大的媒体,对于传送数据较大的影视广告信息是一个非常方便的新型媒体。如今,通过网络媒体可以搜索并下载一些优秀的广告影片,极大地丰富了广告人的作品素材积累;其次,网络本身也是一个广告发布媒介,由于网络媒体具有双向互动性、自由选择性和资讯量大等特征,网络兼具了很多传统媒介的优点,所以被称为"富媒体",在网络上发布网络广告也就成为商家的重要选择之一,这对于传统的影视媒介来讲是一个威胁和挑战。如何更好地发挥影视媒介的长处,以创作出更有创意的广告影片就成为影视广告创意人面临的艰巨任务。

网络的出现也为影视广告的发展开辟了新的投放空间。一些网站上可以在线播放电视广告,比如土豆网就以"每个人都是生活的导演"为主题,集中了很多影视资料,包括影视广告在内,网民可以在线选择观看自己喜欢的影视资料。

在这个时期,整合营销传播理论 (Integrated Marketing Communications) 也开始风靡全球,带动了众多品牌在全球范围内开展广告运动,整合广告传播声势,以塑造强势品牌形象。比如百威啤酒在全球推广 "True" (真相) 主题系列影视广告,在全球传达了统一的品牌形象,深得年轻人的喜爱。

正是处在这样一个既有发展机遇又富有挑战的新时代,影视广告创意的发展速度也是一日千里,再加上这个时期众多跨国广告公司加快在全球范围内扩大业务、开设分公司,比如奥美全球 (Ogilvy Worldwide)、李奥贝纳 (Leo Burnett)、麦肯全球 (McCann WorldGroup)、萨奇兄弟 (Saatchi & Saatchi Worldwide)、智威汤逊全球 (JWT Global) 等。在这种背景下,国际间的广告交流活动也越来越多,这一切都推动着全球影视广告创意的发展和繁荣,也把影视广告影片的发展推向成熟期。

第二节　全球影视广告的发展现状

社会科学文献出版社近年来推出全球传媒蓝皮书《全球传媒产业发展报告》,对全球传媒产业的发展进行分析,旨在从国家、行业和企业三个层面梳理和分析全球主要国家和地区的年度传媒产业发展概况,总结和提炼全球传媒产业发展模式,捕捉和探测全球传媒产业发展趋势。2011年的报告指出:2011~2012年全球传媒产业步入了基于数字标准的新常态时期,全面数字化、网络化和全媒体化成为全球传媒产业的显著特征,电视收入增幅居全球传播行业之首,美国传播业收入独占鳌头;拉美、中东和非洲地区广告增长最快,欧洲广告收入持续下降;电视广告总额稳居首位,互联网广告收入增幅最大;广播电视订购费收入增幅最大,有线电视是最主要的付费电视平台。

2013年的报告指出:整体而言,全球媒介消费与传播行为呈现移动化、数字化与网络化的趋势。就主要发达国家日常媒介使用情况而言,看电视仍是最受青睐的媒介消费和传播行为,上网 (移动上网除外) 已超过听广播、读报纸,成为仅次于看电视的媒介消费行为。2012年娱乐与传媒行业均保持增长,电视收入在传播业中增幅最大,电信收入增长额最大。美国传播业各个行业均位居全球之首,超过其他国家整个传播业的收入;日本居第二位,近2 210亿美元;中国位居第三,为1 377亿美元。同时,美国其他产业收入也是最高的,电视为1 601亿美元,遥遥领先于其他国家。从广告来看,全球广告持续保持增长势头,拉美、中东和非洲等发展中地区增幅位于前列,欧洲是全球广告唯一下降的地区。除欧洲之外,其他地区均在增长,中东和非洲地区增幅最大,为14.6%。从媒介类型上来看,在这些广告份额中,电视广告总额稳居首位,互联网广告增幅最大。

2014年的报告指出:2013年全球传播业总收入118 445亿元 (12 050亿英镑),比2012年增长了2.1%。报告共统计了18个国家,包括英国、法国、德国、意大利、美国、日本、澳大利亚、西班牙、荷兰、瑞典、波兰、新加坡、韩国、巴西、俄罗斯、印度、中国和尼日利亚。其中美国仍位居首位,中国超过日本,首次位居第二位;美国的电信收入达17 723亿元 (1 790亿英镑),比其他国家的总和还要多。同样,美国电视、邮政和广播的收入也是遥遥领先。电视收入仍保持增幅最大,互联网广告持续保持高速增长。

通过以上数据显示:国际影视广告已经走入成熟期,整体影视广告业持续发展,越来越多的国家参与到国际广告交流活动中来,这在一定程度上也推动了国际影视广告创意水平的不断提高。具体来看,全球影视广告的发展现状呈现以下特点:

一、全球影视广告平稳发展

进入成熟期的国际影视广告业,与前一个阶段相比,发展速度趋于平缓,这是国际影视广告走向成熟的标志和表现。

当今世界,以网络媒介为代表的新媒介层出不穷,企业在进行广告媒介策划时有了更多的选择,影视广告份额的相对减少是一个必然的现象,但是影视广告营业额的绝对数字仍然保持平稳发展。

二、影视广告创意突飞猛进

影视广告创意的发展逐渐走向成熟,创意理论和创意实践都有了极大的飞跃,广告的创意形式更为多样,优秀的广告作品也越来越多;同时,伴随着国际广告交流活动的频繁,先进的广告创意理念和优秀的广告创意作品被传播到不同国家,各国的影视广告创意也获得了不同程度的提高,并推动了整个国家影视广告业的发展。

三、影视广告发展由西向东推进

广告的进步与经济的发展密不可分,经济发达地区的广告相应也比较发达,广告的创意水平也比较高。因此,在影视广告发展的初期,西方发达国家的影视广告发展速度比较快,广告的创意水平也相对较高,然而,随着东方发展中国家经济发展的进步,这些国家的电视广告业也得到推动,广告创意水平也有了很大的提高。因此影视广告的发展有从西向东推进的趋势表现为:东方国家影视广告发展速度较快,参与国际广告活动的次数越来越多,在国际广告赛事上的获奖作品也越来越多等。

盛世长城有限公司广州分公司创意总监朱伟幸在谈到她的六次戛纳之行时总结道:"每次去戛纳收获都很大,看到很多国家的广告创意发展很快,以前得奖国家多集中在欧洲与美洲,过了几年南美洲又窜了出来,后来新加坡、泰国、印度、日本代表亚洲近几年冒尖,尤其是泰国,这是因为很多泰国当地的国际广告公司热情参与,同时泰国文化比较适合老外的口味,也就是泰国优秀的广告创意是本土文化和国际文化融合得非常好,同时泰国的各种制度与文化也非常鼓励创新。"近年来,中国也有不俗的表现,2001年由广州盛世长城设计制作的海飞丝广告获戛纳广告节平面广告铜奖,诺基亚8250手机的"蓝色魅力特辑"成为中国内地唯一入围第48届戛纳媒体金狮奖决赛的作品,2002年瑞士军刀"工具箱篇"则获得戛纳银狮奖……近年来,中国赛区在戛纳的获奖数量更是逐年增多。以2007年戛纳广告节获奖情况为例:中国内地和港澳台地区报送的509件参赛作品中,促销类(Promotion Lions)8件,直销类(Direct Lions)24件,媒介类(Media Lions)56件,广播类(Radio Lions)4件,户外类(Outdoor Lions)161件,平面类(Press Lions)144件,网络类(Cyber Lions)50件,影视类(Film Lions)59件,钛狮奖(Titanium & Integrated Lions)3件。其中,北京奥美为WWF创意的网络、户外作品分获该2类的铜奖,香港精信也在直销奖中捧得铜狮。

四、全球化趋势日益增强

当今,经济全球化和一体化成为一个重要的经济发展趋势,全球成为一个统一的大市场,全球性品牌也越来越多,因此面对世界市场,影视广告需要突破不同市场的文化差异,在广告创意理念和表现方式上更为全球化;另外,跨国性的传媒集团和广告公司也纷纷出现,这些集团和公司在不同国家纷纷成立分公司,带领全球性品牌在这些国家推广,同时也把这些国家的品牌带到全世界,这种情况大大促进了影视广告发展的全球化。

以中国为例:1986年,第一家合资广告公司电扬率先在中国登陆,揭开了外资广告公司挺进我国市场的序幕。此后,更多的外资广告公司纷至沓来,力求在这片日益肥沃的土壤上安营扎寨。早在20世纪末,美国《财富》杂志就指出:到2000年,中国将继日本之后成为亚洲最大的市场。时至今日,预言已经成为现实,众多的4A公司在这里开辟新战场,开始在这片土地上大展拳脚。

在其他国家,情况亦是如此,跨国公司在不同国家登陆,便把国际化的经营思路和创意理念带到世界不同的角落。

第三节　我国影视广告的发展现状

从1979年1月28日上海电视台播放中国第一支影视广告"参桂补酒"算起,我国影视广告已经有三十多年的历史。经过多年的发展,我国的影视广告事业已经初具规模,与其他媒介的广告规模相比,影视广告在整体广告业中占据的份额相当大。

来自《广告业行业分析报告:电视传媒广告业的发展及电视传媒广告业管理模式研究》中的相关数据显示:考察中国广告业辉煌的20多年发展历程,电视广告业可谓璀璨夺目。有关数据表明,1979年全国电视广告营业额仅为0.032 5亿元,1986年突破亿元大关,达到1.15亿元,而1999年已经达到了156.15亿元! 电视广告在播出形式、广告类型、创意制作上都有了极大的改观。电视广告由最初的简单传达商品信息,到传达一种理念、塑造企业精神,已深入人们的意识,震撼着人们的心灵,公益广告、企业形象广告等形式的出现,加重了广告的文化意味,使电视广告这种商业传播形式开始进入社会文化的领域,这些因素促使广告主给予电视广告更多的关注。从电视广告的整体发展来看,80年代以来电视广告占全国广告总额的比重呈快速增长之势,1983年电视广告经营占全国广告经营总额6.9%,到1992年达到最高点30.3%,进入90年代后递增的速度趋缓,平均保持在25%左右。[1]

---

[1] 《广告业行业分析报告:电视传媒广告业的发展及电视传媒广告业管理模式研究》,http://industry. 51oso.com。

中国投资咨询网的《2007~2008年中国广告业分析及投资咨询报告》显示：2006年中国广告市场花费总额为2 875亿元人民币，较2005年增长18%。2006年各媒体的广告投放量均有所增加。户外媒体、网络媒体以及电台等新媒体在广告投放量上增长迅速。电台以高达24%的增长率荣登各媒体增幅之首。电视广告花费也有不错的上涨趋势，增幅达到18%，并占据广告总花费76%的市场份额。报纸、杂志的广告增幅分别为4%和10%。户外媒体随着各项管理措施的出台，结束了高速发展的神话，回归了理性，增长9%，体现了供需较为平衡、稳定的状态。作为新媒体之一的楼宇电视继2004年、2005年每年增幅300%后，2006年也实现了100%的增长。2006年网络媒体从小众媒体变为大众媒体，网民每周用来上网的时间达到了16.9小时。基于2006年世界杯期间广告市场的活跃表现，2007年及2008年中国广告市场在奥运会的带动下，将呈现更加迅猛的态势。①

中商情报网(www.askci.com)的《2010~2011年中国广告市场调研及发展趋势预测报告》指出："分析了广告行业的市场规模、广告市场供需求状况、广告市场竞争状况和广告主要企业经营情况、广告市场主要企业的市场占有率，同时对广告行业的未来发展做出科学的预测。2010年中国广告市场总规模达到3 437亿元，同比增长22.5%。受政策、广告主偏好等因素影响，各细分市场的增长幅度呈现较大差异。从细分市场看，中国电视广告市场规模达到1 331亿元，仍是中国最大的广告细分市场。不过电视广告市场的发展正受到网络视频广告的强力挤压，众多电视台纷纷进入网络视频领域。2010年中国广播电视广告市场规模增长较为稳定，同比增长15.2%。但受互联网和户外广告市场的挤压，2010年中国广播电视广告占总体市场的比例较2009年下降了3.3个百分点。"

《中国电视广告行业现状调研分析及发展趋势预测报告(2015年版)》显示：2015年，我国电视广告行业市场规模为1 824亿元；预计到2020年，我国电视广告行业市场规模将达到2 997亿元。相比发达国家，电视在发展中国家媒体行业中通常仍然稳居龙头宝座。

伴随着3G时代的来临，智能手机、平板电脑等智能终端的普及，无线广告的快速发展，将促进中国广告行业更加多元化。

由此可见，我国影视广告在其他新兴媒介的强势发展势头上，在保持持续

---

① 《2007~2008年中国广告业分析及投资咨询报告》，http://www.164.com.cn。

发展的同时也在寻找新的发展机会,并呈现以下特点:

一、平稳走高,增速趋缓

经过影视广告发展初期的突飞猛进,近年来我国影视广告的增长速度相对放缓,影视广告发展平稳提高。当然,影视广告的增速不会出现大幅度的下滑,增幅仍高于中国经济的增长速度,影视广告在各类媒介广告中仍然占据相当重要的位置,是广告主发布广告的重要选择之一。

调查数据显示:中国电视人口的综合覆盖率是94.61%,潜在收视人口是11.54亿,电视媒体仍是中国覆盖最广泛的媒体。因此,短期来看,虽然中国影视广告的增速减缓,但是霸主地位不会改变。

二、广告数量巨大,创意水平提高

我国是一个电视媒体数量极多的国家,有中央电视台、省级卫视、省级非卫视频道和城市电视台四级媒体,而每级电视台又有多个频道,因此庞大的电视媒介体系给广告发布提供了很大的空间。根据央视调查咨询中心的数据,我国目前有3 000个以上的电视频道;同时,我国也是各类企业众多的国家,有外资企业、本土企业,大型企业、小企业等,为了传播商品信息和企业形象,发布影视广告成为这些企业投放广告的重要选择,因此在我国各类电视媒体上发布的影视广告数量巨大。

同时,随着对外交流的频繁,我国广告业逐渐与全球接轨,积极参与各种国际广告盛事,不断开阔眼界,吸收国际广告界先进的广告理念和创意经验,影视广告创意水平也在不断提高并在一些国际广告比赛上陆续得奖,从而向世界证明了中国的广告创意能力。2001年法国东部的邻国波兰在戛纳广告节上拿到了第一个戛纳金狮奖,而2006年盛世也代表中国拿到了第一个戛纳银狮奖。基于以上种种,一家英国杂志曾对世界广告的走向进行这样的预测:"往东走!"也就是说,他们认为世界广告的未来在东方,在中国。

三、媒体走向弱势,广告主强势凸显

与以前相比,中国的电视媒介数量越来越多,影视广告时段已经不是稀缺

资源,电视台再也不能设置高高的门槛了。中国的影视广告市场已经不再是卖方主导,而是买方强势了。在这种情况下,影视媒介逐渐走向弱势,"朝南坐"的局面已经一去不复返,媒介需要付出相当的营销努力才能取得明显的成绩;面对充分的可供选择的媒介广告时段,广告主强势凸显,成为媒介的追逐目标。

四、频道专业化,受众细分化

随着影视媒介的发展走向成熟,电视频道专业化趋势日益明显。影视媒介按照节目类别和观众的需求特点分成各种专业频道,比如电影频道、体育频道、音乐频道、电视剧频道等,不同类型的频道拥有各自稳定的收视群体。在频道专业化的趋势下,企业可以结合自己的需求选择相应的电视频道和节目,广告受众更加细分化,广告投放效果也会更好。

比如,迅猛发展中的中央电视台为了更好地吸引观众,就采用了分众化模式,设立分众化频道,如新闻频道、综合频道、经济频道、综艺频道、中文国际频道、体育频道、电影频道、农业·军事频道、电视剧频道、英语频道、科教频道、戏曲频道、西部频道、少儿频道、音乐频道等,内容几乎涵盖了社会生活的各个领域。目前全台栏目总数约400多个,日播出量达270小时,其中自制节目量约占总播出量的75.36%,使用中、英、法、西班牙四种语言和粤语、闽南话等方言向国内外播出,全国人口覆盖率达90%,观众超过11亿人。第4套节目(中文国际频道)、第9套节目(英语频道)通过卫星传送覆盖全球。

上海文广新闻传媒集团(SMG)建立之后,上海的电视台也开始走分众化道路,设立了东方卫视频道、新闻综合频道、第一财经频道、生活时尚频道、电视剧频道、体育频道、纪实频道、新闻娱乐频道、文艺频道、音乐频道、戏剧频道、东方少儿频道、炫动卡通频道等。

本 章 小 结

通过本章对全球影视广告和我国影视广告的发展现状的分析,我们应该认识到:影视广告的发展已经有几十年的历史,当前影视广告的创作水准已经进入一个比较成熟的阶段。同时,面对处于不断发展变化中的影视受众,影视广告创作者应该充分发挥影视媒介的优势,避开影视媒介的劣势,创作出更多符合受众需求的优秀广告。

第二章
影视媒介属性与广告创意特性分析

在创作影视广告之前,还应该对影视媒介的传播属性进行分析。了解影视媒介属性,可以充分把握媒介的信息承载特点以及影视媒介的传播规律,为影视广告的创作提供媒介基础。

第一节　电视媒介的传播特性

继报纸、杂志、广播之后,电视媒介的出现为媒体家族增加了重要一员,四者被称为传统的"四大媒介"。在这四大媒介之中,虽然电视出现得最晚,但独特的媒介特征和媒介优势赋予它更快的发展速度,同时作为广告传播的载体,电视一经出现,便得到了广告商的充分关注,成为重要的广告投放媒介选择。

作为重要的信息载体和传播媒介,电视媒介具有独特的传播特性,下面将对电视媒介的优缺点进行详细的分析。

一、电视媒介的传播优势

每种媒介都有自己独特的媒介优势,电视媒介也是如此。为了创作出更适合电视媒介的优秀广告,首先需要分析电视媒介的优势,以更充分地发挥电视媒介的作用。

(一) 覆盖面广,收视率高

依靠无线电波传送信息的电视媒介,由于信息的传送和接收比较方便,所以电视信号覆盖面广;再加上中国是一个人口大国,并且家庭观念强,有以家庭为单位收看电视的习惯,所以电视媒介的收视率比较高。

(二) 视听结合,感染力强

与报纸、杂志和广播相比,电视媒介的传播符号更为丰富,既能够以图像、字幕等视觉符号进行信息传播,又能够以音乐、音响效果、旁白、独白和对白等听觉符号进行信息传播。电视媒介视听结合的符号系统,赋予了电视媒介更强的感染力和表现力。

(三) 传播迅速,不受时空限制

电视媒介依靠电波传送信号,所以信息发送与接收同步,传播非常迅速,真正做到现场直播,不受时间的限制;另外电视媒介的信号覆盖比较广,电视媒介上的信息不受空间的限制,观众可以通过电视收看来自世界各地的信息。

(四) 表现丰富,手段灵活

电视素有"第一媒介"之称,这是因为电视是一种综合艺术,既可以通过多种手段来表现,也可以通过音乐、舞台、戏剧、表演等各种艺术手法进行信息传达,所以电视媒介的表现力和渲染力在各媒介中居于首位。

二、电视媒介的传播劣势

电视媒介也有其传播劣势,在电视广告创作中,只有扬长避短,避开这些劣势,才能创作出更适合电视媒介的广告作品。

(一) 时间短暂,难以保存

电视媒介是时间性媒介,稍纵即逝,时间短暂,难以保存,不能回看,因此影响了观众对电视广告的记忆。

（二）制作复杂，收费昂贵

电视媒介依靠图像、字幕、音乐、音效和对话等多种符号传送信息，所以其信息制作较为复杂，需要专门的制作设备和技术人才，制作成本比较高；同时，在电视媒介上投放的广告也收费较高，广告传播成本较高。

（三）难以传播抽象的、深度的信息

电视媒介是深入家庭的情感型、时间性媒介，不易保存，因此电视媒介适合传播一些具体的、感性的信息，不适合传播抽象的、深度的信息。

（四）受众被动接受，影响传播效果

电视媒介是以时间序列进行信息排列的，所以观众在收看电视的时候，主动选择权有限，这种被动接受的情况使电视传播的效果受一定的影响。

第二节　电影媒介的传播特性

电影最初只是黑白默片，录音技术的发展给电影增加了声音，使无声电影成为有声电影；彩色胶片的出现又使电影从黑白片转为彩色片；宽银幕的出现又带来了一种新的电影形式——宽银幕电影。

一部百年中国电影的发展史，从某种意义上看，也是与大众传媒相互渗透、相互影响、相互推动的历史。中国电影的百年历史进程，充满了大众传媒的身影，不论是报纸、杂志、通讯社，还是广播、电视、网络，不论是来自技术、艺术层面，还是来自美学、文化、政治、市场等层面。因此从电影与大众传媒的关系切入是观照百年中国电影史的相当重要的一个视角。

电影既属艺术体系，也属传媒体系，既有独特的审美功能，也有很强的记录传播功能。电影自身的多种属性决定了它与大众传媒的多元复杂关系，在特定历史时期，电影的记录传播功能甚至超过了其审美功能。但相比较而言，对于电影作为传媒的研究还是相对薄弱的，对于电影与大众传媒互动关系的研究更是相当不足。对这一领域展开深入研究，有利于提高中国电影的感染力、影响力和

竞争力,有利于提升中国电影的传媒品质与艺术品质。

一、直观性和逼真性

由于电影的直观性,电影可以更逼真、更准确、更细腻地表现人物的性格。影视艺术和小说一样,要塑造有个性的形象,而人物的个性化塑造中,语言和习惯性的形体动作是很重要的一个方面。虽然文学作品也可以通过文字的描述来表现,但毕竟不如电影更直接。电影是直接诉诸视、听觉的国际性通俗艺术,是一门直观的视听艺术,它的语言是蒙太奇,是用活动着的画面和各种音响来表达思想内容的,所以电影非常通俗,拥有最广大的观众。由于同样的理由,它还拥有"超出"国界的能力,是一种世界性的艺术。

二、表现"人"的艺术

电影有各种各样的手法、理论、技巧,但是归根到底,叙事性影视片是表现人的,它主要表现人的命运、人的性格、人的思想和情感。叙事性影视片基本上可以分为两大类,一类以情节取胜,用故事吸引人;另一类故事性不强,更注重人物刻画,表现人的命运、情感、情绪和心理。

电影艺术中的各种手法、理论、技巧大多是为写人这一宗旨服务的。在国外,曾经有人试过用机器甚至几何图形当电影中的主角,但是都不成功。

三、情节和人物性格

影视艺术片既然同文学作品一样,以表现人为宗旨,那就少不了要有情节。电影中最容易被观众注意和接受的就是情节。一般观众在看电影时,可能不大理会影片的主题思想是什么,作者的创作意念是什么,而且也不一定会自觉地关注人物形象是否塑造得成功,但他们一定会注意影片的情节。

那么什么是推进情节发展的动力呢?在这些推动情节的因素中,有的是人与自然环境的关系造成的,有的是人与社会的关系造成的,有的是人与人之间的关系造成的。性格、环境、人物关系、时间、地点、细节等都有可能成为推进情节的因素。但最终推动情节发展的还是人物的性格。

四、观众性

电影是影响巨大的大众化艺术，一部影片可以翻印几十乃至几百部拷贝，同时在全国甚至全世界各地放映。这种技术上的特点使电影成为最大众化也最有影响力的艺术。这一特性，意味着电影艺术在社会生活中的重要性和巨大的影响力。不论我们是否乐意，事实上电影在全世界超过60%的人口中造成舆论，培养趣味，影响语言、服饰、行为甚至包括体貌等方面。

五、时代性

电影的欣赏方式是：在固定的电影院，集中在几天之内，被数量庞大、阶层广泛的观众欣赏。这种特点使电影艺术具有很强的时代性。对此法国电影大师雷内·克莱尔曾非常精辟地指出："诗人、画家、音乐家的作品是可以等待的，它可以让未来承认其价值，可是电影企业界的情况却并非如此。"这番话很值得我们注意。

必须同时面向更多观众的电影是一种对时间的流逝十分敏感的艺术形式，因此有人认为电影只能叙述当代生活。虽然事实上，问题并不仅仅在于叙述哪个时代的生活，而在于这种叙述是否带有时代的标记、是否具有时代精神，但电影这种投资巨大、具有最大影响力的群众性艺术能否直接反映当代生活，是一个性命攸关的大问题。电影对于题材的选择和处理，应具有非常敏锐的时代感，这是电影参与社会生活的特殊方式与社会生活、社会思潮的急剧变化造成的。"主题，应该到观众心里去寻找。"

六、综合性

电影在众多艺术中是别开生面、独具一格的新兴艺术。它从艺术传统和其他艺术品种中吸取营养，但又不是某一种艺术的分支或变种。电影是以影像为主体的综合艺术。从历史上看，电影先是模仿绘画，接着又是模仿戏剧，随后将文学的叙述方法加以运用。电影开头是"伟大的哑巴艺术"，有声电影发明后，声音在电影中就成为一种极富表现力的艺术手段；彩色电影发明以后，色彩的运用也成为电影的表现手段，影响和形成电影的美学特征，但是，只有当电影艺术不再去模仿姊妹艺术，而是把各姊妹的可能性在新的基础上结合起来，电影才

33

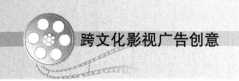

最终走上了独立发展的道路。

苏联的弗雷里赫在《银幕的剧作》一书中说："电影可以说是发生在其他艺术的交叉点上。电影同绘画和雕塑的相近在于视觉形象的直接感染力；同音乐的相近在于电影能通过各种音响而构成的和谐的节奏感；同文学的相近在于电影通过情节反映现实世界的一切关系；同戏剧的关系在于演员的艺术。因此我们把电影看作综合的艺术。""电影以其各种不同的特性既接近戏剧，又接近绘画，也接近文学。但这既不是戏剧，又不是绘画，也不是文学；电影包容着这些艺术的共性，而同时又表明了它们的全部差异。它们中间的任何一种都不能由电影来代替，因为电影只是把它们的特质综合起来。这里说的正是综合的艺术，而绝不是拼凑的艺术。"

以上是对电影特性的简要分析。总之，电影是科技，电影的发明者主要是科学家，发明电影的主要动机是研究事物的运动，如马匹奔跑、鸟只飞翔的规律，直至今天电影依然是一种科技手段，既应用于电影创作，又广泛运用于人类生活的各个领域；电影是工业，诞生于工业时代，如今已发展成为一个重要的工业门类；电影是艺术，被称为"第七艺术"。说到电影的艺术属性及其与工业的关系，需要强调指出的是，电影成为艺术是在电影诞生几十年之后的事情，所有其他艺术都是先有艺术后有工业，唯独电影是先有工业后有艺术。此外，对媒体工作者来说电影是媒介，对纪录片工作者而言电影是记录工具。最后，随着传播业和传播学兴起，电影工业以及电影研究逐渐纳入传播业和传播学范畴。

第三节　影视受众的特点

传播学研究发现：传播媒介不仅通过它的内容影响到受众的认知、价值观和行为，一种新的媒介的出现、使用和普及以及它所形成的媒介工具环境本身，都会在很大程度上改变人的个性。正是由于不同的媒介拥有不同的媒介属性，影视媒介的受众自然与印刷媒介、广播媒介的受众不同，而具有不同的媒介接收特性。

关于这个问题，日本传播学者林雄二郎有其独到的观点[①]，他在《信息化社

---

① 郭庆光：《传播学教程》，中国人民大学出版社1999年版，第151~152页。

会：硬件社会向软件社会的转变》(1973年版) 中明确提出"电视人"的概念，认为"电视人"是伴随着电视的普及而诞生和成长的一代，他们在电视画面和音响的感官刺激环境中长大，是注重感觉的"感觉人"，表现在行为方式上是"跟着感觉走"，这一点与在印刷环境中成长的那些重视理性和逻辑思维的行为方式形成鲜明的对比；由于"电视人"在观看电视时是在一个面对屏幕的狭小的家庭空间内进行的，这种封闭、缺乏现实社会互动的环境使得很多"电视人"养成了孤独、内向、以自我为中心的性格，社会责任感较弱。

结合当前影视媒介的受众现状，影视受众的特点可总结如下：

一、思路活跃，注重感性思维

影视媒介在进行信息传达时，既有形象逼真的画面，又有生动的声音，因此受众在信息接收方面比较直观、生动；同时，由于影视媒介的信息传播不受空间的限制，所以受众能够通过影视媒介观看到来自世界各地的节目和信息，大大开阔了受众的眼界。在这种媒介传播形态的影响下，影视受众往往思路比较活跃，尤其注重感性思维，偏向于情感类信息，对于情感诉求方式的传播有着较强的接受能力。

二、图像式思考，擅长视觉思维和形象思维

伴随着影视媒介成长的一代，对于画面的接受能力和兴趣远远高于对文字的接受能力，由于他们已经习惯了通过图像的方式获取信息，因此在这种信息接收方式的影响下，影视受众往往以图像的方式进行思考，擅长视觉思维和形象思维。了解到这一点，对于更好地创作影视广告很有启发。

三、追求时尚，善于接受新鲜事物

影视媒介的信息传播速度非常快，同时影视的制作技术和制作方法也不断发展和更新，再加上迫于层出不穷的新媒介的压力，影视媒介也不断改革，节目内容的制作更有创意更加精良，电视频道的分众化和专门化也方便了观众的选择收看……面对着每天都有新内容的影视媒介，观众对于新鲜事物保持着开放的心态，善于接受新知识、新观念，对于流行和时尚也由欣赏转变为

主动追求。

四、注重自我,缺乏社会互动

任何事物都有两面性,影视媒介对受众的影响也是有负面效果的。比如,对于电视媒介来讲,作为家庭型媒介,受众在观看电视节目时往往被束缚在屏幕前的狭小空间里,缺乏与社会的交流和互动,这就容易造成受众自我、内向的心理,并缺乏与人交际和沟通的能力。因此,针对这种现象,在影视广告的设计和制作方面,应该有意识地降低这种影响。

五、依赖媒介,缺乏主动性和创造能力

影视传播的形象性、生动性和直观性,是影视媒介较之于印刷媒介的优势之一,然而,也正是由于这一优势"宠坏"了影视观众,在收看影视节目的时候,观众不用动太多脑筋就能非常轻松方便地接收到信息,因此在影视媒介影响之下的受众,往往过度依赖媒介,缺乏主动性,懒于思考,甚至创造能力也有所下降。

通过以上的分析,我们应该认识到:影视广告的发展已经有几十年的历史,当前影视广告的创作水准已经进入一个比较成熟的阶段。同时,面对处于不断发展变化中的影视受众,影视广告创作者应该充分发挥影视媒介的优势,避开影视媒介的劣势,创作出更多符合受众需求的优秀广告。

第四节 影视广告的创意设计要旨

创作影视广告时,要充分扬长避短,发挥影视媒介的优势,创作出适合影视媒介受众审美需求的影视广告。在创作影视广告时,应注意以下创意设计要点:

一、符合产品和品牌调性

创作影视广告要从分析产品和品牌入手,了解产品和品牌的特征和属性。

每种产品都有其固有的调性，比如矿泉水是纯净的、咖啡是深沉的、啤酒是清冽的、果汁是健康的、碳酸饮料是年轻快乐的……发想影视广告的创意点子，要从产品的属性出发，要在广告中体现这些产品的特性，广告的创意表现要符合产品的调性。

比如创作纯净水的影视广告，就要从分析纯净水的特点出发。纯净水是一种重要的饮料，但是由于纯净水无色无味，消费者在饮用过程中，很难品尝出不同纯净水品牌之间的差别，因此在这类产品的推广中，广告的作用就非常重要了。对于纯净水产品，单从外观和口味上根本无法体现出不同品牌之间的差别，因此在创作影视广告的时候，寻找产品独特的诉求点是非常重要的。在纯净水的影视广告中，有很多广告不约而同地抓住了纯净水"天然、纯净和健康"的产品特点，创作出风格纯净的影视广告。

天然、纯净和健康，是纯净水广告中最惯常表现的卖点。如何表现纯净水的天然、纯净和健康呢？不同的品牌在表现这个诉求点的时候，往往有不同的做法。

一是表现产品的制作工艺。通过表现产品的制作工艺来体现纯净水的纯净是一个理性而有效的做法。在乐百氏"过滤篇"广告中，以乐百氏的产品制作工艺流程为主要的表现方式，通过一滴水经过层层过滤而成为乐百氏纯净水。"27层"这个惊人的数字传递给消费者的是诚心和放心，并将产品的纯净表达到了极致。

二是通过试验对比方式来证明产品的纯净。农夫山泉"PH试纸篇"广告中，为了体现产品的纯净，用一个专家模样的男性通过试验道具，以生活化的场景、直观的试验结果，让消费者相信农夫山泉的纯净和健康。广告以纯理性的方式来表现产品的纯净和健康，具有较强的说服力度。

三是重在描绘天然源头出处。纯净水究竟是否纯净，还要看这水是从哪里来的。日本KAIDA超软水为了体现自然和健康，在广告中着力刻画其天然源头出处。广告以唯美的画面、清纯的女星、优美的音乐等突出了这款超软水的自然和纯净，使得产品概念深入人心。

四是运用儿童形象。这也是表现纯净特点的有效方法：天真无邪的儿童，是公认的最纯净的形象。在依云 (EVIAN) "婴儿篇"广告中，通过观众喜欢的婴儿形象，运用熟悉的电影音乐和画面，表现了"依云水年轻您的心灵"的广告概念。广告中可爱而纯净的婴儿形象给观众留下很好的印象，孩子们优异的水

上芭蕾技巧更惹人喜爱。

二、符合目标消费者的个性需求

经济的发展推动了人们生活水平的提高,在基本需要得以满足后,消费者的心理需求层次将不断升级,个性化消费便是其一。消费者对个性化风格和自我独特价值的追求将促使商品的细分更趋细致化。消费者的个性化需求已经在社会各方面表现出来:产品的个性化、性格爱好的个性化、价值观的个性化等。

网络信息技术的发展,使企业可以运用更新更有效的方法与技术来收集、整理数据,在此基础上形成完善的数据库,从而解决庞大而准确的市场细分问题,推动"准确营销"时代的到来。例如,有以产品为主题的数据库,如"运动鞋"主题数据库,可以提供不同年龄阶段的消费者对于运动鞋这类产品的需求与消费情况的分析表,不同品牌的运动鞋的产品特点、目标消费群以及广告促销策略等;还有以消费者为主题的数据库,如"白领女性"主题数据库,可以提供这一族群的文化、收入情况、消费心理特征与消费趋向的分析资料等。因此广告公司可以依据准确的数据库确定目标群体,集中精力理解和分析消费者,用更具个性化与针对性的视听语言进行有效的信息传播。

在这种情况下,影视广告就由媒体的大量"复制"时代向针对特定消费群体的"定制"时代转变,影视广告的个人化趋势潮不可挡。作为商业化的影视广告,更是充分地迎合了消费者的个性化需求心理,力求在每一则广告的创意和表现中都体现消费者的个性化需求和欣赏品味。

比如在媚登峰的系列广告中,我们就能非常清晰地看到广告创作中的个人化趋势。该系列广告先把媚登峰的顾客群进行细分,得出三类细分顾客:一类是年轻的胖女孩,一类是三四十岁的中年女性,一类是五十岁以上的老年女性。针对这三个层次的顾客群,媚登峰分别推出了三支广告:"胖妞篇""单亲妈妈篇""50岁妈妈篇"。

媚登峰"胖妞篇"的广告情节是:原来的胖妞,肥胖没有自信,有减肥的决心,没有减肥的毅力。后来,在媚登峰的帮助下,重新找回了原来的窈窕和自信。广告采用真实且生活化的表现方式,自然而不做作。

(胖妞) 别人拍广告,不是超级美女就是超级巨星。可是,媚登峰专业美容偏偏找上我。更气人的是,媚登峰说,如果你有决心、有毅力,我们就不会找你了。像我这样,有决心、没毅力的人实在太多了。为了找到我以前的窈窕与自信,我来到了媚登峰专业美容。

(字幕) 你可以不相信,但这是事实。

(胖妞) 短短几个月,怎么样? 你还认得出是我吗? 在媚登峰,我找回了自己的窈窕与自信,如果,你还在犹豫,请相信自己的眼睛,这支广告绝对是真的,你看! 也给你自己一次机会。

(群声) Trust me, you can make it!

(旁白) 媚登峰　国际专业美容

媚登峰 "单亲妈妈篇" 的广告情节是:一个单亲妈妈,面对孩子们的吵闹和工作的劳累,心情极差,面容憔悴。然而去了媚登峰之后,一切都变得充满希望了。广告非常生活化,同时表现了媚登峰所倡导的生活理念。

(妈妈) ……可是我现在却是单亲妈妈,每天面临的是压力、孤独、无助,孩子们的叫闹声让我很抓狂很抓狂,我一直在寻找用什么方法让我自己快乐。我去了媚登峰,从来不晓得生活可以这样轻松、这样健康。在媚登峰,我变漂亮了,回到家里用另一种心情对他们。

(妈妈) 对不对?

(孩子) 对!

(妈妈) 妈妈变怎样了?

(孩子) 变漂亮了!

(妈妈) 媚登峰,它给了我快乐!

(群声) Trust me, you can make it!

(旁白) 媚登峰　国际专业美容

媚登峰 "50岁妈妈篇" 的广告情节是:50岁的妈妈在厨房里面忙来忙去,生活很单调、辛苦。如今年龄大了,也该享受享受了,于是妈妈去了媚登峰美容健身,两个儿子表示欣赏和赞同。广告延续了一贯的风格,同样来自生活中的小故事充分展现了媚登峰给女性带来的健康、美丽与自信。

(妈妈) 每天呢，忙着做家事照顾小孩啊。

(儿子) 很多人都说我妈很像我姐。

(妈妈) 我已经快50了，但是还很爱漂亮啊! 我每次都去媚登峰保养自己。

(儿子) 我妈漂亮，我当然很有面子啊。

(儿子) 她越来越漂亮。我当然赞成她去媚登峰。

(妈妈) 媚登峰它给了我健康和快乐，我年轻时候都是照顾你们啊，现在上了年纪啦就要漂漂亮亮的。

(儿子) 我妈去了媚登峰之后，的确越来越健康了。

(妈妈) 媚登峰给了我健康又快乐，我跟他们一样年轻啊。

(群声) Trust me, you can make it!

(旁白) 媚登峰　国际专业美容

三、要有较强的视觉冲击力

在信息经济蓬勃发展的背景下，国际影视广告随即进入了一个网罗注意力的时代，强注目化趋势愈加明显。原因如下：一是当前广告的服务对象大部分是工业经济的产物——同质化的商品，因此，只有相当醒目的广告才能在众多同类产品的信息之中脱颖而出。二是新媒体纷纷出现，信息也不断增多，要在这场"捕捉眼球"的竞争中取胜，广告必须有相当高的注意力。三是广告本身经过多年的发展，在运作经验和创意手法上有了相当丰富的积累，因此面对整体水平提高的大环境，只有具有较强视觉冲击力的广告，才能叩开消费者的心灵之门，实现进一步的沟通。

因此在影视广告的创作中，一定要注意提高广告的视觉冲击力。提高广告视觉冲击力的方法有两种：一是自身创造注意力，也称为"创造议题"；二是借用注意力，也称为"借用议题"或者"借东风"。

创造议题就是利用广告创意概念或者广告创意表现来提升广告的注目力，比如选择形象特殊的广告模特、别致的广告场景、特别的广告情节、创新的表现形式等。

《马卡报》(*Marca*，西班牙第一大体育报) 就是通过一个在运动中奔跑的黑人形象的特写，配合有冲击力的音效，同时通过字幕表达了种族平等的态度。《马卡报》的字幕内容如下："他只有20岁，是个黑人，人们都在后面追赶他，其中有一个抓住了他，并把他推倒在地，然后其他的人都压在他身上，人们在为他喝彩，要是生活更像体育就好了，《马卡报》，欧洲发行量最大的体育报。"广告以"反对种族歧视"的公益理念以及震撼人心的音乐吸引了观众的注意力，也传达了《马卡报》的宗旨。

另一种方法是开发利用社会注意力资源，以"借东风"的方式来提高广告的注目力。在广告里面借用的"东风"，有时候是借用"明星"的知名度，有时候是借用"社会事件"的影响力。比如耐克的广告，总是有意识地邀请各路明星出演一幕幕声势浩大而又十分吸引人的球赛，且与耐克这一运动型品牌相吻合，强烈地吸引着目标消费者的注意力。

　　耐克的"机场篇"：在机场，飞机延误。巴西国家足球队的队员们百无聊赖地等飞机，或歪坐着，或打电话。终于有个球员从随行行李中拿出足球，一场机场球赛开战了，所有人都兴奋不已。这场球赛也吸引着观众的视线。

四、广告要有较高的理解度

在影视广告的创作中，还应该注意影视广告的理解度。优秀的影视广告绝不会去挑战观众的理解力，绝对不是晦涩难懂的广告，而应该是简单的、容易理解的。理解度高的广告，不仅帮助广告克服影视媒介稍纵即逝不能保存信息的缺点，同时还可以帮助广告主节约广告投放费用。

为了创作容易理解的影视广告，在广告诉求点的选择上，要注意选择单一的诉求点。由于影视广告的时间长度比较短，影视广告的信息承载能力比较弱，再加上影视广告是稍纵即逝的媒体，因此对于普通观众来讲，信息的保存也比较困难。所以为了更有效地传达广告信息，提高观众对广告的关注度和记忆度，在影视广告的创作中，要注意寻找准确的、单一的诉求点。海飞丝洗发水的产品定位是"去头屑"，而海飞丝"流星＋黑板篇"广告正是以准确单一的"去头屑"为诉求点，简洁有力。广告以挂满粉尘屑的黑板为主要画面，男士拿着海飞丝做擦

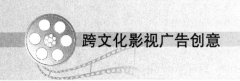

拭状,黑板上的粉尘屑不见了。广告简洁单一,诉求点准确,寓意着海飞丝去头皮屑的功能。

配合单纯化、小型化的切入点,影视广告在表现方面也更为单纯:单纯简洁的画面、干净的声音、简洁的情节表现等。

玉兰油一则以"润滑"为诉求点的广告,非常简洁易懂,并且表现手法幽默。在美容院里,美容师想站在顾客背上为他按摩的时候,却滑倒了。广告轻松幽默地表达了用了玉兰油的产品后,肌肤变得非常光滑。广告略显夸张,但是充分表达了"润滑"这一诉求点。简洁的表达方式、明确的诉求点,让这则广告的诉求更为有力。

本 章 小 结

影视广告创意有其独特的方法和思路,因此了解影视媒介的媒介属性是非常重要的一步。本章对电视媒介和电影媒介的属性进行了重点探讨,并对影视广告创意的设计要旨进行了分析,这是创作影视广告的重要基础。

第三章
影视广告的功能和适用范围

区别于其他的媒介形式,影视媒介有其独特的媒介属性;同样,区别于其他媒介上的广告,影视广告也有其独特的功能和适用范围。正是由于影视媒介独特的媒介属性和影视广告独特的功能,影视广告才成为企业发布广告的重要选择并且在企业的营销推广中发挥着重要作用。

下面将集中对影视广告的功能及其适用范围进行详细阐述。

第一节　影视广告的功能

影视广告作为企业的推广方式之一,与其他媒介形式的广告相比,具有以下五项主要功能:

一、进行购买提示,促进产品销售

影视广告具有形象生动的特点,可以通过故事情节式、功能演示式、幽默式等方法来展现商品的特点和功能,所以企业可以利用影视广告进行购买提示,以激发消费者的购买欲望,促进产品销售。

促进产品销售是影视广告的一个基本功能,也是企业不惜花大价钱投放影视广告的重要原因之一。这与影视广告独特的作用和功能是分不开的。目前,各电视频道纷纷开展的电视购物栏目,正是发挥电视媒介购买提示和促进产品

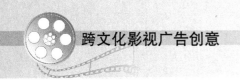

销售功能的典型例子。

二、塑造品牌形象，占领行业主导

电视作为大众媒介之一，它以视听结合、声画并茂的传播特性，以覆盖面广收视率高的媒介属性向最广大范围的受众传播信息。投放在电视媒介上的影视广告自然也能借用电视的这种媒介特性为企业创作和传播直观而生动的广告，塑造和展示企业的品牌形象。影视广告的传播可以在受众的心目中留下关于品牌的印象和记忆，而在同一行业内，如果某一品牌的影视广告作品创意质量高、媒介投放量比较大，则有利于在消费者心目中形成领导品牌的印象，从而帮助企业占领行业主导地位。

三、提供形象识别，建立品牌个性

电视媒介在传播信息方面的直观性和明确性，可以向广大受众展示企业的标志、形象、音乐、代言人等识别符号，有效地向消费者提供清晰的形象识别，以建立独特的品牌个性，方便消费者的品牌识别和品牌选择。

在提供形象识别方面，虽然印刷类媒介，比如报纸、杂志和海报等也能做到，但是影视广告的生动形象和动态展示具有更大的优势和更强的感染力，因此本项功能仍然被列入影视广告的系列功能之中。

四、增强交流互动，培养品牌忠诚

影视广告可以充分利用影视媒介在表现方面的优势，运用画面、灯光、舞台、表演、音响效果等要素，以逼真传神的方式再现生活、表达情感。这种类型的影视广告不仅可以吸引观众的注意，而且还能够和观众形成良好的情感互动，提高观众对广告的好感度，从而也提升观众对品牌的好感度，进而达成培养品牌忠诚的更高目标。

由韩国明星全智贤主演的两则2%矿泉水的影视广告就是非常好的例子。这组广告有两支，一支是全智贤和赵寅成合演的"误会篇"，广告情节如下：全智贤和赵寅成扮演一对情侣，而赵寅成却失业了，这时全智贤的老板约会全智贤,这一情景正好被赵寅成看见,于是情侣之间产生了误会和冲突,因为"**智贤的爱情是现实的,寅成的爱情是理想的**"……

另一则是全智贤和池珍熙合演的"面子篇"广告,广告情节如下:全智贤和池珍熙扮演一对情侣,全智贤要带男友池珍熙见自己的朋友。为了维护自己的面子,全智贤带着男友去买名牌服装,而男友经济拮据,负担不起,全智贤主动为其购置名牌行头,男友的自尊受到伤害。两个人围绕着"爱情和面子"问题展开了争论。

在这两则广告的最后都列举了相互矛盾的两种爱情观,然后趁机向观众提问:"你的爱情在哪一边?"并提议"请点击聊天室"。于是广告与观众、观众与观众之间就借助网络展开了互动。

五、加深品牌印象,传播企业文化

在电视媒介上投放广告,可以形象生动地传播企业形象和产品信息,不断加深观众对品牌的印象,再加上影视广告的投放周期比较长,在一定的时段内,可以反复地投放,所以更加有利于增强观众的印象和记忆,而伴随这种品牌印象的加深,企业文化也得以传播。

比如,麦当劳的广告就注重以统一的形象向广大受众传达一个"快乐"的品牌形象,并以"常常欢笑,尝尝麦当劳"为广告主题创作系列影视广告,集中投放、整合传播给观众留下了鲜明而深刻的印象。

第二节 影视广告的适用范围

正是上述影视广告的功能才使得影视广告的存在和发展成为必然,而这也可以为企业不惜重金和精力关注、重视和选择影视广告的现象提供充分的解释。为了更有效地发挥影视广告的功能,帮助企业更好地使用影视广告这个工具,下面对影视广告的适用范围进行具体分析。

一、低关心度的商品更适合创作影视广告

在我们的日常购物选择中,有一类商品的价格较低、购买频率较高、购买周

适合发布品牌形象类广告；但是做影视广告不等于做品牌形象广告，因为除此之外，影视广告还有销售推广等其他功能。

（一）影视广告具有塑造品牌形象的功能，适合发布品牌形象广告

电视媒介覆盖面广、收视率高，并且作为一个有一定历史的成熟媒介，已经培养了稳定的收视群体，是真正的大众媒介。因此，电视媒介上投放的影视广告可以充分借助电视媒介的独特优势在广大范围内传播广告内容，塑造企业的品牌形象。

电视具有优良的媒介属性。电视媒介视听结合、声画并茂，能够运用多种表现手段来清楚明确地传达信息；同时，由于电视媒介在信息传递方面也具有非常好的声画质量，所以电视媒介适合发布品牌形象广告。

（二）做影视广告不等于做品牌形象广告

电视广告具有塑造品牌形象的功能，适合发布品牌形象广告，但不等于在电视媒介上就只能做品牌形象广告。事实上，随着影视广告类型的多样化，影视广告的功能也在不断地拓展，比如新品上市的广告主要发挥宣传新产品、扩大知名度的作用；节假日或者企业庆典期间的广告主要发挥促进销售的功能；电视购物的广告目的则更加明确，就是要在广告播出的同时实现观众的电话定购数量；而一些知名的成熟品牌的文化理念类的广告则主要是为了塑造品牌形象等。

影视广告的功能目前尚在不断地探索和扩展中，而塑造品牌形象只是影视广告的作用之一。

二、如何利用影视广告塑造品牌形象

利用影视广告塑造品牌形象，应该注意以下几个方面：

（一）广告创意和制作应该具备一定的水准

广告是塑造品牌形象的重要手段，也是消费者获得品牌认知的重要途径，因此作为传播品牌形象的影视广告一定要保持较高的水准，在广告创意和广告制作等环节上严格把关，争取以优秀的广告作品给消费者以良好的印象，从而传达优秀的品牌形象。

（二）品牌形象广告应该保持相对一致的风格

品牌形象是企业多年传播的资产积累，每支影视广告传播都是一次重要的积累，都是通过与目标消费者的每一次接触强化消费者对品牌的印象和记忆。因此，同一品牌不同时期的影视广告，以及不同媒体上投放的影视广告，都应该保持一致的广告风格，有利于"用同一个声音说话"，形成整合效果，强化品牌形象。

（三）广告立意要有一定的高度，品位高尚

每一次的品牌形象广告投放，都是在与消费者沟通，都影响着消费者的认知，传播着品牌形象，积累着品牌资产，因此品牌形象广告立意要高，要保持高尚的品位，给消费者以美好的品牌联想和审美感受，以便树立良好的品牌形象。

（四）安排合适的投放媒介、合理的广告发布时间和频次

优秀的影视广告还需要科学合理的广告投放策略，以便更有效地发挥广告的功能。作为品牌形象广告，一定要选择合适的投放媒介，既要保证相当的覆盖范围，又要保证收看人群的质量；另外选择合理的广告发布时间和发布频次也是非常重要的，只有发布时间准确、发布频次符合品牌形象广告的传播规律和受众的接收规律，才能更好地发挥影视广告对于塑造品牌形象方面的功能。

案例："统一"品牌形象影视广告案例分析

开学篇："这应该是你喜欢的味道"

教室里，

午餐时间，

新来的台湾女生，神情黯然。

"没出过远门，想家了"，身边的同学低语，

一个男生匆匆跑出教室……

当他把泡好的统一方便面放在女同学的面前时，她禁不住笑了。

发烧篇："冰红茶，冰红茶……"

月夜，

台湾女生发烧了……

骑单车的女生来到了一个自动售货机前,

买了几罐冰冻的统一冰红茶,匆匆地回到宿舍,

室友把刚买的冰红茶放在台湾女生的额上,为她降温,她感动地笑了……

温馨的征服

这两支电视广告是"统一"集团的品牌形象广告,由上海伟太广告有限公司创作。

对于企业形象广告,一般的理解是做一些大气的有声势的广告,而"统一"的形象广告,带给我们的则是另一种全新体验:清新、温馨而又真实。"统一"以小温馨定位,是需要自信和勇气的。然而,自信从何而来?勇气从何而来?面对这些问题,上海伟太广告有限公司总裁孙大伟先生娓娓道来。

"统一"进入内地已经有十个年头了,在此以前,主要推出产品广告,形象广告还没有做过,所以,这次形象广告非同小可,方方面面都很重视。越重视,就越希望形象做大。再说"统一"与生俱来的命名,本来就有一种海纳百川的气势和力度的暗示。然而在"统一"形象广告的创作过程中,并没有模仿所谓"气势磅礴型"的形象广告的表现方式,而是别具一格,从另一种角度进行温馨造势。

以上两支形象广告把沟通对象定为大学生,因为他们在"统一"的消费群中占据相当的比重,也是忠诚消费群的主体;同时大学生也有特殊性,他们有着崇高的理想和宽广的胸怀,"这种包容性,可以给统一的品牌形象以更为广阔的空间",因此这两则广告以大学生为诉求对象。

这两支广告,以台湾学生为广告主角,表现了两岸学生之间相互关心的友情。据孙大伟先生讲,之所以把台湾学生作为广告故事的主角,而不是北京、上海或者其他地方,主要是为了提高广告的关注度和被讨论度。因为在台湾,年轻人到内地求学蔚然成风,已经成为一种社会现象;不仅如此,在内地,台湾企业和台湾人也越来越多,这种现象也逐渐成为社会话题进入了人们的讨论范围,因此,两支广告选择台湾学生作为故事主角,可以大大增强广告的关注度和话题价值,同时也避免让广告陷于平淡。

"统一"形象广告的表现方式,这与"统一"企业的产品性质也有密切的关系。"统一"的产品,无论是方便面还是饮料茶,都是日常必需品,即民生用品,因此广告的调性采用一种比较平和的叙事方式,更重要的是,这种方式容易与目标消费群沟通;也正是这种平和的叙事方式,温馨地征服了观众。

"品牌如同种树"

两则广告最后的广告语"统一用心，人间有情"，给人留下了很深的印象，但乍看之下，似乎又回到了一个庞大的范围，但是众所周知，企业形象广告必须要有一种包容性，必须要为其今后的发展预留一个成长的空间。广告口号中的"人间有情"之"情"字，不仅包括亲情、友情和爱情，还能表达国家的、民族的感情，这个"情"字的含义是可大可小的。

正如孙大伟先生所言："品牌如同种树，当小树长成参天大树时，它就能遮雨、挡风、抗洪水；在栽种这棵小树时，还要考虑它将来的成长空间，为它的成长留一个院子。""统一"的这个口号，以及口号中的"情"字正是为"统一"这个品牌的成长预留的"院子"。

正是在这个意义上，有了以下的观点："品牌是一种对话"，是与受众的心灵沟通；"广告是一种积累"，每次的广告表现都在建设着这棵品牌的参天大树；"品牌广告是一项长期的活动"，应该为它设计一条能够长远发展的路子。

"统一"形象广告的着眼点就是这样简单，强调一种近在身边的亲切感，给大家一种亲和力，是发生在你周遭的但同时又有一种崇高理想包含在里面；而蕴涵在广告里的情感又给了广告很广的成长空间。

的确，好的企业形象广告是可以长久地走下去的，譬如大家津津乐道的百威啤酒和 Absolute Vodka (绝对牌伏特加) 的广告都是极为经典的形象广告。目光短浅的"短打式"企业形象广告对一个企业的发展来讲是致命的，开始时可能很宽，但走着走着就是一个悬崖、一个山壁，以致最终走不下去了，因此企业形象不能暴起暴落，而必须是一个长期的事业："延续性"这条路可以让品牌走得更长更远。

"船漏了，怎么办？"

孙先生还提出了这样一个问题："假想船漏了，是要把整个湖水抽干，还是应该设法补船上的洞？"这看似小孩子也会回答的问题，在广告世界中似乎变得难以回答了，因为在现实的广告推广中，我们确实看到过一些试图教育消费者改变消费习惯和消费心态的广告。广告到底是要教育消费者，还是要深入了解消费者的心态，用消费者的语言和方式进行沟通呢？

对此，孙先生给了我们这样一个答案：广告人应该深入了解产品的属性，顺着消费者，而不能违反消费者的使用行为，不能摆出教育消费者的高姿态来试图改变消费者，就如同"小船漏水"的比喻一样，本和末的关系应

该牢牢把握。

回到"统一"的形象广告：与同类产品的竞争对手相比，"统一"的广告投放量并不多，但却能给人留下深刻的印象，这是一种十分难得的成功。因为统一正是"把钱花在刀口上"，注重与目标消费群的沟通和对话，从而达到情感共鸣的效果。

孙先生向我们描述："在将来的形象广告中，我们将会有更多、更精彩的故事来延续统一的形象广告。"

资料来源：聂艳梅、江漪，"统一：温馨造势"，《国际广告》2002年第8期。

第四节　影视广告与销售

除了塑造和传播品牌形象之外，影视广告还有一个重要的功能就是促进销售。对于如何看待和发挥影视广告销售功能的问题，目前在广告业界存在两种针锋相对的观点。

一、两种对立的观点

（一）不支持销售型影视广告，轻视影视广告的销售功能

过去很多大型广告公司对于销售型的影视广告不是很重视，因为他们认为销售型影视广告很难创作出精品，很难获得受众的关注，更难摘取广告赛事上的奖项。然而，广告原本就是属于营销领域的，销售是广告的初衷和最基本的任务，发挥影视广告的销售功能是一个不能回避的问题。

（二）支持销售型影视广告，认为销售是影视广告的重要职能，也是企业投放影视广告的目的

在执行这种观念的过程中，有些企业的做法走向了极端，比如有的销售型广告赤裸裸地进行叫卖，消费者看后非常反感，对品牌印象不佳；有的销售型广告过于夸大、渲染，消费者对此防范意识很强，广告的销售作用难以实现；有的销售型广告缺乏创意，平白无味，没有个性，一经投放便消失在广告的海洋里。

二、如何实现影视广告的销售功能

通过对以上两种观点的分析,可以得出以下结论:影视广告具有销售功能,在影视广告的运作中需要投入更多的精力和思考才能创作出更好的广告,才能更有效地发挥影视广告的销售功能。关于这个问题,具体探讨和建议如下:

(一) 深入把握受众的接受心理

观众看电视的目的是为了收看电视节目,广告只是电视节目的一个附加内容。大多数时候,观众为了等待观看自己喜欢的电视节目而不得不观看广告,由此可以推知:大多数观众收看广告时抱有一种无所谓的心理,更谈不上购物欲望和购物动机。所以,要发挥影视广告的销售功能,就不能做得过于直白和显露,切忌不能激起观众的反感心理,要做到在"润物细无声"之中引发观众的购物欲望,实现影视广告促进销售的作用。

(二) 保持影视广告的时效性

销售功能更侧重于企业短期目标的实现,尤其是一些节假日、周年庆典活动期间的促销型广告,短期销售成绩更为明显,但一旦过了节假日或者周年庆典,这类广告如果继续投放,其作用就很难发挥。因此,促销型的影视广告要保持时效性和新鲜性,一旦过了促销旺季,就需要更换广告,否则会造成广告投放费用的浪费。

(三) 提高影视广告的创意水平

有些广告公司和广告创意人对品牌形象广告特别重视,认为品牌形象广告容易产生优秀作品,相反,他们轻视影视广告的销售功能和销售型影视广告,认为影视广告的商业功能是很庸俗的。但销售功能是影视广告的基本功能之一,企业之所以花费昂贵的广告费就是为了其商业作用,因此看轻影视广告的商业作用是不对的。

事实上,不管何种类型的广告,既有优秀的作品,也有粗制滥造的作品。销售型影视广告也不例外,既有很多精品,不可否认,当前媒介上也充斥着大量质量低劣的作品,有些甚至已经引起了广大观众的反感,但是对于广告创意人来讲,这恰恰是一个可以发挥的舞台,提高销售型影视广告的创意质量大有空间。

(四) 把握销售功能与品牌形象塑造功能的统一和协调

影视广告的销售功能与品牌形象塑造功能并不冲突,正如前文所述,每一次的影视广告投放都是一次品牌形象的积累,因此在影视广告的创作过程中,要兼顾销售功能和品牌形象塑造功能,要提高影视广告的创作水准,讲求广告品味、创意质量和制作质量,因为真正优秀的影视广告应该既能发挥销售功能,又能塑造品牌形象。

案例：三得利乌龙茶银色新包装上市促销广告创意个案

2004年三得利乌龙茶的包装改换为银色标贴,为了更好地把这个新的识别符号传达给消费者,三得利公司专门创作了两支电视广告。

闻香品茶味：市场现况和探索

饮料市场可分为五大类:瓶装饮用水、碳酸饮料、果汁饮料、机能性饮品以及茶饮料。在这五种饮料中,茶饮料可谓是异军突起,在消费者的选择中占据了越来越重要的地位。

综观国际市场,茶饮料以20%的年增长率在快速发展着。在日本就有逾200种茶饮料,全年消费达360万吨,日本的茶饮料消费居世界第一;其次是美国,茶饮料销售额超过20亿美元。茶饮料于20世纪80年代中后期首次在中国面市,90年代中后期开始迅猛发展,2001年开始,我国茶饮料的销售量每年翻倍增长,成为各类饮料中增长最快的一个类别。尽管如此,在世界范围来看,我国的茶饮料消费仅排第五位,但作为一个有千年饮茶文化的大国,我国的茶饮料市场仍有无穷潜力。

作为日本知名的饮料厂商之一,三得利集团自1981年把来自中国的乌龙茶成功地投入日本市场,之后于1997年又将极富日本风格的乌龙茶饮料打入上海市场,并且获得了极大的成功:1997年度销量60万箱、1998年度销量90万箱、1999年度销量110万箱、2000年度销量120万箱……三得利作为茶饮品牌已经拥有了一批稳固的消费群体。

广阔的茶饮料市场不单吸引了三得利集团的关注,更多的茶饮料生产商都将这个市场看作企业新的增长点,于是茶饮料市场的竞争愈演愈烈,在新一轮的优胜劣汰中,逐渐形成了两个阵营,康师傅和统一以绝对优势占据第一阵营,而三得利、麒麟、娃哈哈、可口可乐、旭日升则在第二阵营奋起直追。

这些品牌凭借各自不同的经营状况和品牌策略在茶饮料市场上各显神通。

以"健康—崭新""挑战明天"为主题：发展深化品牌理念

来自日本的三得利集团，秉承"地球生活文化企业"的理念，不断扩大企业规模、巩固企业品牌，在这个基础上，还提出了响亮的"四得利"经营方针："顾客得利，公司得利，员工有利，社会获利。"不仅如此，三得利还在企业内部倡导"开拓发展、挑战自我、向前一步"的工作精神，不断地推陈出新，适应不同生活方式的消费群体，开发出不同品类的饮料，在饮料市场中树立了三得利饮品健康、时尚的良好形象，同时也大大刺激了中国饮料市场的竞争氛围。

三得利乌龙茶的出现正体现了"挑战自我"的企业精神，有人曾经把三得利挺进乌龙茶饮料市场看作一种冒险行为，这是因为虽然日本人一提及中国茶便想起乌龙茶，但实际上沿海地区的消费者却喜欢喝绿茶，而且在他们的观念里一直认为喝凉茶是不利健康的，因此从这个角度来看，三得利推出乌龙茶实在需要"挑战自我"的勇气。

事实上，据上海三得利梅林食品有限公司的企划部长土屋政彦先生讲："三得利推出乌龙茶从一开始就对它在上海的成功抱有充分的把握。"是什么让三得利如此自信满满呢？充分的市场调查！在推出乌龙茶之前，三得利集团就已经进行了一年多的市场调查，调查显示：解渴、好喝、健康、时尚是饮料吸引消费者的主要原因，而且在茶饮料消费中，13~29岁的青少年居多，其中又以女性白领消费者和学生为最。正是基于理性分析，三得利推出了以福建乌龙茶为原料，采用科学配方完整地保留了茶的营养成分，同时具有新颖包装和清爽口味的乌龙茶饮料。

在三得利乌龙茶的广告推广中，一直以"健康、崭新"为主题，着力塑造时尚的品牌形象；2003年以办公室女性为主要的目标消费群体，又以"挑战明天"为主题，推出了一系列的广告，为白领提供了"轻松、快乐"的生活方式，吸引了广大观众的视线，使三得利乌龙茶的形象更加深入人心。在三得利乌龙茶的形象塑造过程中，"挑战明天"不仅是广告中倡导的理念，更是三得利集团经营乌龙茶的信念，公司正是以这样的心情力求精益求精，更好地服务于消费群体。

"CHA-CHA-CHA, CHA-CHA-CHA, OO-LONG　CHA"：全新创意解析

笔者至今仍记得三得利乌龙茶进入上海销售初期所播放的电视广

告——新一代的上海上班族形象，男子把装有500毫升的乌龙茶饮料瓶夹在臂下，的确给人一种"新上海人喜爱的新饮料"的形象，为如火如荼的饮料市场吹来一股清新的风。

事实上，三得利乌龙茶一直坚持以"新鲜"为主题，每年为消费者提供一个新的广告故事，不断加深消费者的印象。比如，2003年播出的广告片将都市年轻人追求自我风格的个性主张表露得淋漓尽致——美丽的OL（Office Lady）在提案时的自信、聪明与出色表现博得老板的赞赏。整个广告风格轻松、活泼。篇尾的那句"CHA-CHA-CHA，CHA-CHA-CHA，OO-LONG CHA"最令人欣赏，它将产品的日语读法衍变为随性俏皮的口号，这个创意似乎超过了广告本身。之后经常听到身边的人"CHA-CHA-CHA，CHA-CHA-CHA"地唱着，看来一些细节部分的闪光点同样能引起消费者兴趣，对提升品牌形象有很大的帮助。

"相对前几年，去年的乌龙茶广告发生了很大的变化。从故事性来讲，它为白领提供了'轻松、快乐'的生活方式，这类广告，尤其是去年的广告非常受白领女性的欢迎，她们都非常接受这种观念，所以今年我们延续这个主题，并有了更上一层楼的感觉，内涵没有变，形式有创新。同时以瓶装颜色换成银色作为一个契机。"来自日本电通的川野康之先生如是说。

因此，本次创意制作的"办公室篇""围巾篇"有两个15秒版本，同样以活泼的OL为主人公，不过令人惊奇的是，楚楚动人的女生竟然一改原先乌黑的头发，将它们染成了焕然一新的银色！霎时引起同事们的一片哗然，不过，一改淑女形象的女孩看起来却比以前时髦多了，脸上洋溢出酷酷的笑容，自信地向众人表明："只要觉得酷就可以啊。"这就如同三得利乌龙茶换上充满时尚动感的银色新装一样，"酷"就体现在不断地改变！音乐响起，熟悉的"CHA-CHA-CHA，CHA-CHA-CHA，OO-LONG CHA"唤出了女孩自信的心声，与广告口号"都市情怀、释放真我"形成了良好的互动。

"围巾篇"的表现更为果敢张扬，相比之下，这则广告更讨人喜欢。下车时一个不经意，车门把女孩长裙的一角夹住，并撕开一大片。好尴尬啊！连路旁的小男孩和小狗都不好意思了。银发女孩灵机一动，出人意料地将随身的银色围巾在腰上一绑，系成了一个漂亮的装饰结。"怎么样？漂亮的银白色哟！"潇洒的动作逗得小男孩和小狗都禁不住鼓起掌来。伴随着"CHA-CHA-CHA，CHA-CHA-CHA，OO-LONG CHA"的口号，又一个时尚的白领形象被刻画出来，这样的女孩绝不孤单，因为她代表的是每一个充满活力、追求健康并勇于挑战明天的年轻人。

在15秒内表现出完整的故事情节并很好地体现品牌所要呈现的内涵，三得利乌龙茶这两则看似轻松的广告，从策划创意到制作执行，都凝聚着执著和努力，透露了产品带给人的自信。就好像"CHA-CHA-CHA, CHA-CHA-CHA, OO-LONG CHA"的口号，让人精神振奋，帮自己打气！

品牌发展是一条长远之路，塑造品牌依赖于消费者对品牌信息的记忆。然而，现实情况是，消费者的视线总是被各种各样的产品和品牌所混淆。如何突破这些信息干扰，顺畅地到达目标消费者呢？三得利乌龙茶的广告给了我们一个启示：坚持鲜明的品牌概念，适时地、周期性地提醒消费者，并不断地形成新的刺激点，信息频繁而又一致地刺激消费者。而这次新包装的推出、新广告的投放都很好地制造了话题，形成了新的亮点，持续刺激三得利乌龙茶的消费群体，并能达到一传十、十传百的传播效果。

这两则广告是中日合作的结晶，创意来自东京电通广告公司，制作则是由上海邱氏兄弟广告公司负责的。当这两支广告影片完整地呈现在向来工作作风严谨的日本同仁面前时，他们也不由得赞叹！上海三得利梅林食品有限公司董事总经理岛田朋彦先生说："中国的影视广告制作已经到了非常高的水平，我们非常满意！"而东京电通第一创意本部创意总监川野康之先生更是专业地表达了他的看法："在天气如此恶劣、预算如此节省的情况下，这么快速而高质量地完成本次广告拍摄任务，本身就是一个奇迹，这在日本也是很难想象的。"

资料来源：聂艳梅、江澌，"银色主张　激情挑战明天"，《国际广告》2004年第5期。

本 章 小 结

影视广告是企业推广的重要手段，既能够帮助企业推销商品和劳务，也能够帮助企业塑造和传播品牌形象。为了完成商品推销与品牌形象塑造的任务，首先需要深入把握影视广告的适用范围，明确在产品不同生命周期阶段上影视广告的功能和任务；然后把握行业特性，分析不同行业属性对于商品推销以及品牌形象风格的要求。

第四章
影视广告创新思维探究

在对影视广告作品进行分析的基础上,本章将对影视广告的情节设置、道具设置、音响效果等进行分析,探讨这些环节的创意方法,并且对性感诉求方法进行深入分析,同时,也对影视广告中的动物形象进行分析。这些角度的创意在影视广告作品创意中都占有非常重要的位置。

第一节　影视广告中的情节创新

情节式影视广告,就是带有故事情节的广告。在影视广告中设置情节是为了赋予广告以更强大的冲击力,通过故事情节来吸引观众的注意,并且强化观众的记忆。创作情节式影视广告首先必须明确"何为情节?"《电影艺术词典》中对情节有着这样的解释:情节是生活的反映,情节体现因果关系,故事体现时间顺序。情节的典型化是指对生活事件的选择、加工和改造,使之得以升华的一种特殊艺术形式。因此,情节式影视广告就是对于生活事件的加工、改造、制造矛盾冲突或悬念,以增强广告的吸引力。

一、故事情节式广告的特点

在影视广告的表现类型中,设置故事情节进行广告创意是一种非常重要而有效的方法。由于观众通常对故事比较感兴趣,因此比较容易接受广告,如果这个故事情节有强烈的吸引力,则广告也容易吸引观众的注意力。因此,在故事的情节设置中,一定要把生活中最有代表性而又与产品密切相关的情节联系起来,使故事结构产生强烈的吸引力,以维持高潮而不衰退。

情节式广告的最大特点在于它犹如一部小电影,借助生活故事、传说、神话等内容来展开,其中贯穿相关产品的特征或信息,从而加深受众的印象。由于故事本身就具有自我说明的特性,更易于让受众了解广告内容并使其与广告内容发生连带关系。采用故事情节式广告进行创作,对于人物择定、事件起始、情节跌宕都要做全面的统筹,以便在短暂的故事情节中传达出有效的广告主题。

故事化的情节意味着打破常规的叙事逻辑,不平铺直叙,避免平淡无奇;要善于设置悬念,创造跌宕起伏、引人入胜的效果;像文学创作那样,要善于捕捉富有特征性的典型细节,深化受众对信息主体的感受,从而留下深刻的印象。一个具有情节性的广告对于受众还是具有很大吸引力的。同时,情节式广告具有很大的发挥空间,在介绍产品的基础上可以加入品牌特有的文化特性,使广告和产品都具有灵魂。

情节式广告中不乏有虚拟的故事成分,如宝马汽车的网站曾经使用一系列类似007的故事短篇的形式来创作广告,介绍宝马车的性能,虽然手法较为夸张,但是取得了较好的广告效果,并具备较高的视听审美价值。宝马系列广告共由8个独立的小短剧组成,每一集的时间为10分钟左右,每一集讲述一个故事,每一集都带有导演自己的独特风格。主演是克里夫·欧文 (Clive Owen),他成功塑造了8个性格迥异的赛车手角色,同时也证明了其实力派演员的称号并非浪得虚名。具体分析如下:

【例】 系列一:吴宇森导演

点评:吴宇森简短版的《英雄本色》,带有浓重的好莱坞的大片风格,克里夫·欧文塑造的是一个硬汉的角色,驾驶的M6敞篷车也是众多男性心目中的梦想之车。故事的发展很直接,有预料之中的"跌宕起伏",结尾也没有逃出好

莱坞电影英雄救美的一贯俗套。只是结尾的女主角首尾呼应的话惹人深思。

【例】 系列二：乔·卡纳汉（Joe Carnahan）导演

点评：作为美国本土知名的动作片导演，乔·卡纳汉为大家奉上了一个缩水版的美国"大片"。故事前期的铺垫极富悬疑，故事的发展采取了倒叙和插叙的叙事手法，谜底在最后一刻才解开。广告中，汽车"击落"飞机的情节在《虎胆龙威4》中曾经出现，而这次的手法更加诡异。"人生的价值是什么？"（What is the life of one man worth?）主角给出了自己的答案："生命本身"（my life）。

【例】 系列三：约翰·弗兰克海默（John Frankenheimer）导演

点评：同样是美国导演，警匪片的风格。广告中汽车追逐的场面惊心动魄，着重表现了宝马7系4.0的强大动力。广告结尾也告诉我们，不要轻易相信别人，也别轻易地豁出自己的性命，除非你是片中这位实力派演员。

【例】 系列四：盖·里奇（Guy Ritchie）导演

点评：这是8个广告中最搞笑的一个，导演延续了自己一贯的风格——黑色幽默。广告情节极其精彩，对话也很有嚼头，笑翻肚皮，算是讽刺了某些当红明星的丑恶嘴脸。克里夫·欧文饰演的司机驾驶技术简直像神一样。结尾很诙

谐，最后的一行字"宝马奉劝你时刻系好安全带"(BMW Recommends that you always wear your seatbelt) 也算是小做了一下交通安全宣传的公益事业。

【例】 系列五：李安导演

点评：浓郁的中国风，实力派的小电影。铺垫、高潮和结尾环环相扣。音乐风格和情节的发展很配合，时而轻快，时而紧张。结尾的大力金刚神的创可贴也是点睛的一笔。首尾呼应，有点宗教神秘主义的意思。

【例】 系列六：王家卫导演

点评： 王家卫的风格，朦朦胧胧的感觉。无论是片中主人公的独白、音乐，还是画面中浅景深的镜头大量运用和细节的描写，都让人想起了王家卫的《蓝莓之夜》。

【例】 系列七：托尼·斯考特（Tony Scott）导演

点评： 嬉皮风格，跳跃晃动的镜头，动感十足。这是一部比较另类的作品，包括其中的音乐、画面和人物。

【例】 系列八：阿里加多·伊纳里多（Alejandro Gonzalezinarritu）导演

点评： 主角是一个战地摄影师。到底照片的记录是一种关爱、一种帮助，还是一种冷漠？结尾很伤感，抱着相机死去，也许是一个战地摄影师最唯美的告别人世的方式。故事感情真挚，影响摄影师一生的竟是母亲的一句话："去看看，一位失明的母亲。"

　　故事情节式广告的设计要注重结构中的每一个细节、故事的每一个步骤，一定要前后衔接连贯。可以人为地、恰如其分地制造高潮，但过分地渲染高潮又会起反作用，破坏原来的铺垫和效果，丢失推销的机会。故事型结构也可用于"解决问题"式的广告，还可用在别的形式之中，其形式虽然不同，但都是为了达到广告目的。

二、故事情节式广告的优势

(一) 新奇夸张,吸引眼球

AIDA原则[①]是美国学者乔治·路易斯 (E.S. Lewis) 提出的广告创作原则,描述的是广告受众接触广告后的大致心理过程,也是衡量一则广告成功与否的标准。其中,"A"是引起注意 (Attention),具有指向和集中目标消费者的作用;没有这个基础,"发生兴趣(Interest)"、"激发欲望 (Desire)""付诸行动(Action),即促成购买"都是空谈。因此,如何吸引眼球是广告创作的首要法则。

然而,在广告运作中,以下原因促使提升广告"注意力"成为关键:首先,媒介增多,广告信息被淹没,而消费者能接收的信息量是有限的,因此广告必须要有吸引力;其次,某些产品的夸大宣传导致消费者的信任度下降,对广告的"免疫力"增强,消费者往往对广告采取主动躲避的态度,除非是有价值、有诱惑力的信息。巨大的信息容量决定了广告诉求必须是多视角、多层次的组合,才能达到吸引眼球的目的。

(二) 贴近观众,感性亲和

感性诉求比理性诉求更吸引人。故事性广告将病症危害、生活尴尬、产品效果巧妙融入一篇或多篇小故事中,文案充满趣味性,语言生动逼真,甚至附带具有悬念的故事情节,读广告如同看小说,有效增强了广告的亲和力和感染力。

(三) 激发欲望,促使行动

故事性广告通过深度把握消费者心理、再现生活情境、利用典型个案来达到共性认知的传播效果,往往能充分激发消费者的购买欲望。

(四) 形象生动,渗透力强

故事性广告多采用新奇、幽默甚至荒诞的故事,通过影视媒体发布传播,再现生活原生态,故从一定程度上能实现病毒式传播效应,也就是说,其传播不仅局限在直接受众,还能形成二次传播甚至多次传播。譬如很多减肥产品广告的

---

① 参见 [美] 乔治·路易斯著,高志宏、徐智明译:《广告的艺术》,海南出版社2009年版。

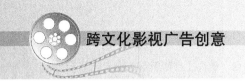

诉求往往具有这种效果。

三、故事情节式广告的类型

影视广告叙事用画面增强信息的可信度,用文化增强信息的持久性,用沟通拉近信息传播的距离,让广告叙事悄然融入人们的生活,让人们看不出或感觉不到是在做广告,这样的广告叙事就是最精彩的叙事。

故事情节式影视广告最常见的有三种:一般故事式广告、童话式广告和传说式广告。

(一) 一般故事式广告

既不是神话故事、寓言故事,也不是传说故事、童话故事,在这里我们称为一般故事。一般故事式广告就是一种借助于故事的形式来传播商品和信息劳务的广告体式。撰写一般故事式广告应把握以下几点:

(1) 在表达方式上以叙述为主,描写为辅。

(2) 故事情节要为广告主题服务,不能为追求吸引人而脱离主题。

(3) 故事语言要生动、贴切、传神、新鲜,具有生活气息。

(4) 要体现生活的情趣,给读者以亲切感和趣味性。

如今大多数情节式广告都遵循此道。

【例】 LG笔记本广告"夏日篇"

点评:通过一个随时会发生在我们身边的故事来展现产品,使产品巧妙地融入生活情节,毫不突兀,清新的故事情节给人以亲切感和趣味性。为广告主题服务,但又不脱离现实生活,具有强烈的生活气息。

（二）童话式广告

童话式广告是用童话文学的形式来创作广告的一种体式。撰写童话式广告要注意以下几点：

（1）从少年儿童的角度去认识、理解事物，用少年儿童的视角和口吻去宣传广告。

（2）把童话故事和广告宣传有机地结合起来，吸引儿童认识商品；同时要有趣味性，因为儿童易于接受形象、具体、有趣的东西。

（3）要有针对性，广告的内容尽量是和儿童有关的商品，诉求对象也是以少年儿童为主。

【例】 尿布广告"灰姑娘篇"

点评：以大家耳熟能详的童话故事《灰姑娘》的情节为蓝本，创作了一个充满童话气氛的尿布广告，把本来单一的广告表现得极富张力，使广告具有趣味性的同时也吸引了目标消费者来认识产品。

（三）传说式广告

传说式广告是利用民间故事的形式来撰写广告的一种体式。

关于某些习俗、人物、景点或特产，在民间一般都有传说。如果所宣传的商品、劳务与传说有关，不妨用此体式撰写。在撰写此类广告时，要注意传说的真实性。可以适当地加工，但绝不是无中生有的虚构。

【例】 百度广告"孟姜女篇"

点评：运用孟姜女哭倒长城的古代传说来表现百度的中文流量大，这是一则比较夸张的影视广告，但是却非常幽默，古代传说与产品诉求结合得十分巧妙。

四、影视广告中情节设置的方法

影视广告的情节设置有以下几种常见的方法，分别是：渲染情感、设置悬念、制造幽默等。故事情节式广告的创作者应将商品或服务信息巧妙地融入情节之中，让观众被精彩的故事情节吸引的同时，也牢牢记住商品或服务信息。影视广告叙事者要实现与消费者的有效沟通，首先广告叙事内容应满足人们内心的感受和欲求，善于挖掘人们日常生活中富有情感趣味的素材和细节，浓郁的人情味来自现实生活。

（一）渲染情感型

渲染情感型广告是影视广告中最为普遍的感情诉求广告形式，它通常表现家庭的温情、和睦；父母与子女之间的亲情，朋友之间的友情，恋人之间的爱情，以及人与人之间的其他情感，通过人们所熟知的情感，把产品融入其中，使人们对产品有所了解。它通过对生活片断的撷取缩短了广告与消费者之间的心理距离，使广告贴近生活。

【例】 乐风宁"泰坦尼克号篇"

点评：乐风宁是一款感冒药，广告借助爱情这个话题进行渲染，赋予乐风宁传递情侣关爱之情的功能。在对爱情的渲染中，广告将当年风靡一时的电影《泰坦尼克号》的经典片段融入创意情节，不但让观众产生亲切感，更展现了乐风宁在传递感情方面的作用。

（二）设置悬念型

利用人们的思维定势和联想习惯，巧置悬念，引起消费者的注意、思考，并把这种惯性的思维演绎成错觉，最后亮出谜底，或让消费者自己去发现，最终使消费者恍然大悟，忍俊不禁。这种方法不仅调动观众的收看欲望，还能在关键时刻点明广告主题，以期达到既好看又好记的目的。

【例】 麦当劳广告"婴儿篇"

点评：一哭一笑的广告画面反复多次，引起人们的关注与思考，最后以"今天吃早餐了没有"亮出了谜底。悬念的设置能激发受众对创意较深程度的参与，悬念的解决过程是对受众投入参与而付出的脑力与心力的补偿，悬念的结局越是出人意料，越能给受众充分的满足感。

（三）制造幽默型

喜欢幽默是世界各国人们的共性,幽默广告能够跨越民族、语言、风俗和信仰的障碍,广受欢迎。幽默风趣自然会给人带来审美愉悦,对广告来说,如果能以风趣幽默的形式来表现其诉求,必然会收到意想不到的效果。吸引眼球就能产生效应。因此在故事情节的设置中,还要注意幽默元素的设置,以提高广告的注目率。

【例】 麦当劳广告"薯条篇"

点评:这则广告采用的是幽默情景剧的形式,广告创意完全是对原汁原味的生活情节的加工,一点也不虚饰。对于麦当劳的目标消费群也就是年轻人群而言,这样的广告语言他们更容易接受,与他们的实际生活贴得更近,又很轻松,他们可以在快乐诙谐中自然地接受广告信息。

五、故事情节式广告的创意方法

所谓故事情节式广告,是指用艺术作品中情节的表现形式来塑造广告形象。其主要艺术表现手法有:夸张、幽默、悬念、动画和隐喻等。

（一）夸张型

夸张是"为了表达上的需要,故意言过其实,对客观的人、事物尽力做扩大或缩小的描述"。夸张型广告创意是基于客观真实的基础,对商品或劳务的特征加以合情合理的渲染,以达到突出商品或劳务本质与特征的目的。采用夸张型的手法，不仅可以吸引受众的注意，还可以取得较好的艺术效果。

　　夸张型广告是表现广告主题常常运用的方法。在短短的几十秒钟内，运用夸张的手法可以很清楚地让观众明白产品的特点和功能。虽然夸张方法有不可信的一面，但是谁都知道，影视广告并不意味着权威机构对其产品的鉴定。目前来说，夸张型手法可以被大多数的电视观众所接受。

　　【例】　XBox广告"全民枪战篇"

　　点评：一个XBox360的广告，同样是鼓吹他们的"游戏精神"，这条广告片没有用任何特效，但是表现出的场面绝对能让你为之一笑。夸张的表现不仅吸引受众的注意，还让人印象深刻。

　　【例】　尼桑汽车广告

　　点评：用在现实中不可能出现的情况夸张地表现尼桑车的性能，夸张的剧情清楚展示了尼桑车的坚固和高质量，连炸弹都对它毫发无伤。合理的夸张表

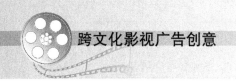

现手法还是能让观众接受的。

（二）幽默型

以幽默的手法传递商品和劳务信息的广告形式，即为幽默型广告。幽默"是借助多种修辞手法，运用机智、风趣、精练的语言所进行的一种艺术表达"。采用幽默方法进行广告创意应该注意：语言应该是健康的、愉悦的、机智的和含蓄的，切忌使用粗俗的、生厌的、油滑的和尖酸的语言。要以高雅风趣表现广告主题，而不是一般的俏皮话和要贫嘴。幽默广告往往因创意富有情趣、构思充满乐趣、对话饶有风趣而长时间留在人们的记忆里，从而诱发人们对产品的购买欲。

现代广告幽默感越来越强，它采用多种表达方式和表现手法，让人们在笑声中不自觉地增强了对产品的认同感，而放松了对广告的商业功能的警惕和排斥，在轻松愉快的情绪体验中产生深刻的印象。

【例】 李维斯广告"厕所篇"

点评：这是一个典型的英式广告，英国广告的幽默便是以一种看似不在卖东西的方式，达到销售的目的。幽默与搞笑是有区别的。相比那些情感宣泄的搞笑闹剧来说，幽默的手法更为含蓄。英国人习惯借用幽默来掩饰真实感受，因此英式的广告幽默便是静中取胜，以创意出彩。

（三）悬念型

悬念结构就是在片头设置一个悬念，使观众产生疑问和期待，然后展开情节，运用视听语言将谜底揭穿。这种手法旨在唤起观众的好奇心，使观众对产品或广告凝聚浓厚的兴趣,产生一探究竟、了解原因的强烈愿望。悬念型广告成功与否,很大程度上取决于广告的开头是否能有调动观众好奇心的构思。有了巧妙的构思,便要设法使这种构思贯穿整部片子。在交代过程中,把产品特点交代清楚,"结果"则到最后点明。

悬念型广告是以悬疑的手法或猜谜的方式调动和刺激受众的心理活动,使其产生疑惑、紧张、渴望、揣测、担忧、期待、欢乐等一系列心理,并持续和延伸,以达到释疑团而寻根究底的效果。其中比较具特色的是连续剧式广告。

【例】 耐克"惊魂篇"

点评:本广告充分运用拍摄恐怖电影的手法,用昏暗的光线渲染气氛,制造紧张的氛围,唤起观众的好奇心,使观众对产品或广告产生浓厚的兴趣,产生探示究竟,了解原因的强烈愿望。

(四) 动画型

近年来,动画艺术正以其独特的魅力为越来越多的人所喜爱,可以说是老少皆宜的艺术表现形式,发展到今天,其地位可与实拍并驾齐驱,不分伯仲。动画式影视广告就是采用动画形式来表现情节的广告影片,其动画角色简洁夸张、妙趣横生,既能准确表现主题并创造独特的视觉效果,又能丰富和发挥动画艺术的表现力。动画式广告最大的优势就是,可以运用现代高新科技,突破传统实拍的限制与束缚,实现随心所欲的自由创作。

【例】 茶瓜子"动画故事版"

点评:这则广告,妙趣横生地表现了茶瓜子的制作流程,用可爱的动画图像发挥出独特的艺术表现力,吸引了人的眼球,让观众在了解茶瓜子制作工艺的同时对其品牌产生深刻的印象。

在我们日常观看到的广告中,道具几乎随处可见。

道具是影视广告中非常重要的表现工具。在特定的表演场景中,演员表演时实际使用的广告产品和所有其他物品,比如器皿、桌椅、鲜花、灯笼等,都可以归为道具的范畴。

道具,特别是产品道具,往往是演员表演要突出的中心对象。比如:在一则广告中,为了表现电话具有来电显示的功能,男主人公坐在沙发上,听到电话铃声的第一反应是先看显示屏而不是接听电话,直到屏幕上显示是女友的电话时才接听。在这则影视广告中,电话即道具。

道具来自生活,是人们生存必备的基本物质手段和条件。它们具有实用性或装饰性,可以是爱情的信物、保护自我的工具或简单的生活必需品,也可以是美丽的装饰品。这些东西一旦成为影片中多次强调的物品,它们在影片中的作用就变得巨大了。此时,它们通常代表着拥有它们的人物的性格或情感。此外,道具通常也参与广告剧情,对广告情节有着推动作用。

二、道具是影视广告中的重要视觉元素

电视和电影是视听结合、声画并茂的媒体,它将丰富的社会生活、多彩的大千世界直接呈现在观众面前,使之具有很强的现场感。因此,在影视广告中,道具的选择以及准确运用直接影响广告的视觉效果。一支成功的影视广告,道具的选用能够烘托出整支广告所要表达的意境,并冲击着受众的视觉。

画面是影视广告中最为重要的要素之一,画面造型的表现力和视觉冲击力是影视广告获得效果的最强有力的表现手段。由于影视广告的长度较短,因此要让受众在极短的时间内关注影视广告并受其影响,必须要在画面上着力,使画面在视觉上更具冲击力,通过转瞬即逝的电视画面,让受众在短时间内被影视画面所吸引而关注和记住影视广告的内容并最终变成实际的行动。因此,影视广告画面的构图,画面与画面之间的关系,以及画面色彩、线条等的运用,都要以审美的方式进行组合,都要借助道具,让受众在观看影视广告时产生审美愉悦和审美感受,从而激起受众的审美情感。

三、影视广告中道具的类型

道具是表演艺术的表达用具,出现于电影、电视和舞台剧中。至于化妆、服装、剧本、乐器、音响、演员、灯光、布景等,则与道具组合成剧场环境。

道具与实物有异,道具未必如实物般有完全相同的功能及价值,如道具枪、道具子弹、道具钱等。影视广告中的道具包含的范围广泛,举凡摄影机镜头内的所有物,无论尺度大小,都是帮助场景呈现故事内容的材料。

(一)陪衬型道具和重点型道具

影视广告中的道具,一般可以分为陪衬型道具和重点型道具两种。

陪衬型道具是为了配合剧情的需要而存在,增加合理性和流畅感。

重点型道具则是指在广告中不可或缺的视觉主体。譬如丰年果糖广告案例中,重点型道具是该广告的商品丰年果糖,扮演着不可替代的角色。

(二)陈设道具和装饰道具

道具按其性质分为陈设道具和装饰道具。

陈设道具又称实用道具,如客厅中的桌子、沙发等,基本客厅的配备家具,以及配合在情境中出现的中大型家具。通常场景中大部分的中型家具,如桌子、沙发、灯具等,会选择租用现成的家具配套使用,或者运用木工定做家具,这些都是依照美术指导对于场景呈现的拍摄效果、预算等所考虑的设计。

装饰道具如门帘、吊灯等。通常,大部分装饰道具是根据现场效果要求所配备的。通过门帘、灯光效果等达到气氛的渲染。

(三)手持道具和消耗道具

道具还可以分为手持道具和消耗道具两种。一般手持道具和消耗道具通常与实物无异,手持道具如挎包、手杖等,消耗道具如食物、香烟等。

(四)大道具和小道具

按体积的大小分为大道具和小道具。道具可以决定一个表演环境的特性和风格。若是镜头特写则需要小道具,其精致度或真实度就愈高。

四、道具在影视广告中的作用

运用道具是一种艺术,无论颜色、质感、成本计算、制作工序、戏剧效果,都很有讲究。例如一个悲剧故事中,出现一个喜剧的道具,会产生不可预期的效果,令人捧腹。

影视广告画面是动态表现的集合。影视广告是通过各种动态的画面、技术的使用及增添运动元素来体现广告中产品、人物及场景的动态感,从而使受众在观赏影视广告时产生身临其境之感,并能感受到视觉的冲击和心灵的震撼。影视广告画面的动态表现有以下几种形式:

(一) 表现产品本身的流动状态

各类饮料的广告,比如许多酒类广告就是运用其液态的流动,让观众在广告中看到酒从瓶中喷射出的酒香四溢状或者沿杯壁流动状,以此来体现产品的诱惑。如下面这则啤酒广告,通过酒在酒瓶和酒杯中的流动,来展现啤酒的质感。

(二) 展现消费者在使用产品时的运动状况

大多数食品广告,是以运动的、流动的食品形态来展示食品的诱惑的。如康师傅方便面的影视广告就是通过各种食品原料的调配、组合,让观众感觉到原料的色泽新鲜、味道鲜美,在好看、好吃中感受到食品的强烈吸引力,从而拉近广告

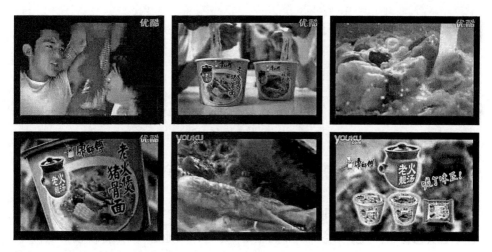

产品与受众之间的心理距离。

（三）有效使用电视技术设备来营造动态氛围

摄像机镜头、机位、机身的运动都是依托电视设备功能而实现的。利用镜头的推、拉、摇、移、跟以及拍摄角度的正、背、平角、仰角、俯角，可以表现远景、近景、全景、中景、特写等景别和构图，以突出强调部分画面，并形成某种特殊氛围的动态展示，从而向观众传达某种画面以外的信息。如一则灭蚊灵喷剂的广告，运用摄像机模拟蚊虫的飞行视角以及害虫见到灭蚊灵的恐惧挣扎抖动状态，充分调动观众的视线，造成画面的动态感。

（四）增添运动的元素

在静态的商品中增加动态的附加物，从而使商品在动静之间达到美感和谐。在一则乐家龙头的广告中，展示了一滴水珠的运动，水珠不断地滚动，最终爬到水龙头上，并回到水龙头里。导演用这样动态的水滴来表现静态的水龙头。

五、影视广告中创新性地使用道具的方法

广告道具作为广告的辅助手段,是广告表现形式的需要。产品本身以及周围其他烘托物品,不仅表现了产品的主题,并通过其他道具的陪衬,使其表现空间得到充分的夸张解放,更加突出了产品本身所要表达和诠释的意图。因此,如果能在道具使用上有所创新,将大大加强影视广告的表现力和感染力,从而取得更好的艺术效果。广告道具只有不断地推陈出新,才能更好地为广告内容服务,发挥其特有的广告效果。

(一) 创新性地将道具变形

在广告中出其不意地改变道具的形状,可以达到意想不到的艺术效果。将产品融入现代文化的时尚元素中,使广告表达独具意境,同时让受众了解广告产品,并对其产生更浓厚的兴趣。不过,形式上虽变化多端,但其本质或目的却始终不变地表现产品本身具有的特色及个性。

例如，索尼是一家横跨数码、生活用品、娱乐领域的企业巨擘。在其影视广告中充分运用了道具变换来展现公司产品，从照相机、PSP、多媒体播放器到摄像机，直至笔记本电脑，展现了公司产品多样化的特点。

下面这则安全套的广告是以赌场作为背景，帅哥和美女坐在赌桌上的两端，轮流拿出自己的筹码，眼看美女就要失利了，她却在关键时刻拿出 Kimono 牌安全套作为筹码，帅哥稍作权衡，立刻拿出所有筹码来交换，显然，在帅哥的眼里，所有的筹码都不及 Kimono 牌安全套。夸张的表现、幽默的情节，都是得益于 Kimono 牌安全套作为道具出场，并与广告情节巧妙融合。

（二）挖掘道具的精神内涵

挖掘道具的精神内涵，也就是突出道具的象征和寓意，使之新颖灵巧、有神韵，更好地为表现主题服务。同时通过"变其形，扬其神"，使产品获得新的表现力和生命力。影视广告中通过具体符号的视觉传达设计，让这些符号直接进入观众的大脑，并留下深刻的印象，这样，影视广告才会更富有活力，能够更好地表现产品的内在寓意及产品功能。

在下面这则阿迪达斯的广告中，一双自己会运动的鞋是整支广告的主要道具。这双鞋子的运动以极富活力的表现方式寓意着阿迪达斯这个运动品牌生生不息的运动精神。真正的艺术常常带有写意的色彩，让客观生活与主观思绪融合起来，按照自己的轨道酣畅地运行，因此作为表演中所借助的道具更要有其高度的虚拟性和寓意。

下面这则曾经在中国内地火热播放的耐克广告,通过各个场景中巧妙设计的道具,体现了耐克作为一个运动厂商所宣传的"随时运动"的理念。导演通过雨伞、花、烧饼以及修电线杆工人身上背的箩筐,巧妙地将该产品与广告相结合,让观众在感觉幽默的同时也充分了解道具在广告中的重要性。

(三) 创新性地使用道具

在世界经济一体化的趋势下,各国的市场也有一定的趋同性。因此,企业可以通过影视广告的个性化和企业的创新意识来标新立异、与众不同地达到吸引观众注意的目的。比如,时尚产品的影视广告通过各种颜色、原料的运用,从视觉上冲击目标受众;又如,家居和装饰品运用各种国际化的道具来表现家具用品的设计理念,从而适应全球化的潮流趋势。从汽车广告、饮料广告到其他各种类型的广告,不同风格的道具理念相互融合,创造出了更多、更新颖的影视广告,从而使这些个性化的影视广告更适应全球化的广告发展趋势。

在奥迪公司的这则广告中,采用了其他四个强大汽车品牌公司的车钥匙作为奥迪汽车广告的道具,将另外四大品牌的性能同时赋予奥迪这一个品牌,从而使广告更具观赏性,大胆的创新道具更能展现奥迪公司的强大实力。

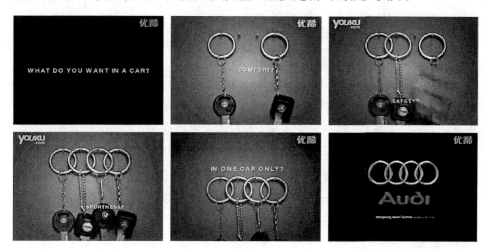

下面是一则百事可乐在美国的比较广告。在广告中,导演共安排了2罐可口可乐和1罐百事可乐以及一台自动售卖机作为道具,通过镜头之间的组合,体现了广告主的用心。虽然这一类型的广告被我国《广告法》列在禁止之列,但这则广告创意的巧妙性却是可取的。

当然,影视广告中道具的创新使用是在紧扣主题内容的情况下,让影视广告更新颖别致、取得更好的表现效果。因此,要合理使用道具,用得恰到好处、相得益彰,要达到内容与形式的完美统一。只重内容不重形式,会使作品缺乏魅力;只追求形式而忽视内容,将流于浅薄和平庸。我们在影视广告中追求道具创新的同时,要考虑是否符合节目的内容需要、情感需要、审美需要和表达需要,这样才能使影视广告更有魅力、更具特色。

六、影视广告中使用道具的注意事项

自2008年以来,广告界可谓"硝烟弥漫"。先是恒源祥12生肖"脑瘫"广告被全国人民口诛笔伐,最后狼狈撤下;继而多家电视台传出要封杀"艳照门"主角之一张柏芝所拍的洁尔阴广告;阿迪达斯的广告中因出现中国国旗又引来一片质疑之声;不久前,女演员刘嘉玲领衔的迪彩广告因使用道具来增强头发的靓丽光泽又引来质疑。因此,为了避免道具运用中出现负面效应,在使用的道具的过程中,应该注意以下几点:

(一) 注意道具是否符合当地国家的历史和文化语境

企业的广告表现或信息传播稍有不慎便会落入某些批评圈中,文化圈、法规的圈、民族情结的圈,还有心理认知的圈,层层叠叠的圈难免会有一个将企业套住。从肯德基的"高考落榜广告"、丰田的"霸道广告"、麦当劳的"下跪广告"、立邦漆的"盘龙滑落广告",广告似乎总有原罪,总是容易引致批评,这些广告被批评的根本原因就是广告中采用了不恰当的道具形式。

(二) 注意道具是否符合真实性

要注意广告道具是否过于夸大产品功能,从而给消费者造成视觉误导。在刘嘉玲所拍摄的迪彩广告中,有舆论指出,刘嘉玲在片中因使用道具增强头发的靓丽表现,与她本人头发的实际情况有偏差,这些批评难免有些矫枉过正。在某些意义上,其实这与雀巢冰爽茶中出现的惊人冰气、高露洁牙膏中周杰伦的"排山倒海"一样,都不过是一种产品效果的艺术呈现,是借助道具、特效来强调和放大产品特点的广告创意。当然,相比于雀巢冰爽茶与高露洁牙膏,迪彩的广告表现明显没那么具有"创意",其诉求点非常直白。在影视广告中，无中生有、故意夸大其词、恶意欺骗地使用夸大的道具来做虚假广告是不可取的。

(三) 使用道具必须了解一个国家的国情和生活背景

在影视广告中，不能随心所欲地使用广告道具。例如，在宜家的广告中出现了成人玩具，这在西方开放国家或许不足为奇，但是在中国这个还未完全开放的国家，观众是很难接受的。一则成功的广告，正确地使用广告道具是一个重要的环节，它直接影响整支广告的形象。

因此，在影视广告的道具使用中必须了解当地的民情、习俗、人文习惯、文化、法律以及敏感话题。在道具的运用方面如果忽略民族潜在价值观与文化认知，就会失去观众的认可，如立邦漆的"盘龙滑落广告"以及阿迪达斯的奥运恐怖广告。不恰当地使用道具，最终会使得广告效果适其反。

第三节　影视广告中音响效果的创新运用

自20世纪70年代中期以来，国外广播界、电影界都非常重视音响环境，称之为声音的建筑学。随着录音技术的不断进步和提高，以及强吸声多声道降噪系统的推广运用，环境音响获得质感、密度、声景等多重的音响还原效果。现在，国外已经出现没有语言和音乐的广播剧，剧情完全由音响效果组合而成，它们在声音的运用方面，撷取自然界的风声、水声、波浪拍岸声、脚步声、木桶声、桨声、锄土声、泥土吸水声、山羊叫声、孩子歌声、汽艇机轮声、人的哭声等，以此对画面点染描绘，可谓"不着一字，尽得风流，不费片言，情形在目"。

闻声溯源 (声源)，闻声见景，闻声生情，是听觉审美规律之一。音响是富于表现力的。著名苏联导演吉甘曾说过："我们学会了利用噪音和大自然的各种各样的音响的表现力，这些声音所产生的感染力，有时并不次于可见的造型动作。"掌握听觉审美规律，扬声音之长，是电影、电视以及广播工作者探讨的重要课题。

一、电影声音的类型

在现代社会中，随着人们审美水平的提高，人们对电影艺术的视听综合性、逼真性、艺术性等方面的要求也日益严格。为人类提供重要信息的音响不仅与我们的日常生活息息相关,也是电影艺术的重要组成部分。音响丰富的艺术表现力更是为电影艺术增加了新的活力,但是音响在现代电影作品中常常只是用作效果声和一种辅助手段,而且影片制作人和录音技师常常忽略音响的影响力,只是将它视作各种声音的拟音,从而使音响成为一个无人发掘的宝藏,无法发挥无限潜力,导致电影作品留下了不可弥补的缺憾。所以在影片制作过程中要充分利用现代科技产品,发挥出音响在描绘、渲染、刻画上的优势和独到之处,使音响在电影作品中不仅能够充当情景效果声的"配角",更能够充当描述故事情节发展的"主角"。

电影声音一般可以分为人声、音乐和音响三大类。

(一) 人声

人声包括对话、旁白和独白等,是电影声音中最积极、最活跃的因素,具有丰富的表现力。

(二) 音乐

音乐分为有声源音乐和无声源音乐两种形式,是电影作品中用于表达人物的内心世界和表现节奏的重要手段。有源音乐是指我们在画面中看到的声音源所产生的音乐;看得见声音源,知道它从哪里来,这就是有源音乐。无源音乐则是指声音不是从画面中的时空里发出来的,比如在一些纪录片中,经常无理由地在一条河、一座山、一轮日出上配上音乐。那些音乐,不可能是河山自个儿发出来的,音乐源是作者提供的,不是拍摄时空所提供的,这就叫无源音乐。

(三) 音响

音响是电影作品中除了人声和音乐之外的声响,其中也包括以背景音响或环境音响出现的人声和音乐的所有声音的统称。音响是作为审美的本体元素纳入电影艺术中的,是电影艺术的重要构成部分。但是在现代电影作品中,音响的制作、设计与录制却常常被影片制作人和录音技师所忽视。音响的普遍性存在使它经常被我们所忽略,但是如果没有它的存在,人类将会陷入荒凉的无声世界,也不会有各种优美的音乐产生。音响在现实生活中是无时无刻不在、处处皆有的东西,电影中如果没有音响与画面相配合,就犹如一块美玉有了瑕疵,其价值就会由千金降到一文不值。巧妙使用音响可以使电影作品更加完美。

二、音效和广告音效的定义

音响效果,简称"音效",是影片中除对白和音乐以外的各类声音,是戏剧、电影和其他舞台演出的创作手段之一,即运用多种专用器具和技法,模拟或再现各种声响,艺术地再现自然界和社会生活以及精神领域出现的纷繁复杂的音响现象,以听觉形象辅助演员表演,烘托场景气氛,刻画人物心理活动,增强艺术感染力。

广义的音效泛指声音,它是由物体的振动产生的。狭义的音效,即音响效果,是指物体在运动中产生,并为人的听觉器官所接受的声响。根据不同的标准和特征,音响效果有以下三种不同的分类:

(一) 自然音效和生活音效

自然音效是指来自于自然环境中的各种音响效果,如风声、雨声、波涛声、鸟叫声等。自然音效通常真实、自然,能够对自然环境进行生动的表现和烘托,对于刻画和展现广告中的环境氛围具有独到的作用,同时也可以提高广告的表现效果。

生活音效是指来自于生活中的各种音响效果,如哭声、笑声、吵闹声、鸣笛声、机器运转声等。来自于生活中的各种生活音效大多生动、逼真、感染力强,能够形象地刻画广告人物的生活形态,渲染广告人物的情感状态,有效地提升广告的表现效果。

(二) 内在音响和非内在音响

内在音响,既可以是画面内的,也可以是画面外的。

非内在音响,即声源的空间方位以及位移,音量、音高及音质的结合运用,各种音响的衔接、重合、对比,它既可以叙述故事、表现人物的内心活动 (包括回忆、想象等)、扩大影片的时间容量,又能描绘环境、渲染气氛、形成画外空间与画内空间相结合的新的电影空间、增强影片的真实感和艺术表现力。影片中的音响,有的在拍摄现场录制,称为同期录音;有的在摄制后期用人工方法或器具进行模拟或再现,称为拟音。画面和声音的特殊结构形式有音画对位、音画分离

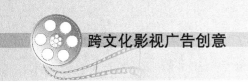

等。声音的选择、强化或省略,可以造成各种特定的艺术效果。

(三) 有音源音响效果与无音源音响效果

有音源音响效果也称"现实性效果",其特点在于无论是在舞台上出现或是从舞台外传来,都有其现实的可靠根据和来源。无音源音响效果又称"非现实性效果",这类音响不需要有实际的来源作为根据,其存在是为了侧重描绘人物的心理状态、渲染特殊气氛和情调。另外,有音源音响效果同无音源音响效果的有机结合,还可派生出混合性音响效果。混合性音响效果既有现实生活的可靠来源,又有非现实的因素,两者相互转换、交替展示,用以丰富音响效果的表现情趣和手法。

三、广告音效的类型及其运用

音响的存在千姿百态,根据不同的标准和特征可对它进行分类。在影视广告中,音响一般分为以下几种类型:

(一) 生活音响

即电影作品中出现的人或动物在行动过程中所发出的声响,如哭声、笑声、吵闹声,人的走路声、奔跑声、打斗声、摔跤声、开关门声等,动物的奔跑声、喘气声、咀嚼声等。

【例】 麦当劳广告: 哭笑声

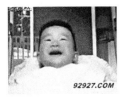

点评: 婴儿在摇篮里,随着摇篮的摆动,升起来的时候婴儿笑了,降下去的时候婴儿哭了。一笑一哭这一鲜明的对比,让观众非常想知道是怎么回事。原来窗外有麦当劳的招牌,摇篮升起,婴儿看到了麦当劳的招牌,非常兴奋,而当摇篮降下去的时候,麦当劳的招牌也看不到了,婴儿非常失落。

【例】 麦当劳广告: 笑声

点评: 父亲在店里扮鬼脸逗小孩玩,小孩一直都在笑。桌上的薯条吸引了

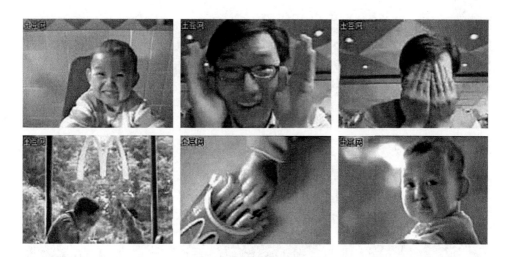

小孩,当爸爸用手捂住眼睛时候,小孩偷偷吃薯条,爸爸因为蒙着眼睛什么都没有看到,小孩就在这样的情况下享受着美味的薯条。广告体现了麦当劳即开心乐园的特点,通过亲情间接表达了麦当劳薯条的美味。

【例】 耐克广告:人的奔跑声

点评:广告中,一男一女在赛跑。一开始的奔跑声和人物急促的呼吸声,表现了竞争的激烈;画面中双方也给对方制造了种种困难,道具用的是水,配上水的声音更是非常逼真。最后车子经过,水花溅起的音效更为真实。

【例】 PSP的Sega游戏广告:泡泡声

点评:广告中,先是小孩子的叹气声,随后出来的游戏精灵发出的泡泡声给小男孩带来了欢快的心情,表现了玩Sega游戏心情愉快。

（二）自然音响

除了人之外在自然界存在的声响,如风声、雨声、雷电声、流水声、海啸声、鸟鸣声、虎啸声等,都属于自然音响。

【例】 矿泉水广告:狮子吼声

点评:美女和狮子为了争夺一瓶矿泉水,爬上山顶。狮子对着美女吼叫,可是并没有吓走美女,而美女却用更大的吼叫声吓走了狮子,矿泉水终于属于了她。这则广告运用了夸张的手法,通过美女和狮子抢夺矿泉水体现了矿泉水水质的优良。

【例】 匡威广告:鸟叫声

点评:画面一开始有大自然的鸟叫声、虫叫声,阳光强烈给人夏天的感觉。

树上挂着匡威的鞋子,树底下的主人公跳起来抓匡威的鞋子。由于天气炎热,跳了多次后虽然终于够到了鞋子,但晕倒在树下。广告表现了主人公宁愿要匡威的鞋子也不顾炎热、疲惫的折磨。

【例】 Celsius香水广告:各种动物的叫声

点评: 这是一则男士香水的广告,其中运用了老虎、鸡、马、猩猩的叫声体现男用香水的舒服快感。将使用香水后的效果同动物的叫声结合在一起,表现了这个香水的独特之处。

(三) 背景音响

背景音响是作为被摄主体的背景出现的声响,如集市的叫卖声、嘈杂声,运动场上的助威喊叫声,战场上的厮杀声等。

【例】 电钻广告:赛车声

点评: 这支广告运用了赛车场上赛车开动的声音作背景音乐,显示出这辆车在比赛当中换轮胎的过程。工作人员换下轮胎,用电钻去固定轮胎(有电钻的声音),没想到由于电钻功率太大,车子居然翻了,表明这个品牌的电钻功率强大。

【例】 必胜客：助威声

点评：广告借用拜占庭的故事来突出新款比萨。用牛肉鼓舞战士们的士气，其中用战士们的助威声表现他们已经有足够的勇气去战斗。广告最后配合品尝比萨的人，也用了些许助威声，表现了准备吃比萨的气势。

（四）机械音响

机械音响是各种机械设备运转时发出的声响，如汽车、火车、轮船、飞机的发动声、行驶声、轰鸣声、汽笛声等，以及电话铃声、钟表滴答声、机器轰鸣声等。

【例】 李维斯广告：火车声

点评：这则广告中，一开始女人走在火车轨道上有轻微的脚步声，表明她在行走。远处传来了火车声，火车出现。声音由远及近，女人走下轨道，脱下牛仔裤。火车声为后面的故事做了铺垫。让观众知道火车行驶过去牛仔裤被压的情节,随后牛仔裤变成了短裤——这正是当年流行的新款热裤。

【例】 电话机广告:电话铃声

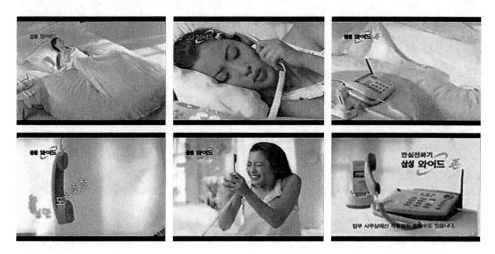

点评: 大清早女主人公在睡觉,突然,电话铃声响了,公司同事叫她回去上班,她在迷糊中把电话放到了一边。电话铃声再次响起,她想起了今天工作的事情。运用了电话铃声突出了在没有挂电话的情况下,电话铃声能再次响起的功能。

【例】 巴黎水晶美容宫殿: 电梯超重声

点评: 这是巴黎水晶美容宫殿的广告。广告中出现一位偏胖的女性走进电梯,电梯发出了超重的声音(音效),表明她已经超重,然后字幕显示:若想减肥,请去巴黎水晶美容宫殿。

(五) 枪炮音响

枪炮音响是由各种军事武器、弹药所发出的声音,如枪声、炮声、爆炸声、子弹炮弹的呼啸声等。

【例】 耐克"防暴篇"广告：枪声

点评：一位男子拿着网球拍打球，想攻破前方的阻挡。一群警察用枪声和挡板抵住网球的攻击，防止男子突破。一去一回由网球撞击到挡板的声音和警察开枪的声音来配合，体现了画面的紧张和战斗的气氛。这正是耐克"全民运动"的品牌主张：整个城市都将投入运动训练。

(六) 特殊音响

特殊音响在这里是指人为制造出来的非自然音响，是将自然音响通过电子设备加工处理变形后的音响，如神话片中的龙吟凤鸣声、麒麟的呼啸声，科幻片中的恐龙的叫声、怪物的吼声等。

【例】 匡威广告：恐惧的怪兽声

点评：这是匡威早期的广告。一开始是人的尖叫声，突出了场景的恐惧气氛。紧接着怪兽出现了，对着行人吼叫让观众感觉到怪兽要吃人。其实是匡威的鞋子引起了它的注意，它才进入城市。怪兽吼叫着，离人群越来越近，人群奔跑着逃避。广告中的尖叫声体现了人们惧怕的心理状态。怪兽得到了鞋子离开了。片尾是一阵清脆的声音，怪兽吞噬了匡威标志的一部分，从而引出新时代的匡威标志。

【例】　福特广告：猩猩的对话声

点评：小猩猩偷了司机的车子，玩得很开心。大猩猩呼唤小猩猩回家吃饭，小猩猩不肯。大猩猩拿走了车上的货物，小猩猩拿着车撞击泥土，广告中出现了猛烈撞车的声音，烘托出危险的氛围。大猩猩阻止他玩车，用后期处理做出了对话声和小猩猩的哭泣声。大猩猩阻止，小猩猩并没有听话，紧张的音乐和撞击声再次出现。大猩猩没收了那辆车后往身后一扔，车子又回到了司机的身旁，且完好无损。广告体现了福特车的坚固。

【例】　Hovis面包：吞食声、机器声

点评：这支Hovis面包的广告以动画的形式来表现。小孩在边看电视边吃零食，吞咽声和脖子粗细的变化很有幽默感。由于小孩觉得拿零食不方便，便化身

成机器人,做机械式的运动 (音效) 。他吃了 Hovis 面包后感觉很好吃,又变身为机器人并配合机器的音效运动。这一切表明:Hovis 面包美味好吃,越吃越想吃。

以上是音响常见的分类,除了特殊音响外,其他的音响都可以在现实生活中录制。贴近现实的音响可以增加影片的逼真性和现实性。特殊音响是根据影片的表现需要并针对观众对新鲜事物的惊奇和恐惧的心理人工制作出来的,对科幻片、灾难片、恐怖片、故事片等有不可忽视的艺术表现效果。

四、广告中音效的使用原则

(一) 确有必要,防止噪音

广告音响的使用要有明确的目的性。噪音是实现信息有效传递的阻塞物,它会降低人们的听觉灵敏度,还会使人产生厌恶情绪。

【例】 公益广告:电锯声

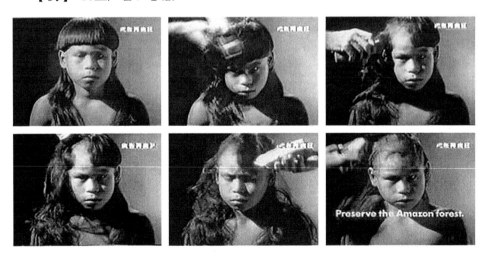

点评:这是一则保护森林植被的公益广告。广告中运用了电锯声,这个声

音在生活中被人们列为噪音。但这个声音在这则公益广告中运用得恰到好处,没有让观众产生厌恶情绪。把少年的头发比作树木,用剃须刀刮去他的头发再加上电锯声配合,剔除了电锯声这个噪音的概念。

【例】　Sampo 汽车广告:苍蝇声、刹车声

点评:苍蝇声在日常生活中会令人反感,尖锐的刹车声会让人毛骨悚然。但在此广告中,这两种声音配合得很好。车内飞进来一只苍蝇,男主角为了驱赶苍蝇使用了各种手段但苍蝇依然在车内横冲直撞,男主角只好高速刹车 (刹车声) ,由于运动的惯性,苍蝇撞在玻璃上自己死亡。

(二) 注意保护,发挥作用

注意保护,一是给音响必要的时间,让它把话说完;二是指广告使用音响,就一定要讲究音响的质量。给予了音响必要的时间,又达到了音响的高质量,音响才能在广告中发挥其独特的作用。

【例】　本田汽车广告:零件滚动声

点评:这则广告中,广告音效做得非常出色。音效的质量和时间都把握得非常准确,声音都跟上了零件滚动的节拍。创意加上音效是这则广告的经典之处。

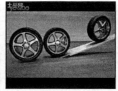

五、广告音效的功能和作用

音响本身在艺术上具有写实性和写意性功能。这两种功能对电影作品的艺术性和真实性具有很重要的作用。音响的写实性不仅能够体现电影作品的真实性和现实性,而且它的多种表现意义通过与画面的完美结合还可以为影片表达出特殊而丰富的艺术效果。音响的写意性直接作用于观众的心理感受,强化影片所要表达的内涵、寓意和影片创作者的表现意图,产生深刻的人生哲理,丰富影片的艺术表现力和艺术感染力。由此可见,音响在电影作品中起着很重要的作用,那么音响作为电影艺术的一种独特的艺术表现手段的本体元素,在影片中具体有哪些重要作用呢?

(一) 渲染环境气氛,增加广告的真实性

音响在现实生活中与我们息息相关,如果没有音响,我们的生活将会失去活力,枯燥无味,而且影视艺术的真实性和逼真性也要求影片中必须有音响的存在。音响的加入不仅能够加强画面形象的真实感,增加生活气息,还可以扩大视野和加强画面的表现力。音响在广告片中常用于渲染环境气氛,表达出不同的故事情节。用阳光明媚、春意盎然的画面,配上百鸟争鸣、和风吹拂的音响就可以渲染出春天欢快的气氛;用战旗迎风招展、士兵布阵的画面,配合战马嘶鸣、士兵呼喊声、盔甲撞击声和旗帜摩擦声等声响就可以渲染出古代战场上萧肃、残酷的气氛。根据画面所展示的故事情节再配上逼真的音响就可以产生如闻其声、如临其境的艺术效果。

【例】 奔驰汽车广告:特技云

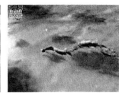

点评：这则广告中，云朵变幻多端，不停地追赶汽车，汽车疾驰逃避云层，开车声、转弯声和刹车声都使用了音效，显示了汽车的良好性能。最后，云层制造出了大雨，伴随着雷声（音效），更具有真实性，男主人公按了一个按钮，车子从敞篷车变为封闭式车，潇洒地迎接云层的挑战，同时也体现了这个车子的功能多样性。背景音乐运用恰当，体现了当时紧张的气氛，增强了广告的真实性。

（二）刻画人物形象，体现人物的心理运动状态

在现实生活中，每个人的性格不同，其言谈举止也就各不相同。在电影艺术中要表现一个人物的性格特征，除了主要的言语展现之外，还有人物的肢体动作和动作发出的声响可以展现。不同性格的人在进行同一个动作、完成同一个行为时所发出的声响的大小、节奏的快慢并不一样。例如，性格稳重的人，他的动作所发出的声响较小、节奏较慢，而性格急躁的人，他的动作所发出的声响较大、节奏较快。人的情绪如果产生改变，那他的动作行为方式就会与平常有所不同，所发出的声响也会产生相应的改变。例如，性格稳重的人有时也可能产生鲁莽的行为，产生的声响较大、节奏较快；而性格急躁的人也可以产生稳重的行为，产生的声响较小、节奏较快。在电影中要表现一个人物的内心变化，可以用不同于日常的行为方式和声响来描述。

音响在体现人物心理变化时，除了以上方面外，还可以用平时不易为人注意的音响做变异处理来体现人物的内心活动。例如，在表现一个人焦急等待的心情时，就可以用放大的时钟声来表现。

【例】　丹味新茶广告

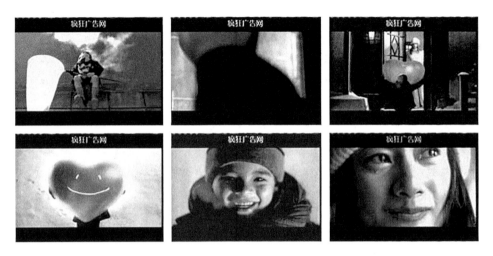

点评：丹味新茶的这则广告，没有把产品的功能作为诉求重点，而是更多地表达喝茶的意境，喝茶给我们带来的思考和人生感悟。广告以女主角对人生的思考为出发点，以云淡风轻的手法进行展示，在安静而祥和的广告氛围中，广告中的音效（女主角沉入水底的水声和小女孩敲门的声音）在打破寂静的同时，也烘托了广告的氛围。

（三）与画面相结合，产生象征、隐喻、讽刺、对比等艺术效果

音响在表达其真正意义之外，人们又赋予它一些其他方面的意义，如新生婴儿的啼哭声，在某些情境中我们可以将它赋予新生的象征意义；新年的钟声可以象征着新的开始。电影艺术创作者常将音响与画面结合，从而产生诸多意想不到的艺术效果。

【例】 巴西反毒品公益广告

点评：这是巴西反毒品合作协会的广告。用小孩稚嫩的声音以表现他的无知，暗示着吸食毒品的人也一样无知。小孩爬到桌上拿了刀在玩，刀就跟毒品一样有危险。人们生活中用它却不知道它的危险。小孩把刀扔下（刀掉

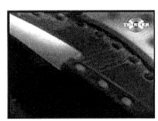

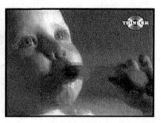

落的音效)很形象化,再把刀放进嘴里,小孩还是发出稚嫩的声音,并不知道刀会伤害他。把毒品比作刀,更加让人们感受其危险性,从而阻止人们吸食毒品。

(四) 作为连接镜头的手段,音响可以连接不同的镜头

在进行情景转换时可以用音响来连接。用音响连接时,往往表现为将前一个镜头的效果声向后一个镜头延伸或把后一个镜头的效果声向前一个镜头延伸,这样不仅能够保证效果尾音的完整,还可以使前一个镜头画面所表现的情绪与气氛不致因镜头的转换而中断。

综上所述,音响效果是影视广告中的重要组成部分,因此探讨影视广告中的音响效果创意是一个非常重要的课题。本节对于音响效果的功能、特点和创意方法的研究,将对影视广告音响创意的现状有很大的指导意义。

第四节 影视广告中性感诉求方法的创新使用

当今,广告可以说是无时不在,无孔不入,可是有多少广告能被消费者注意到,又有多少广告确实产生了效果? 有人称"广告经济"为"注意力经济""眼球经济",因此吸引消费者注意也成为很多广告创作者的首要目标,而性感广告无疑是一把"利剑"。近几年戛纳广告节、纽约广告节等获奖广告作品中性感广告占了很大的比率,其发展呈越来越凶猛之势。

无论是从人的生理本能、西方妇女解放运动的影响还是性文化传播心理出发,性感广告都是一种吸引观众注意力的有效形式。然而,性感广告良莠不齐,有些性感广告的创意非常低俗,其效果适得其反,因此,性感诉求式广告的创意必须注意性感与产品、文化背景、美感之间的关系。

　　文化的传播渠道一般是家庭、学校和社会,其中性文化是一个敏感而尴尬的话题。家庭性教育观念开展缓慢,学校和社会一般采取科普或说教的方式进行,不利于接受。而广告文化是一种大众文化,具有社会大众性、日常生活性、娱乐消遣性、强烈渗透性等特征。性文化以性感广告的形式出现在大众媒体中,势必会引起人们的认知失谐,打破了人们对性文化传播的习惯性思维,从而引起人们的注意。

一、性感诉求是一种非常重要的广告表现方法

　　性,是广告中一个永恒的话题。众多分析显示,这类广告诉求的确相当流行,并且,随着时代的发展,性诉求在各类广告表现方式中所占的比率越来越高,性信息的表达也越来越丰富而外显。有调查发现,在美国杂志广告中穿着暴露的女性模特比率1983年为28%,到了1993年为40%,而2003年已达45%;同时,模特间的互动也更性感化,如异性模特间外显的情爱接触所占的比率从1983年的21%上升至1993年的53%。在影视广告中,性诉求尽管比杂志媒体要少,但其投放量也不低,1993年影视广告中有近8%的模特表现有煽情行为,并且根据模特的穿戴和媚人体态,18%的模特被评价为"非常性感"。到了1998年,网络电视上有近21%的广告含有煽情行为。

　　性暗示广告的传播效果是非常明显的,我们只要把握好尺度,不必谈性色变。从广告学角度看,性也是一种表现手法,但这种表现手法对广告创意人员的要求更高。只有经得起消费者检验的性暗示广告才会对品牌起到推波助澜的作用,否则只能对产品美誉度产生反作用。

　　为了吸引观众的注意,广告由此明显地出现两种倾向:一是以展示人体(尤其是女性)、勾起人的本能欲望为主的性暗示广告,二是以满足观众精神需求为主的一般广告。广告中的男女,通常都是社会心理的投射,能满足人们对性和性别角色的期望。俊男美女,可以极尽感官之娱,同时有些产品也需要用一些前卫的方式来表达产品的不同凡响或另类之处。例如,香水广告、名牌牛仔裤广告等,通常用性感模特暴露的手法,加上一些肢体语言来传达该品牌的个性和情调,既吸引了人们的眼球,也传达了产品的品牌理念。但一味追求性暗示则可能引起大众的反感,反而降低了产品的美誉度;更为重要的是,由于大众媒体的传播,会对青少年产生负面影响。

二、性感诉求式广告的诉求主题

性诉求一般被定义为各种传媒利用含有性内容且以说服受众购买相关产品、服务或接受相关观念为目的所进行的诉求。广告中所运用的性内容是多变的,包括广告中一切可被人们解释为性的东西。

广告中任一构成元素的确定都是有因可循的,显然,性信息的选取也有其诉求目的。在性感诉求式广告中,性诉求主题可以分为性魅力、煽情行为、性自尊、装饰作用四类。

(一) 性魅力

这一主题是指广告模特因产品而成为众人注视的焦点。譬如,在集会上使用某品牌的产品 (烟、饮料或某品牌的牛仔) ,或者广告暗示该模特 (如使用某种唇膏、香水的女性,或佩戴某品牌领带的男士) 确信自己能吸引想象中未知观众的眼球。

(二) 煽情行为

这一诉求主题是激起受众产生与 "性" 有关的种种联想,因广告产品的使用而促进情爱互动。最典型的方式是外显地描写情侣间的互动,如偎依、热吻、抚摸等,而此时情侣或其中之一正使用广告所传播的产品 (如香水、服饰等) 。有时也描述模特对其情侣的期盼,如该模特在与床上的爱侣问候前使用某品牌的漱口剂。

(三) 性自尊

一种性自尊的感觉,如感觉自己更为性感、迷人。这种愉悦来自商品使用者自身,而与他人无关。如果你使用或穿戴广告中的产品,你会加倍地欣赏自己,拥有更佳的自我感觉。

(四) 装饰作用

模特与广告的产品或服务没有明显的联系,性内容的使用纯粹是为了吸引受众眼球。值得一提的是,这些主题不是相互排斥的,一个广告可同时使用多个主题。赖克特和兰比亚塞 (Reichert & Lambiase) 的调查结果显示:杂志针对不同性别受众所使用的性感主题是有差异的,女性杂志上的主题主要是 "煽情行为" (35.6%) 和 "性自尊" (25.4%) ,而男性杂志上的性诉求则集中在 "煽情行为"

(50%)。另外,仅起"装饰作用"的性感内容所占比率也不低,男、女杂志上分别为35.4%、20.3%。

三、性感诉求式广告的作用

(一) 提高受众对广告的注意力

在性诉求效应的研究中,学者们常通过自我报告或再认测验来考察注意。研究证实,性诉求广告比非性诉求广告更有趣、更吸引并维持受众的注意。曾有专家达德里 (Dudley) 将广告中的性诉求区分为四个水平:高、中、低组以及对照组。各广告中所用产品均为防晒油。要求被试对象依据吸引力 (Appealing)、注意力 (Attention)、有趣性 (Interesting)、难忘性 (Memorable) 四个维度对所呈现的各广告进行评定。结果发现,随着性诉求强度的提高,广告被评价为更能抓住受众的眼球,也更令人难忘。

另一位专家贝约 (Bello) 的研究也得到了类似的结果,被试对象认为所呈现的某品牌牛仔裤广告中,性诉求广告比所对应的非性诉求广告要更有趣。其他一些研究者所做的视觉再认测验也发现,相对一般广告,性诉求广告中的视觉元素表现出了较为明显的再认优势。这些结果与个体对性有关的信息更为注意的研究发现是一致的。

(二) 增强受众对广告的情感体验

研究发现,广告中的性信息引起受众何种情绪情感体验会导致他们对广告本身产生类似的情绪情感反应。例如,专家拉图尔 (LaTour) 的研究证实,随着广告模特性感水平的增加,被试对象的唤醒强度也在上升。如果被试对象对性信息体验到正效价 (积极) 唤醒,那他们对广告的态度是积极的。相反,如果被试对象对性信息体验到紧张 (负效价唤醒),那他们对该广告就会形成消极评价。另有实验显示,大学生对性诉求广告的评价更为积极,认为性诉求广告更能抓住眼球,更亲切、更有趣,也使他们有更多的情感卷入。

(三) 异性相吸表现明显

对性诉求广告而言,受众的性别自然是一个极为重要的影响因素。面对同样的性信息,男女反应是有区别的。有研究显示,女孩对广告中的性别角色及性内容的总的认知反应比男孩要多，而男孩则表现出更多地评论女模特吸引力的趋势。

　　比较一致的研究结果是异性效应 (Opposite-sex Effects)，即被试对象对广告中的异性更感兴趣，对该广告甚至所宣传的产品的评价也相应较高。专家拉图尔的研究显示，随着广告中性信息水平的提高，被试对象的唤醒强度也随之上升。但由于他实验中所用广告的性信息载体全是女模特的缘故，被试对象对同一广告的情绪反应出现了明显的性别差异：随着女模特赤裸程度的提高，女性被试者报告更为紧张 (Tension) ——负效价唤醒 (Negatively Valenced Arousal)，对广告的评价也相应比较消极；而男性被试者则报告他们体验到了更高的预期唤醒——正效价唤醒 (Positively Valenced Arousal)，对广告也产生了积极的情绪反应。

　　而专家辛普森 (Simpson) 等人的研究中则使用男性作为广告模特，他们同样设计了四个水平的性诉求广告：无性信息、低、中、高。此时出现了与LaTour研究几乎相反的结果，男性被试者对无性信息的广告、品牌及其广告人的态度最为肯定，而女性被试者在所有性诉求水平的所有指标上都比男性被试者反应更积极。同时也发现女性较为保守的一面，她们对中等水平而不是对高水平的性诉求最感兴趣。其他专家的实验也获得了类似结果：当广告代言人是男性时，女性被试者对低性感诉求广告的反应明显要优于高水平的性诉求广告；而男性被试者则对两类广告均没表现出任何兴趣。另外，有研究显示，当广告中男、女两性同时呈现时 (异性间的互动)，被试对象的反应没有表现出性别间的差异。

四、性感诉求式广告的分类

按广告产品与性感信息的关联度，可以把性感诉求式广告分为以下四类：

(一) 功能性性感广告

广告产品与性感信息直接关联，如内衣、内裤等。

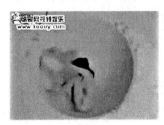

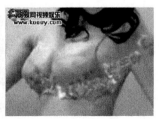

　　这是一则内衣广告,一个女模特在展示性感的身材和完美的曲线,这则广告是单纯的功能性性感广告,直白地表达了内衣的功能和特点。由于创意不够新颖,所以在吸引力上有所欠缺。

(二) 想象性性感广告

　　广告产品与性感信息的联系并不直接,需要借助受众的想象建立关联,如香水。

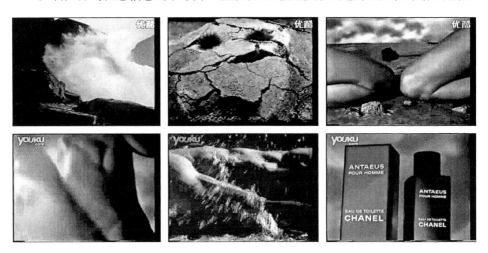

　　这是一则香奈儿香水广告。大海从岩石后面喷发出来,地面开始崩裂,当泥水褪尽,凸出了男人与女人的身躯,海浪翻腾、山崩地裂中一个男性躯体快速展现,一双女性的手随意抚摸,体现出男性粗狂原始、山崩地裂的效果,从侧面也可以表达出涂了香奈儿香水之后,男人对女人有一种强有力的诱惑。

(三) 象征性性感广告

　　利用特定的文化符码作性别象征,如月亮象征女性,独角兽象征性吸引力,粗花呢象征阳刚之气等。

这则香奈儿口红广告将女人的性感与奢侈品之间的联系表现得淋漓尽致。唇膏本身也是一种性感的象征。

(四) 与产品无关的性感广告

即性感信息与产品特性没有关联。

这则方便面广告拍摄得比较隐晦：一开始就是一个女生在吃着什么，而且非常享受，发出了怪怪的声音，在她吃东西的时候，有电话来，她都匆匆地挂掉了，直到最后才出现了物品，原来这个女生正在非常享受地吃方便面！

五、性感诉求式广告的创意方法

性感是人类最基本、最强烈的情感之一。性感广告通常采用与性有关的画面和语言来表现,以富有魅力的画面、激发美感的情景、幽默的性感情节暗示等为内容,以表现性特征、性心理为手段,进行商品宣传。常用的表现形式有以下三种:

(一) 画面性感

通过展示人体,如妩媚的眼睛、鲜红的嘴唇、丰满的胸部、纤细的腰身等来传达和表现产品信息的广告。如美国有一本叫《性感》的杂志,它的一则广告是由女人躯体交错组成人的大脑,其广告词是:我们知道男人的脑袋在想什么?

在上面这则男用香水中,男模展示了其性感的吸引力。在广告一开始,一个赤裸着上身的男模就出现在观众面前,然后是冰天雪地的环境,相当冷,但他还是在展露男人的本色,因为他用了DENDUR香水,可以让人感觉冰爽!

(二) 语言性感

人类的语言是复杂的,不同的人在不同的背景下使用同一个语言符号会有不同的含义。而很多广告语言就走入了玩文字游戏的漩涡。比如"敦若披罗"床上用品公司早期的广告"你愿意和我睡觉吗?"某壮阳药的广告是"做男人挺好"，又宣称"女人喜欢能干的男人"，这些广告语既出格又粗俗。更有甚者如网站广告"上我一次，终生难忘"，这些广告是"司马昭之心"，不言自明。倒是一则美乳、丰乳的广告语从"没什么大不了的"到"做女人挺好"，跟产品性质结合得还可以，让人心领神会的同时也能莞尔一笑。

（三）情节性感

通过一些故事情节，贯穿性感的动作，或暗含性感的内容。但是此类广告较难操作，一不小心就会陷入"色情"的泥淖，遭到舆论和道德的谴责。箭牌在2001年推出劲浪超凉口香糖影视广告就是一例。首先出现的画面是，一位表情慵懒、衣着性感的外国美女依偎在床上，挑逗地对着观众说："我觉得还不够耶！"然后是一位外国男士边发动摩托车边说："我希望我能更有力！"之后是一间酒吧里，一位女子温情脉脉地看着身边一男士说："更有劲，我会更喜欢！"最后，"劲浪"牌口香糖突然出现，画外音："让你感觉就像一浪接一浪！"此广告的画面和配音剪接十分暧昧，在遭到多数观众的强烈反对后，广告被迫把性挑逗的部分删除。

根据性感要素的不同运用情况，可以把情节性感分为以下八类：

1. 感觉

【例】Kanebo唇彩广告

点评： 这支广告的故事情节相当简单，就是一个很漂亮的女生和一朵白色玫瑰花的故事，性感的是，这女孩的嘴唇就像那朵玫瑰一样娇艳欲滴。

【例】 Boss香水广告

点评: 李俊基被誉为是韩国最性感的男人,他的性感来自他的妩媚,广告画面主要拍摄他的形象:从侧面、正面以及他落下的泪都是妩媚、性感的标志,给人一种强烈的感觉,符合香水的性质。

【例】 Gucci香水广告

点评: 在一个富贵典雅的大厅,两个性感的女士随着音乐翩翩起舞,展现出她们的腰身,妩媚而又动人。广告没有情节,只是带给观众性感的感觉,简单但很有说服力。

【例】 Flower by Kenzo香水广告

点评：舒淇很长时间在中国被认为是性感女神，她柔美的身材曲线总是让人动容。在这个广告中，有一种非主流的感觉，感觉生活很曼妙、很舒服、具有童话色彩，舒淇就像是童话中无忧无虑的精灵，可爱但不失性感，这是一种另类的感觉。

【例】 Adriana Karembeu香水广告

点评：这个广告的女主角给人的感觉除了性感之外还有摩登，她不单单有完美的身体曲线，还有时尚的狂野，冰色的背景透露出不同的韵味，给这个香水增加了摩登的感觉。

2. 故事

【例】 Chanel COCO香水广告

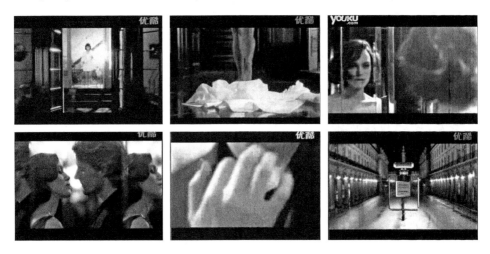

点评：香水向来是女人的最爱。这则广告中的女主角打扮得漂漂亮亮去参加晚宴，最性感的一幕就是女人把自己的香水涂在男人的脖子上，女人笑了！

【例】 GAI MATTIOLO情侣香水

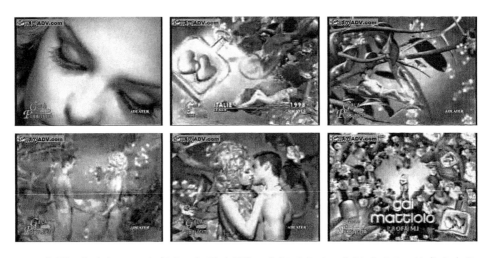

点评：广告翻版了故事"亚当夏娃篇"。赤裸的女人，赤裸的男人，性感地在华丽的树上各自躺着，原本他们是分开的，但香水在这时起到了催情作用，让枝叶茂盛起来，让亚当和夏娃能够走到一起。广告以叙事的方法凸显了香水的催情作用。

【例】 CK IN2U香水广告

点评：广告讲述了追逐的故事，男人坐在屋檐上，看到女人，迫切地从楼梯上奔下来，接近女人时，闻到了香水味，于是特别渴望拥有她，女人乘电梯上三楼，男人紧紧追逐，那种迫切感是一种性感的诱惑，香水的理念就在于那种迫切与渴望。广告用叙事的手法将那种感觉表现得淋漓尽致。

【例】 CK香水广告

点评：广告运用倒叙的叙事手法，讲述了男女接吻后，幻想出未来生活的一切，从相遇到相识再到结合，这一切都在男人的魅力和女人的性感中成就，它没有点出产品，只是最后才展示出产品的样子，这种形式给观众猜测的乐趣，突出

了香水的迷幻感觉。

3. 可爱

【例】 日本资生堂洗发水的广告

点评：片中女主角用了资生堂洗发水的某一个系列后，就变成了火辣女孩的形象，而用了另一个系列后就变成了淑女的样子，从画面来看，可爱中带有性感！

4. 夸张

【例】 电视台形象广告

点评：广告中两个非常性感的美女原本在吃奶油，突然一言不合就大打出手，闹得天翻地覆，场景非常夸张，而在远处，躲着两个举着望远镜偷看的男人。

电视台正如同望远镜一样,能够给我们展现一个出人意料而又丰富多彩的世界。

【例】　奶油广告

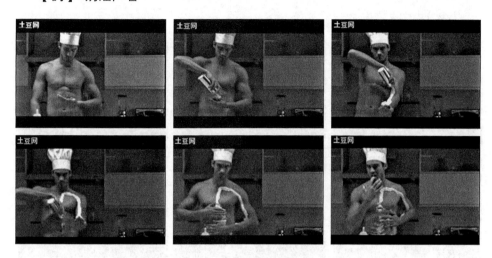

点评: 广告一开始就出现一个身材很性感的男士,手中拿着草莓,这已经足以让人心跳加快,随后他开始往草莓上涂奶油,接着草莓涂满了,他开始往全身涂奶油,最后还自己尝了口,这可谓是史上最性感的甜品制作了!

5. 隐晦

【例】　WII游戏广告

点评: 男主角正在全神贯注地玩网球游戏,女主角就处处勾引他,到最后他输了,女主角还在勾引他,但男主角非常镇定,最终他还是选择了游戏——WII

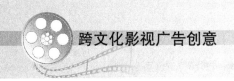

比女人更有趣！

6. 幽默

【例】 丝袜广告之一

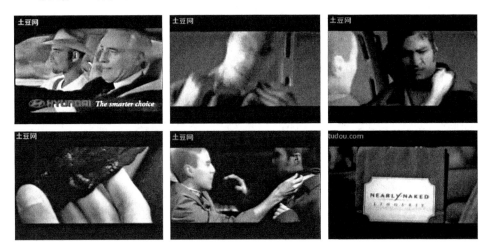

点评：一群人打算去抢劫，为了掩盖真实面容就在头上套了丝袜，然而当这群人戴好丝袜头套后，其中一个歹徒竟然看到另一个头上套好丝袜的同伴，恍惚间，如同看到了性感的美女，二人竟然惺惺相惜，彼此眷恋。这时，警笛响起，歹徒们被抓起来了。这就是该品牌丝袜的功能，竟能够让男人拥有女人的性感。

【例】 丝袜广告之二

点评：女主角上了一辆巴士，途经很多地方，只要看到她的男人，都被她吸

引,有的对她吹口哨,有的追着巴士跑……女主角感到非常开心,当她自信满满地走下巴士时,观众才看到原来车身上是一双身着丝袜的性感美腿的图片。原来这些男人是被这张丝袜美腿的图片所吸引的!

7. 肢体

【例】 相机广告

点评:广告中,名模在不停地展现她的肢体语言,而镜头则一直跟着她拍摄。

【例】 茶饮料广告

点评:原来茶的广告也可以做得如此性感,韩国演员全智贤穿着性感的衣服,去参加一场聚会,性感的舞姿,配上爽口的绿茶,一切都那么完美!

8. 直白

【例】 李维斯牛仔裤广告

点评：女主角在家中闷闷不乐，无所事事，男主角出现了，女主角非常开心，两人热吻，脱尽了各自的外衣，最后只留下牛仔裤，广告告诉大家的是，牛仔裤是第二层肌肤！

【例】 韩国内衣广告

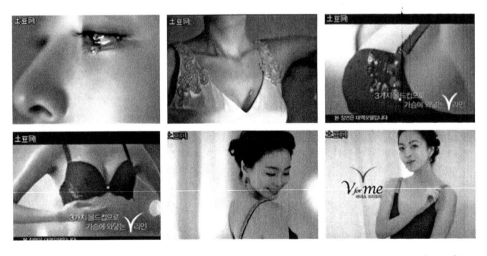

点评：这是一则韩国内衣的广告，画面一开始出现的一滴眼泪使我们有所疑惑，后一个画面展现的是女主角的婚礼，原来是感动、幸福的眼泪，女主角身穿这个牌子的内衣，展现自己性感的身材，把最美的一面留到婚礼！

【例】 冰淇淋广告

点评：这支广告也是用美女的身材来做诱惑！在广告发布会上，记者都对着美女性感的身材一阵狂拍，都忘记了这是冰激凌发布会，大家挤得不亦乐乎，最后还显示了"买一送一，不亦乐乎"的画面。

【例】 Diesel香水广告

点评：这是一支男士香水广告，广告直白地表达了男士做了不该做的事情，一路狂奔逃走，男人透露着一种邪恶的性感，奔跑的衣服敞开，露出性感的肌肉，坏坏的吸引力，让人觉得既神秘又欲罢不能，而且富有节奏的活力就像生命在燃烧，符合香水给人的印象——生命的燃料。

【例】 高堤耶裸女裸男香水广告

点评：镜头一开始，水手和女郎就吻得天昏地暗，他们的吻在一个色彩丰富的空间里直白地表露，在整个过程中，他们不停地转换位置、动作，让吻看上去更火辣、更性感，就像香水的包装设计——直接、大胆、性感。

【例】 Cacharel AMOR AMOR香水广告

点评：广告中，红色的玫瑰，体现了红色的包装，以及在与亲爱的人相处的每一刻都散发着清新迷人的香息，这款爱神丘比特香水清新、无负担却又不失性感的魅力，与一般的性感相比有不一样的清澈感，它在爱与浪漫的世界里温暖而闪耀，充满着活力和吸引力的温柔感受，传达着恋爱时的甜蜜与深刻。

【例】　Acqua香水广告

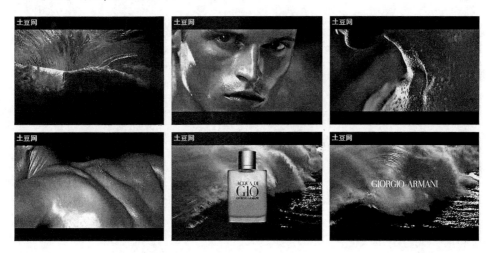

点评：广告中，大海衬托着男人的脸庞，水滴落下与肌肤相互融合，展示其背部肌肉充满着男人性感的诱惑；这款香水与肌肤融合，清新贴近犹如体香般散发出来，瓶身包装选用了米色系的纯净造型，搭配细致的金属瓶盖，融合了力与美，优雅地展现了男子的时尚品位；磨砂面处理的瓶身清新而感性，完美地衬托了香水的风格。

【例】　Boss男性香水广告

点评：广告画面中，男人眼神深邃，奔向瀑布时，运动的肌肉跟着身体的曲线局部展露，性感十足，扑进水中，水花四溅，给人一种清醒感，深蓝色香水凸现，透彻清新，却也带着性感典雅。

【例】 Guerlain香水广告

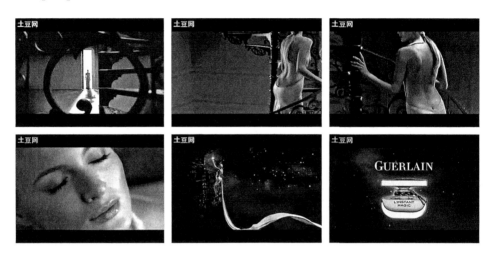

点评：这款香水的中文名是娇兰瞬间魔力女士香水，所以它的广告带有神秘、魔幻的效果。广告中的女人，裸露的长腿、优美曲线的背部，充满了诱惑。局部的表达有时比整体更惊艳。对人们来说，欣赏性感的女人是一种愉悦，更是一种享受。然而，让人们真正迷恋的性感，乃是那种包括身体各部位的展现，骨子里透露出或优雅或野性的气质，这种性感才会使人们产生经久不息的美妙感觉。这种女人成于内而形于外所产生的超越视觉的性感，是靠后天一点一滴的经营和修炼才能释放的。

【例】 H&M Loves Kylie Minogue系列服饰广告

点评：女性的性感，通过女性的性特征、自信心、幽默感、爱浪漫、喜冒险、神秘感这些性感元素表现出来。其实，女人只要心善、性柔、衣俏、情醇、志坚、爱美，即使相貌普通，也是动人的。从本质上说，动人就是性感。在这支广告中，碧海沙滩、风景旖旎，澳洲性感天后凯莉·米洛 (Kylie Minogue) 身着自己设计的泳装纵身跃入水中，清凉的海浪、经典复古的头巾、阳光灿烂的"H&M ♥ Kylie"泳衣，充满夏日的度假风情。尤其是，性感的肌肤衬托出内衣的性感。

【例】 Lacoste男性香水广告

点评：在整个广告中，男人展现的是全裸的身体，全脱的局部相当性感，让我们看到一种无拘无束、自由自在的生活，重新诠释Lacoste的品牌精神。伴随着微辣的木质香氛，享受自由自在的身心放松，这就是"Lacoste的生活方式"。

【例】 Ypno-Otto Kern香水广告

点评：男人的躯体在昏暗中呈现出性感的线条，散发出迷人的魅力，灯光制造了更性感的氛围，目光的迷离替"性感"这个词更加上了一层渲染。广告旨在传播：有了这款香水，男人也可以非常妩媚。

六、创作性感诉求式广告的注意事项

从现有的广告来看,性感诉求式广告一类是以展示人体(尤其是女性)从而勾起人的本能欲望为主的广告,二是以满足受众精神欲望需求为主的广告。两者的目的是相同的,就是吸引人们的注意力。然而,性感诉求式广告是把双刃剑,运用是否得当,直接关系到广告的效果。因此,在创作性感诉求式广告时,应注意以下几点:

(一)注重性感与产品的相关性

身体的裸露虽然可以达到性感的效果,但性感诉求式广告具有自主意识,不同的人会有不同的理解,因此性感诉求式广告一定要与产品的特点相联系,否则很难保证消费者把对广告的好感转移到商品上。有一则位于北京地铁内的某商城的开业广告:画面中一名性感女模特,胸前纽扣崩开,露出了性感的胸部,旁边配以"开了"的广告语。商场开业与美女的上衣"开了",实在是搭不上边。性感要注意商品的类别特征,并不是所有的产品都可以性感。我国《酒类广告管理办法》就规定,不能把"……性生活或者其他方面的成功归因于饮酒的明示或者暗示"。因此,酒类产品运用性感诉求式广告时,就要把握好这个尺度。同时,广告主题所表现的产品信息要单一、简洁、真实、清晰,不能让性感盖过了产品信息。上述"开了"的广告,确实引起了消费者注意,但却不知广告是什么用意,徒劳无功。

(二)注重性感与文化背景的协调性

广告的性感表现一定要与观众的生活、风俗民情、时代文化等因素结合在一起,使广告更有生活情趣和文化内涵,否则就让人难以理解。例如,获戛纳大奖的索尼"乳头"篇广告，其整个画面是蓝色的，一对少男少女搭着肩，男的一脸反叛，女的则虚脱无力的样子，他们的乳头在紧身衣里隐隐突出"△□×○"四个符号，这四个符号在游戏圈子里分别代表了"开始、结束、清除、录制"，广告的寓意是游戏给你带来的极度快感如性尝试所带来的高度兴奋。就广告本身而言，它跟产品特点、目标消费者和时代文化结合得比较好。评奖过程中，外国人惊叹其创意，我们却不得其解。因此，性感诉求要注意民族文化背景，同时也要注意亚文化特点，要结合目标对象的消费偏好、行为模式和信息导向等因素。

（三）注重性感与美感的统一性

性感是人类的一种美好情感，在广告中要追求一种艺术美感，而不能与低级庸俗的性暴露、性诱惑相提并论，优秀广告中的裸体艺术不仅仅是人体直观形象的简单复制，更主要的是表现了对美好性爱的追求。首先，在画面上讲究一种美感，而不是一种恶俗表现，在表现及处理方法上要含蓄，不能将女性仅作为一个引发注意力的单纯手段。其次，语言上也要有美感，讲究文明用语，不能粗话连篇，更不能用隐晦的语言。

同时，性感诉求式广告在创作中还要注意"度"的问题，广告可以性感，但不能"色情"。广告丰富的内容、形式无法在广告法中一一罗列限定，但其对创作的准则等有明确的规定，创作者要用法律的"尺"和道德的"尺"作为广告创作的指导，必须严格遵守广告法规，加强行业自律和道德规范，真正让性感广告逐步成熟，并且成为一种行之有效的广告创意形式。

综上所述，性感诉求式广告的传播效果是非常明显的，我们要把握好尺度，不必谈性色变。从广告学角度看，性也是一种表现手法，无非这种表现手法对广告创意人员的要求更高。只有经得起消费者检验的性感诉求式广告才会对品牌起到推波助澜的作用，否则只能对产品美誉度产生反作用。

第五节　影视广告中动物形象的创新使用

随着广告业的发展，影视广告正以旺盛的生命力不断发展着。在创意上，影视广告志在追求更有效的创意表现手法，其中，动物形象一直以来是各品牌所钟爱的广告符号,在影视广告中运用得较多。有的动物长期担当品牌的象征物,如冠生园的"大白兔"、IBM的"粉红豹"、美孚石油的"飞马";有的动物在特定的影视广告活动中大展风采,如美的空调的"美的熊"、联想电脑的"大猩猩"、各种运动会的吉祥物等。正如广告创意界总结出的三大提升广告注目力的3B符号:Beauty、Baby和Beast。动物形象正是其中之一。

以下将对影视广告中所使用的动物形象进行分析,并对影视广告中如何更有创意地运用动物符号进行探讨和总结,同时从文化的角度深入,探讨不同文化背景下动物符号的意义。

一、影视广告中动物形象的类型

(一) 拟人化动物形象和非拟人化动物形象

按照描述手法来分,影视广告中的动物形象可以分为两类:拟人化动物形象和非拟人化动物形象。

1. 拟人化动物形象

拟人化动物形象,反映出较早时期人类与动物十分密切的关系。在古代,人与动物的关系远比近代和现代更紧密,加上早期人类"万物有灵"的自然观,所以特别容易将人性拟附于动物,塑造出许多拟人化动物形象。这在寓言和民间故事(神话、传说、童话)中十分常见。这类动物形象以其"原始"的思维特点,特别适合人们的阅读心理和接受能力,受到广大观众的欢迎,它们对影视广告创意表现的发展也起到了一定的作用。在漫长年代里,人们从那些鲜活的动物形象身上学到了生活的经验教训,学到了社会的道德准则,受到了真善美的启迪和熏陶。

下面这则索尼随身听的广告中,顽皮的猴子成为主角,猴子在安静地听索尼随身听,显示了产品的魅力之大,可以让顽皮的动物都安静下来。

2. 非拟人化动物形象

非拟人化动物形象，就是把动物当作动物来写，塑造的不是人化的动物，而是动物本身的生活。非拟人化动物形象开始摆脱"人性"，动物直接成为广告作品的主人公。这类作品客观地讲述动物的故事，目的是使观众通过故事了解动物，向人们展示自然之美、生命之美，激起人们热爱自然、珍重生命和保护生态的意识。在动物为主角的作品中，动物形象不再是人类社会中各种形象的影子，创作者力图给观众展示动物自己的生活。当然这些作品中也有人，但已退到一个见闻者和讲述者的地位。随着保护生态环境的观念不断深入人心，这种"求真"的趋势越来越强，特别是大量记录动物生活的影视作品，更是运用现代科技手段，为我们展现了动物的真实生活和大自然的奇妙。

下面这则公益广告是英国为保护环境而拍摄的，这是一部介于纪录片与故事片之间的广告，讲述了人类为了自己的享受让很多动物死去，广告完全是写实主义风格，没有任何旁白，人类在其中出现，但完全是配角，他们只是动物生活的闯入者。这则广告表现的是人与自然界其他生命要和谐相处的深刻主题。

(二) 虚拟卡通动物形象和真实的动物形象

按照表现方式来分,影视广告中的动物形象可以分为虚拟卡通动物形象和真实的动物形象。

1. 虚拟卡通动物形象

为什么创作者如此热衷动物形象呢?当我们脱离了动画制作的体制后,市场和商业价值是我们创作动画的终极目的,营利才是前提。按照决策者的理解,动物形象似乎更具亲和力,在授权市场上更有可能获得成功。迪士尼的动物卡通群像为原创动画投资商们指明了"动画赚大钱"的路子,同时,依靠网络传播制胜的韩国卡通形象流氓兔、日本ACG卡通群像(代表是:凯蒂猫、哆啦A梦、皮卡丘)、美国的加菲猫和史努比等,用它们独一无二的可爱动物形象,在图画书、电视荧屏、电影屏幕、互联网上创造着属于它们自己的新传说,更为重要的是,带动了授权消费品市场的热销,创造了不菲的商业价值。

下面这则广告是皮克斯出品的可口可乐广告,运用虚拟的卡通形象,增添了广告的可看性,让消费者更有购买的欲望。

2. 真实的动物形象

千百年来,古今中外许多文人墨客喜欢将自己的情怀寄托于动物,或表达缠绵悱恻的情思,或抒发人类美好的情感,或借喻人生高尚的情操……有些动物因此成了人类宠爱、崇拜的偶像,或歌颂、或赞美、或膜拜……随着人类认识水平的提高、科学技术的进步、社会的发展,人们将可爱的动物原型形象加入在影视广告,让动物成了主角,十分具有吸引力。

在下面这则轮胎广告中,动物以为自己要被车撞上了,结果汽车轮胎好,绕过了它,让人觉得这个轮胎很有安全感。

二、影视广告中使用动物形象的作用

(一) 吸引观众注意,引发购买动机

动物,尤其是人们喜欢的动物,其"自然"的举止在人类眼里却充满趣味。从广告的效果来看,首先,动物能引发注意,因为它满足了人类的一种基本需要:主动去爱、去宠溺他人的需要,这正迎合了受众的感情需求。利用人们的基本需求,可以引发受众对广告的关注。其次,动物的趣味性还能在很大程度上补偿由于广告侵扰给受众造成的不快,并有助于将引发的愉悦感迁移到产品上。

酷儿饮料的系列广告非常可爱,会让女士更加热衷购买,感觉喝了酷儿饮料就能和它一样可爱和天真。

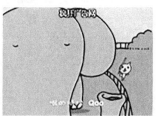

(二) 利用动物的娱乐性

利用动物形象，还可以克服广告重复传播造成的厌倦感，延长广告的有效作用期。运用动物娱乐性的广告，似乎比其他广告更容易得到消费者正面的心理反应。由于人际关系的疏离及沟通困难，在共有的感情与认知符号上已越来越"文化童稚化"。在这种大背景下，娱乐动机越来越成为消费的一个重要理由。动物的娱乐性成为一种卖点也是大势所趋，小狗史努比、小猫凯蒂 (Hello Kitty) 在全球范围内所向披靡的魅力就是实际的回答。而心理学者也在理论上做出了总结，他们认为能够促进消费者参与的表现题材有四个主要条件，即有益性、娱乐性、刺激性和支持性。动物符号具有明显的娱乐性。

在美的空调广告中，北极熊可爱、幽默的表演不仅让人对广告产生好感，而且广告诉求的独特卖点令人记忆深刻。美的空调借用北极熊的魅力来满足人们对动物好感的心理需求，从而对产品产生认同，这的确是一个很有创意的构思。这样，一方面能引发消费者正面感受的情绪，另一方面能与消费者喜爱动物的潜意识相结合，让消费者产生共鸣。这就是美的空调广告策略成功地选用北极熊

作为代言人的重要原因。

（三）利用动物的亲和性

人类对动物的喜爱因为居高临下而显得广博宽厚。又因为广告中的动物符号大多是经过美化的，于人类无任何功利性冲突的善良形象，人类的这种泛爱得以畅通无阻，普遍地对动物充满喜爱之情。而人与人之间的感情，却受限于阶级、人种、观念等因素的影响，有着具体的指向，不像对动物那样来得普遍。人们不难理解，一个标榜"博爱"的人可以向陌生人施予爱心，却可能对身边某个曾经心存芥蒂的人冷漠无情。由于人与人之间这种抽象的泛爱受到阻滞，对动物的喜爱也由此升级，宠物的流行很能说明这一点。除此之外，动物的亲和性还表现在它可能唤起受众先前的体验。因为广告中大量的普通动物，诸如小猫小狗之类的，会与不少观众曾经与动物接触的体验相合，这样有助于好感的迁移。

在百威啤酒广告中，可爱的小羊在酒后给我们带来了活力，一改以往的不自信，让人觉得小羊都可以，我喝了之后也可以那么有活力。

（四）动物有独特的表现领域

动物能打破人类的很多禁忌，许多由人类做起来不雅观的事，如果让动物来做则平添一份幽默与情趣。比如在隐私产品的广告中，或有关生理反应的一些情节，就可以让动物代替人类表演。一些"人类不宜"的场面，却对动物虚位以待。弗洛伊德认为，人性有"本我""自我""超我"三个层次，其中"本我"含有较多的动物性存在,而人类在社会化过程中不得不舍弃或掩饰很多动物性的欲念,但这些欲念并不会消失,只不过被抑制为潜意识的形式起作用罢了。动物的不拘表现,在一定程度上满足了人类潜意识深处对自由、不羁的渴望,在旁观动物的不拘表现时,保守、规矩、被束缚的人类获得了释放的愉悦。

在多乐士漆的"壁虎篇"中,通过壁虎不顾形象地爬,告诉观众:多乐士漆非常安全,你在家里可以放心、自由地玩乐。

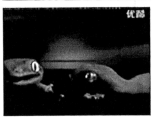  

(五) 动物可以成为广告信息的载体

动物在广告中,除了作为一种吸引人的道具外,动物本身还兼有传达信息的功能。将动物的特性与产品的特性相联系,是广告的常见做法。在这种情况下,动物形象不仅具有趣味性,同时又与产品特性密切相关,动物形象在态度认知与情感层面同时对受众起作用,得以获得乘积效应的诉求效果。动物形象能否成功地承载信息,要看动物的特性与产品之间的关联度。

伟嘉猫粮广告的受众是饲养猫咪的人,所以用猫咪来做广告代言既可爱又合适。

三、影视广告中使用动物形象的创意方法

好的广告表现会让好的创意更加光彩四溢。广告创意尽管是智者的妙手偶得,但大凡事物,依旧有规律可循。因此,如果能够掌握广告创意的一些基本方法和表现手段,偶得的机会往往可能就会多一些。

在动物广告中,一般运用最多的是拟人法、非拟人法、幽默法、性感法、夸张法等创意方法。

(一) 拟人法

拟人化的动物形象和非拟人化的动物形象,具有以下几方面的区别:拟人化的动物形象主要出现在商业广告中;塑造拟人化动物形象的目的是引起观众的兴趣;拟人化动物是"人化的动物",有和人一样的言行举止,能开口说话。在既有人的形象又有动物形象的寓言和童话中,动物能和人交流;在塑造拟人化的动物形象时,一般不对动物进行外貌和生活习性的描写。

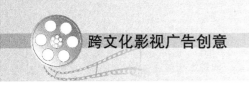
在爱普森打印机的广告"猫狗大战篇",就是用动物拟人的方法引起受众的兴趣。

(二) 非拟人法

非拟人化的动物形象大多出现在公益广告中；塑造非拟人化动物形象的目的是表现动物；它们不具有人的性格，不能开口说话，不能与人交流；在塑造非拟人化的动物形象时，要对动物形象进行外观和生活习性的描写，尽量展现动物的真实生活。

以下是一则获得戛纳银狮奖的公益广告，它讲述的就是会模拟声音的鸟，在环境被污染后，模拟的声音与以前再也不一样了，变成了工业声等，广告旨在告诫人们不要破坏环境。

(三) 幽默法

实践告诉我们，幽默给予人们心理上的影响很大，它能使人们平淡的生活充满情趣，是生活的润滑剂和开心果。可以说，哪里有幽默，哪里就有活跃的气氛；哪里有幽默，哪里就有笑声和成功的喜悦。事实上，现实生活中的人们也都喜欢与谈吐不俗、机智风趣者交往，而不喜欢与抑郁寡欢、孤僻离群的人接近。由此可知，我们的动物影视广告要学会并善于运用幽默才行。

(四) 性感法

在动物影视广告里同样也会运用性感诉求式方法，运用动物形象可以将人不好表达的动作更直接、简单地表达出来，让人在性感的诉求方式下，充满想象。每日一杯橙汁的"性感篇"广告，就将雌性动物喝了橙汁后魅力四射、光彩照人，并将自己吸引伴侣的性感动作展示出来，让人看后也想去品尝以提高魅力。

（五）夸张法

夸张是为达到某种表达需要，对事物的形象、特征、作用、程度等方面有意扩大或缩小的修辞方式。运用夸张要注意以下三点：第一，夸张不是浮夸，而是故意的、合理的夸大，所以不能失去生活的基础。第二，夸张不能与事实距离过近，否则会分不清是在说事实还是在夸张。第三，夸张要注意文体特征，如科技说明文、说理文章就很少用甚至不用夸张，以免歪曲事实。

下面这则可口可乐的广告，就是运用夸张的手法，使本来敌对的人或事物

化敌为友,如苍蝇与苍蝇拍、伐木人与树木、厨师与鸡、科学家与小白鼠、仙人掌与气球、丈夫与情人等。而使他们改变这种敌对关系的就是可口可乐。

四、影视广告中动物形象的文化意义

世间动物,神态不一、性情各异,总会让人浮想联翩,产生各种联想,并且这种联想会因民族、环境和生活习惯的不同而有所差异。动物形象的文化意义在广告中也是关键,只有在正确的地方使用正确的动物含义,并且要尊重当地风俗,才会成功。

动物的文化意义主要有以下几种分类:

(一) 同一动物,联想意义相似

狐狸 (Fox),在中、西方文化中,人们所赋予的特征都是狡猾、多疑。中国有"狐狸的尾巴——藏不住""老狐狸""狐假虎威"等说法,而英语中也有类似的例子,如:He's as sly as a fox./He's foxy, you've got to watch him. (他狡猾得像只狐狸。/他很狡猾,你可得当心。) 中国人形容一个人没有主见,人云亦云,就会用"鹦鹉学舌"这个成语。无独有偶,在英语中,作为名词,鹦鹉 (Parrot) 是"传声筒"的意思,作为动词,则有"随声附和、鹦鹉学舌"的意思。例如:He doesn't have an idea of his own, he just parrots what other people say. (他没有自己的观点,只会鹦鹉学舌。)

在中、西方文化中具有同样联想意义的动物还有绵羊 (Sheep)、蜜蜂 (Bee)等。中、英两国的人民都认为忙忙碌碌的蜜蜂是勤劳的象征,而绵羊是温顺、善良的。但奇怪的是,在英语中,Sheep 和 Goat (山羊) 的含义截然不同。英语里有一个词组"separate the sheep from the goat"(把好的与坏的分开) 就是个很好的例子。但在中文中却没有这样的区别,也许这与中、西方的耕作方式有关。汉族主要是以耕作为主,所以对牧羊不太重视,只是因为绵羊性情温顺而对其产生喜欢之情。但英国的民族主要以畜牧业为主,因此对性格善良而且还能提供羊毛的绵羊格外钟爱。

(二) 相同动物,联想意义不同

中、英文化历史渊源不同,人们好恶不一,赋予同一动物的感情色彩有时截然不同,其中最具代表性的是龙 (Dragon) 和狗 (Dog)。

龙是中国古代传说中一种有鳞、有须的神异动物,能呼风唤雨,具有不可思议的伟大力量,在封建社会是至高无上的皇权的象征。因此,在中国人心目中,龙是无比神圣的,炎黄子孙也骄傲地宣称自己是"龙的传人"。汉语中也出现了许多与龙有关的褒语,如祝愿新婚伉俪的有"龙凤呈祥";父母希望儿女出人头地的,有"望子成龙";表示生气勃勃、有活力的,有"龙腾虎跃"等。可以说,"龙"是中国文化的特产。但在西方文化中,"dragon"是一种喷烟吐火、凶残可怕的怪物。对西方文化影响甚广的《圣经》和古希腊、雅典传说中,描述了许多圣徒和英雄与"龙"这种怪兽作斗争的事迹。读了下列句子,我们就会更明了"龙"在西方人心目中的形象: Sometimes a person who presents himself as kind and gentle can in private turn out to be a dragon who breaks fire. (有时,有的人在公共场合显得和蔼可亲、温文尔雅,私下里却像个凶神恶煞)。不但如此,在中世纪,dragon 还是邪恶的象征。圣经故事中的魔鬼撒旦 (Satan) 就被称为 Great Dragon。因而,西方许多报纸杂志为了顾及读者的习惯,凡涉及"龙"的译文都经适当的文化转换处理,如:"亚洲四小龙"就译成了"Four Tigers",可谓妙译。

英美人将"Dog"誉为 Man's best friend (人之良友),中国人可能对此感到匪夷所思。虽然中国人对狗的好品质——忠诚也颇为欣赏,在古代也曾流传过"义犬"的故事,但总的来说,狗往往使人联想到令人厌恶的东西。因此,中文很多与"狗"有关的词汇都带贬义,如狗胆包天、狗仗人势、狼心狗肺、狗腿子、狗眼看人低等,这在一定程度上反映了中国人对狗的态度。然而,狗在欧美人心目中又是另一番形象,狗实际上成了他们的宠物。其主要原因是高度工业化的社会过于重视金钱的作用,造成人情淡薄,人们孤独空虚,只得从动物身上寻找慰藉。而狗的忠实性恰恰弥补了金钱社会中人性的不足。在此背景下,西方人将狗看成真正的亲密朋友是不足为奇的,甚至有人将它当作自己的孩子。就是恭维他人好运,也说"You are a lucky dog"。除了龙、狗外,猫头鹰、海燕、蝙蝠、熊、孔雀、喜鹊等动物都由于文化不同而有不同的联想意义。

(三) 同一特征,联想动物不同

由于中、西方地理环境差异颇大,各种动物在生产、生活中起着不同的作用,因此,不同文化背景的人将同一特征赋予不同的动物。中国是一个传统的农业大国，牛在漫长的农业历史中作为主要的农耕工具，曾起过重要的作用，汉语中也因此有了许多与此有关的词汇，譬如，壮如牛、牛劲、牛一般的胃口、像老黄牛一样任劳任怨等。而同样这些特征，西方人联想到的却是马 (Horse)，譬如，as strong as a horse (壮如马)，horsepower (马力)，eat like a horse (马一般的胃口)，work like a horse (像马一样任劳任怨)，等等。究其原因，马在西方历史中曾起过重大的作用，它不但可以代步，也是耕作的好帮手。

对英国和大部分的西方人来说，狮子是"百兽之王"，享有很高的声誉。狮子的形象是勇敢、威严、有气势的。英国王查理一世 (King Richard Ⅰ) 由于勇猛过人，被称为 The Lionhearted。英国人也以狮子作为自己国家的象征，The British Lion 就是指英国，A Literary Lion 则指文学界的名人。同样这些特征，讲汉语的人联想起来的是老虎。在中国人的心目中，虎才是"兽中之王"，以致许多人用"虎"字给男孩命名，希望自己的孩子长大后能像只小老虎，英勇大胆、健康有力，并且坚决果敢。

（四）不会引起联想的动物

因为中、西方人生活的地理环境不同，动物种类差别很大，而且这些动物在人们的生产、生活中所起的作用不同，再加上文化背景的差异，因此有些能引起东方人浮想联翩的动物，西方人可能无动于衷，反之亦然。比如沙丁鱼 (Sardines) 和河狸 (Beaver) 这两种动物，西方人，特别是美国人非常熟悉，对它们会有联想，例如：The whole theatre is packed like sardines. 讲英语的人一看就知道这是比喻拥挤，可讲汉语的人就没有这个概念。再说河狸，它主要产于北美洲，在中国更是少见。英语有 Eager Beaver 之说，但我们中国人就较少有人能领会其含义。这个短词指"急于做成某事而特别卖力，但有点急躁的人"。这个比喻略带贬义，有时指"为讨好上司做事而过于卖力的人"。同样，讲英语的人对鹤 (Crane)、龟 (Tortoise)、鸳鸯 (Mandarin Duck)、比翼鸟 (Love Bird)、泥鳅 (Loach) 等不可能引起太多的联想。

再如，在中国文化中，鹤和龟是长寿的象征。中国的绘画和图案常以松鹤为题材，因为"松鹤延年"是祝贺人健康长寿的吉祥语。在古代的府第、庙宇、宫殿前常有石龟，象征长治久安。另一方面，龟也用来指被戴了绿帽子的丈夫，因此被人骂作"王八""乌龟王八蛋"是极大的污辱。

鸳鸯对于西方人来说，只是一种扁嘴、长颈、有点类似野鸭的鸟，但在中国，却是恩爱夫妻的象征。与此具有同样象征意义的比翼鸟,对外国人更是陌生,因为它是中国古代传说中的动物,但由于白居易的"在天愿作比翼鸟,在地愿为连理枝"而广为流传,也成为相爱情侣的象征。

"滑得像泥鳅"是中国人对泥鳅的看法,意谓圆滑、狡猾、不老实等。这是根据中国泥鳅分布广,并且难以抓住的特点得出的结论。大部分英语国家没有泥鳅,即使有,也不过将其看作一种鱼,不会赋予与汉语相似的联想含义。但在英语中确有与汉语的上述说法在意义和感情上完全一样的比喻,即 as slippery as an eel。

世界上的动物不计其数,各国人民根据自己的好恶赋予它们不同的含义,寄托了自己的喜、怒、哀、乐。

在进行影视广告创作的时候,我们还要深谙这些动物背后的文化底蕴,了解不同文化背景下这些动物的意义,才能更好地进行广告创作,并且有效地利用广告中的动物形象,从而拉近品牌和目标消费者之间的距离。

案例:百威啤酒广告中不同文化背景下的动物形象

百威啤酒广告善于运用不同的动物进行广告表现。通过对百威啤酒广告中动物形象的分析,我们发现不同的动物形象代表着不同的文化意义。在美国市场,百威啤酒运用挽马、蜥蜴、驴、狗、龙虾等多门类的动物形象,通过这些动物特性展现美国社会的文化内涵,并借此产生市场价值。而在中国市场,百威啤酒将中国文化的精髓,通过蚂蚁这一单类别动物形象加以演绎。百威啤酒广告中不同的动物形象,是为了适应不同文化下的市场目标和市场效益,从而达到其品牌真正意义上的"本土化"。

比如,挽马是一种集野性与优雅融于一身的动物。虽然挽马没有纯种马的轻盈与速度,但它的魁伟与蛮力使得它一旦真正地撒开四蹄、尽情驰骋时,一种对自由与梦想的激情就会瞬间爆发。实际上,对于挽马的偏好,也是作为百威啤酒品牌内涵中对自由与梦想的替代品而存在的。挽马是个性很强的动物,虽然挽马外表显得很温顺、很安静,但在挽马的内心深处那种强烈的竞争意识是其他动物所不及的。在这里,没有绝对的权威,有的只是一种自由与竞争相交织的梦想激情,而这就是"美国梦",在美国市场上,每一个喝百威啤酒的消费者都可以有的梦想和荣耀。

　　而中国是一个强调集体意识的国家,永远要有权威,要依靠权威来解释,只有你把自己变成权威之后你才有独立性。蚂蚁拥有快捷且难以抗拒的力量,而这种力量来自群体成员的精诚合作以及讲秩序的观念;特别是工蚁对群体的绝对忠诚。可以这样说,群体成为解释蚂蚁生活方式的特有单位。也就是说,"蚂蚁精神"是中国文化的精髓之所在。

　　资料来源:叶晶晶,"挽马Vs蚂蚁——浅析百威啤酒广告中不同动物形象的文化意义",《广告大观》2006年第1期。

　　【例】　百威啤酒广告"行人篇"

　　点评:一群蚂蚁用计将一把耙子放在路中间,使得手拿百威啤酒的人踩上耙子,被打晕在地,这样蚂蚁就成功地拿到了百威啤酒。

　　【例】　百威啤酒广告"骑自行车篇"

　　点评:蚂蚁故意将一块石头放在路中央,以致满载百威啤酒而归的骑自行车的人碰到了这块石头,车子一颠簸,一瓶百威啤酒就掉入了蚂蚁的"怀抱"。

众蚂蚁齐心协力将这瓶百威啤酒运回去。这两支广告是获得第六届全国优秀广告作品展金奖的百威啤酒广告,也是百威啤酒在中国早期投放的广告。

百威啤酒广告中的蚂蚁形象,中国消费者看了以后,就会形成强烈的视觉形象和记忆符号。所以百威啤酒在蚂蚁广告成功之后,就针对中国人的这种"蚂蚁情结"制作了一系列蚂蚁广告。

【例】　百威啤酒广告"奥运篇"

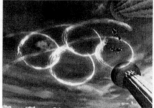

点评:这是蚂蚁系列广告之一。通过四年一次的奥运会这一事件,再现百威啤酒"与时俱进"的精神。广告以希腊标志性建筑为广告背景,蚂蚁通过百威啤酒引诱男子将它们送上天空,实现完成奥运会五环标志的任务。

【例】　百威啤酒广告"贺岁福字篇"

点评:这是百威啤酒在2005年年初在中国投放的春节贺岁片,以一种气势恢宏的画面再现春节的热闹祥和的氛围。广告通过蚂蚁将中国传统春节"福"的气氛与百威啤酒的"B"联系在一起,充分展现了百威啤酒与春节紧密联系。

可能正是因为从蚂蚁的那种集体意识以及对"权威"的绝对忠诚中,百威啤酒看到了中国人与之相类似的某种"权威崇拜"。要想在中国市场上取得一席之位,百威啤酒就要成为中国啤酒品牌的权威,所以百威啤酒选择作为高档的啤酒品牌进入中国市场。"世界销量最大的啤酒""啤酒之王"等口号,使得百威啤酒在1995年进入中国市场之初,就已经开始朝着啤酒品牌中"权威力量"这样的方向发展。

本 章 小 结

创意要讲究方法,影视广告的创意也是如此。本章对影视广告创作的方法进行了深入分析,总结创意方法。从影视广告中的情节创意、道具使用的创意、音响效果的创新性使用、性感诉求方法的创新性使用、动物形象的创新性使用这五个类别进行总结探讨。文中的这些创意方法,既是对创意实践的总结和归纳,也能对创意实践进行指导。

第五章
中国广告遭遇跨文化传播大潮

在经济发展日趋全球化的今天,各大品牌对于全球市场都跃跃欲试,在新一轮的角逐中,谁建立了最科学、最完善的营销策略,谁就能先行一步把握无限商机。广告作为企业竞争的重要武器,也就不可避免地卷入了这场角逐。

中国加入世界贸易组织之后,全球成为一个统一的大市场。中国市场不仅要迎接全球品牌的洗礼,为世界品牌的竞争搭建一个广阔的舞台;同时,中国的品牌也意欲走向世界大舞台。作为竞争先锋的广告,也就全方位地卷入跨文化传播的浪潮。

影视广告在跨文化传播中既有传播优势,同时也必须面对跨文化冲突的考验。本章将对影视广告中的跨文化传播进行专题分析。

第一节　中国传统文化元素在影视广告中的运用

随着全球知名品牌的增多,一些几十年甚至超过百年的品牌越来越多,这些品牌已经成功地经过品牌塑造阶段,开始逐渐转入品牌管理和品牌社会化的阶段。在品牌管理和品牌社会化的过程中,为了增强品牌与社会的关系,履行企业作为社会人的角色,更好地突出品牌个性,运用文化元素开展文化营销将是这些企业非常重要的任务。

国际品牌的文化路线也影响着很多正处于品牌塑造阶段的企业,带动着企业的品牌意识和文化意识,塑造有个性的品牌。影视广告是直观而形象的媒介,

在承载和传递文化元素的时候具有非常明显的优势。

中国是有着五千多年历史的国家,在漫长的历史发展过程中,形成了具有独创性、悠久性、包容性、统一性的文化特征。在中国塑造和建设品牌,中国文化是一个非常深厚的资源,因此很多品牌在影视广告中越来越注重运用中国传统的文化元素。

文化是一个民族的灵魂,是民族凝聚力和民族自信心的源泉,经过几千年积累和沉淀的中国文化更具厚重感和凝聚力。影视广告中运用中国传统文化元素来表现,可以借用观众对文化本身的心理贴近性来拉近广告和观众的距离,加强广告的渗透性和影响力。

分析中国传统文化元素在影视广告中的运用,可以从文化的外在表现符号和内涵意义这两个角度着手。

一、中国传统文化的外在表现符号在影视广告中的运用

在影视广告中,我们经常看到中国传统文化的外在表现符号的影子。中国移动通信的新年贺岁广告中利用民间剪纸艺术创作的动画广告形象,可口可乐新年贺岁广告中的泥娃娃"阿福"的形象,万宝路香烟广告中中国陕北汉子的形象等,都是影视广告中运用中国传统文化符号来塑造品牌内涵、加深与观众互动的例子。中国传统文化的表现符号无比丰富,以下仅对广告中常用的几种表现符号进行分析。

(一) 中国的文字、书法和图形

中国的文字起源很早,中国文字在结构上表现为图形艺术;中国的书法艺术更是被称为国粹,以其线条的骨、筋、脉、肉、皮五体构成神形兼备的艺术载体,还有各种各样独特、深厚、富有魅力和民族特色的图形。如新石器时代彩陶上的纹路、刻绘在崖壁上的岩石刻、商代青铜器上的饕餮图形、春秋战国时代的蝌蚪文和梅花篆等都是具有中国传统文化特色的符号载体。譬如太极图,这个由黑白两个鱼形纹组成的图形,就曾在很多广告中被运用。

(二) 中国的绘画艺术

中国传统的绘画形式也是广告表现的重要题材和传播载体,很多影视广告

中采用典雅大气的国画形式进行广告画面创作,画面上流露出来的典雅气质给广告印上了明显的中国传统文化的烙印,使得广告的艺术品位得以升华,品牌的文化内涵更是油然而生。

(三) 中国的传统音乐艺术

中国的传统音乐艺术也是重要的文化遗产,中国特色的乐器是中国传统音乐的主要外在表现符号,如二胡、古筝、琵琶、长笛等经常在影视广告画面中为传统文化代言,在听觉上再附加一曲传统乐曲,中国传统文化的意蕴更是充满其间。

(四) 中国的传统节日庆典符号

中国的传统节日很多,较有代表性的有春节、元宵节、端午节、中秋节等,经过悠久的历史积累,这些节日都已经深入国人的观念,影视广告中经常借用这些节日文化拉近与观众的情感距离,而能够体现不同节日特性、勾起观众节日情感的当然是这些节日特有的符号,如"福"字、剪纸、对联、门神、汤圆、粽子、月饼、嫦娥、月亮等。

(五) 中国传统的服饰元素

经过历史的积累,中国的服装文化也已经建立了独特的体系,其中唐装在近年来大大走红,这种元素在广告中也经常被使用。

剑南春酒影视广告"回味唐朝篇"就是运用唐装这一服饰文化符号来表现的例子。伴随着悠扬的乐声,镜头先掠过一块唐人街的匾,然后出现一位身着红色唐装的女性的衣领部位,女子手指轻轻从领口划过,然后逐一展现极富中国特色的服饰元素——传统的立领、领口的盘扣、传统的中国红,最后在画面中央出现了一瓶剑南春酒和剑南春的商标字样。广告中的细节元素散发着浓郁的中国味。该篇影视广告主题表现明确,镜头语言简单但视觉元素鲜明,用典型的传统服饰元素来代表唐朝,给人简洁而又深刻的印象,体现了历史感,把酿酒的时间性艺术化地体现出来,令人回味,达到了预期的广告效果。

(六) 中国传统的图腾符号

中国传统的图腾符号也带有深厚的文化印痕,比如,龙、凤所传达的"龙凤呈祥"的吉祥寓意;松、鹤所表现的"松鹤延年"的祝福;梅花所代表的高雅,竹子所代表的气节,都有着特定的寓意;还有十二生肖图像,更是被中国人喜爱和耳熟能详。

在影视广告的创作中巧妙地运用这些传统的图腾符号,不仅能够塑造出浓郁的文化氛围,更能够借助这些备受中国人喜爱的符号来增强观众对于该广告和品牌的好感度。

(七) 中国的传统文化历史遗产

中国的传统文化实在是博大精深,文化处处可见:传统的建筑文化,比如上海老酒的"石库门"的标识形象;传统的雕刻文化,比如中华牙膏广告中"华表"符号的运用;中国古代的各种文化典籍也为影视广告的创意提供了丰富的创意资源,比如《西游记》中的人物形象、《西厢记》中的人物形象、岳飞抗金的典故等都被用在了广告创意表现当中。

中国文化中有不少家喻户晓的人物,有历史人物、小说人物等,还有丰富的引人入胜的传说和典故,都是创意的好题材。巧妙地借用其含义,可以趣味性地表现广告创意。比如智联招聘广告的"张飞卖肉篇"广告,画面为:张飞开了个肉铺,双手挥着菜刀,拼命地剁肉,张飞有力无处使、极其夸张的样子让旁边的观众看得目瞪口呆。接着的画面是智联招聘的网站版面,广告语(声音):"发挥你所长,找到你所在,智联招聘。"该广告借用了张飞这个三国虎将的形象,以幽默手法表现了英雄无用武之地的含义,把"找适合自己的工作"这个概念活泼风趣地表达出来,给人深刻的印象。

二、中国传统文化的内涵意义在影视广告中的运用

中国传统文化的外在表现符号是个博大的海洋,难以一一列举;同样,中国文化的内涵意义更是博大精深,难以概括全面。下面只能从影视广告创作的角度来分析探讨影视广告中经常借用的几种文化内涵意义。

(一) 中国传统的"孝道"美德

"孝"是中国人的传统美德,在中国人的心中根深蒂固,因此很多广告利用这一个非常有效的诉求点来进行商品的推广和品牌的塑造。比如金日心源素的

广告中,黄日华扮演的孝顺、内敛的儿子,在送给父亲金日心源素之前在房间里反复练习说"爸爸,我爱你",但是面对父亲时却说不出口,经过一番折腾,最后终于鼓起勇气说了出来,父子激动相拥。

而养生堂龟鳖丸"父子情深"系列影视广告所表现的文化内涵也是典型的例子。它的"生日篇"描述了一位父亲在经济贫困年代,每当儿子生日时都为儿子煎个荷包蛋的情节让儿子记忆颇深。随着岁月流逝,父亲伴着儿子成长,儿子考上大学,工作之后,不忘父亲含辛茹苦的养育之恩,在父亲生日那天给他带来了龟鳖丸的故事,表现了一段"父慈子孝"的动人情节。在"生日篇"中有一句颇具哲学意味的广告词:"几乎所有的父亲都知道儿子的生日,又有几个儿子知道父亲的生日!"感人至深,让许多人看到自己父母曾经的影子。

影视公益广告中,年幼的小孙子看到妈妈给奶奶端水洗脚,也帮妈妈端来一盆水,更是一则将"孝道"这一美德继续发扬传承的好广告,赢得了观众的好感和认可。

以上这些广告都很好地表现了中国文化对"孝道"美德的尊崇。

(二) 中国人"重义""互助"的传统

中华民族是一个"重义""互助"的民族,朋友之间相互帮助、讲义气也是备受国人推崇的优秀品质。广告中对于"重义互助"美德的推广能够在非常短的时间内贴近观众的心理,赢得观众的好感。比如农夫山泉在广告中传达了"买农夫山泉一瓶水,捐希望工程一分钱"的企业做法,为农夫山泉赢得了不少赞誉声。

(三) 中国传统的节庆文化和"福"文化

中国的传统节日特别多,国人对很多传统节日都很重视,尤其是对一些家人团聚的节日更是非常喜欢和热衷,如新年、中秋节等。中国人对传统节日的喜爱和关注,已经形成了各节日独特的节庆文化。节庆文化是一个非常好的创意资源和表现题材,很多品牌都在节日期间利用节庆文化吸引观众的眼球,比如每年春节期间,众多品牌都不甘落后,纷纷做起贺岁广告,活跃春节的节日氛围。

我们在文化心理上偏爱"福""吉祥""团圆""美满"等代表幸福如意的概念。这是一种"福文化",寄托了人们期盼生活美满、红红火火、吉祥如意的心愿。金六福酒"井盖篇"广告就是一个例子。广告情节如下:都市,高楼林立的街道；下水道（由里向外推镜头）井盖被推开；（俯视）井盖空着，就像一个黑黑的陷阱；一个西服翩翩的男性白领一边打手机（画外音脚步声），一边从一家五星级宾馆里走出来（画外音脚步声）；前面就是没有井盖的下水口了，男子仍打着手机；他对即将到来的危险一无所知；就在男子一脚踏向空洞的井口时，突然一个戴着头盔的脑袋冒了上来正好顶住了男子踏空的一只脚；男子安然无恙地继续前行；男子和两三个好友一起品尝福星酒，这时画面出现广告词："金六福，中国人的福酒，喝福星酒，运气就是这么好！"

金六福酒是以中国传统"福运文化"的内涵来创立品牌的，已受到普遍欢迎，在酒文化中加入了"福文化"的意蕴。这则广告表现了一种幸运，自然地表现了喝金六福酒有好运伴随的理念。

（四）中国人的爱家、爱国、民族自强精神

中国人注重家庭的观念，在广告创意和表现时，可运用这一理念来深化主题。家在中国人的心中有崇高的地位，它是亲情、爱情的象征，是我们传统观念"天伦之乐"之所在。一方面，对于身处他乡的人来说，家是他们日夜思念的地方，因为家中有亲人的守候和牵挂；另一方面，家给人以生活的信念和意义。"家"在中国传统文化中是一个重要的元素。

比如："孔府家酒"系列广告"想家篇"的创意思路，突出了中国文化中"家"的理念深入人心，使广告片既充满浓情蜜意又彰显气势恢弘！"孔府家酒"系列广告曾经以《北京人在纽约》这部家喻户晓的电视连续剧为创意背景来体现"想家"的理念。广告中表现了在海外事业有成的人士对家的眷恋，展现了主人公风尘仆仆从国外归来与家人团聚的真挚感人、温馨的场景，打出了"孔府家酒叫人想家"的广告语。该广告播出后，产品的品牌深入人心，效果十分显著。这正是准确抓住了中国消费者重"家文化"心理的结果。

长久以来，中华民族在为自身的生存和发展而抵御外来侵略的过程中，形成了对祖国的深厚的爱国主义精神，精忠爱国的浩然正气和民族气节一直被中国人奉为至高的美德。这种爱国精神在新的时代下，体现为一种民族自强的斗志和信心，因此，"民族情"和"中国心"便成为广告创作中一个不断被开发的领域。比如，中华牙膏的品牌形象广告中"四十年风雨历程，中华永在我心中"的口号，深情地传达了"中华牙膏"这个老字号品牌被中国人喜欢的事实，并利用"中华"这一谐音，牵动了每一个中国人的爱国情怀；海尔集团的口号"海尔，中国造"，简洁

有力,折射出中国民族工业满腔报国的热忱,激发了人们的民族自豪感。

(五) 中国丰富的多民族文化传统和地方文化特色

中国是一个多民族国家。56个民族中,每个民族都有自己特有的传统和文化,这是中华民族优秀的文化遗产和丰富的宝藏,也是中国人引以为豪的地方。特色显著的民族文化和地方文化给广告的创意和表现提供了丰富的素材,尤其是在一些旅游广告和城市形象广告中,表现得非常突出。

中央4台曾经播放过乌镇旅游的系列广告两则就是一个挖掘地方历史文化特色、构筑城市品牌形象的例子。历史是不能仿制的,因此在广告中恰当地引入历史文化等因素,可以有效地体现城市品牌的差异,塑造有个性的城市品牌。在乌镇的两则形象广告中,我们看到了乌镇的蜡染蓝印花布文化、传统的皮影戏艺术、1 300年江南文化的缩影、文坛巨子茅盾的故居、《林家铺子》的兴衰……这些文化特性都是乌镇所独有的,同时也是最能体现乌镇特色的。因此,广告中通过这些文化符号表现了一个独特的江南古镇的风貌和历史,也让观众记住了这样一个有文化、有特色的水乡小镇——乌镇。

第二节　外资品牌广告与中国传统文化的冲突与融合

在影视广告中运用文化元素表现广告创意已经成为一个创意主流和发展趋势,这种观念和做法也被众多企业和广告公司所认同,并且得到了消费者的好评。在中国市场上投放的影视广告,除了本土品牌的影视广告之外,还有众多外资品牌的影视广告,外资品牌的影视广告如何运用文化元素呢? 是运用中国传统的文化元素,还是品牌所在国家的文化元素? 如果运用了品牌所在国家的文化元素,中国的观众和消费者能否理解和接受呢?

文化有一个特征,就是具有鲜明的地区性和国别性,所以外资品牌的影视广告中运用文化元素进行创意跟中国的传统文化不可避免地存在着文化冲突现象,当然也存在着文化融合的可能。下面就这两个问题进行分析。[1]

---

① 聂艳梅:"广告公司在跨文化传播中的应对策略",《广告大观》2001年第1期。

一、外资品牌广告与中国传统文化的冲突

(一) 不恰当地运用中国传统文化符号,造成文化冲突

为了更好地融入中国文化,外资品牌在中国投放影视广告的时候,经常会有意识地运用中国传统文化的符号,目的是拉近与中国消费者之间的情感距离,融入中国市场。然而,由于对中国文化的理解不够深入,有些品牌在运用中国文化元素的时候,不仅没有拉近与中国消费者的距离,反而激化了与中国消费者的矛盾。比如近年来耐克曾经投放的"恐惧斗室篇"广告就激起了中国观众的反感,最后该广告被广电总局紧急叫停,耐克公司也在舆论的压力下公开道歉。这则广告是以 NBA 球星勒布朗·詹姆斯为原型的广告,广告男主角依次战胜了过分吹捧、金钱与美色诱惑以及各种艰难险阻,借此来传播耐克积极进取的品牌形象,但是广告中选用了具有中国文化特点的道教长者形象以及形似敦煌飞天造型的中国女性形象作为被广告男主角击败的对象,在中国象征着智慧、美好的符号形象在这则广告中被描述为阻碍男主角前进的邪恶势力。广告触怒了中国人的民族情感,播放之后遭到强烈抵制,最终这则广告被撤掉。

(二) 不恰当地运用品牌所在国的文化符号,引起中国消费者的误解,造成文化冲突

有些品牌为了保持品牌原有的个性和特色,在开拓中国市场的时候,特地保留了所在国家的文化特色。然而由于文化的多样性,这种带有品牌所在国文化烙印的广告,有时不能被中国市场理解,甚至产生误解,从而造成文化冲突。

伊莱克斯新境界冰箱广告在中国受挫,正是这样一个典型的例子。伊莱克斯是来自北欧瑞典的"巨头"型家电品牌。在戛纳国际广告节上,伊莱克斯吸尘器的影视广告曾获奖,该广告采用了荒诞夸张的手法:楼上的女士刚打开吸尘器的开关,楼下的先生竟然隔着楼层被吸上天花板,并与楼上的吸尘器的运动方向保持同步,好像在天花板上跳起了舞。这则广告符合戛纳"原创性、相关性、震撼性"的原则。因此,赢得了步入戛纳奖坛的通行证。

伊莱克斯冰箱进驻中国,配合市场推广,伊莱克斯新境界冰箱广告屡屡在中央电视台露面,广告沿袭了荒诞、夸张的风格,广告画面如下:光线阴暗的房屋里,一台破旧的冰箱发出急促的噪声,冰箱被震得左右摇晃,冰箱上的玩具鱼缸被震落,鹦鹉飞走,狗儿吼叫,婴儿吓哭了……这时,伊莱克斯新境界冰箱出

现,一切恢复宁静。

　　然而,这则广告并未得到中国消费者的认可,因为广告忽视了中国大众崇尚亲和、赏心悦目的审美习俗,一味追求强烈的感官刺激,强调画面的视觉冲击力和震撼力。当然我们不否认这则广告在西方国家播放,其恐惧式的夸张、恶作剧式的幽默,不仅能被接受,甚至被认为是上乘之作。然而,处于不同文化背景的中国受众对此却难以认同。

二、外资品牌广告如何与中国传统文化融合

　　外资品牌要打开中国市场,实现在中国立足的远大目标,就必须深入了解中国消费者的文化需求和中国文化的特点,争取能在正确的频道上用正确的方式跟中国消费者对话,因此,外资品牌广告应该寻找与中国传统文化融合的方法和渠道,以获取中国消费者的价值认同和品牌忠诚。

(一) 准确地使用中国传统文化符号

　　首先,外资品牌应该深入了解中国传统文化的表现符号,了解这些文化符号背后的含义,并能在广告中准确地使用这些文化符号,以赢得中国消费者的好感和认同,从而树立起一种亲民的品牌形象。比如可口可乐在中国的市场推广,一直采用符合中国消费者文化欣赏品味的广告表现形式:1999年,可口可乐在中国春节期间推出的贺岁广告"风车篇",其中展现的全部外景是在黑龙江省附近的一个小村庄内拍摄的,而且广告中的全部人物也都来自这个村庄;在2000年,可口可乐推出其广告新作"舞龙篇",由于龙是中国传统的吉祥物,舞龙更是中国传统节日的庆典节目之一,因此广告一经播出,随即就受到了广大公众的好评;2001年新年,可口可乐又演绎出一场完美的深具中国文化特色的广告风暴,推出全新的具有中国乡土气息的"泥娃娃阿福贺岁"广告片:此片以一个富有中国特色的北方小村庄为场景,并以一对极为人性化的泥娃娃全家喜迎新年为主题,用全家饮用可口可乐来衬托祥和、愉悦的喜庆氛围。广告片中所有的造型场景都采用了黏土工艺,使得整体画面感觉生动、流畅。"泥娃娃阿福贺岁"广告片于2000年12月下旬开始投放,一直持续播出到2001年春节期间。该广告播出后,消费者更加认同了可口可乐的品牌形象。

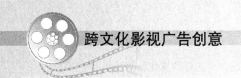

（二）正确地把握中国传统文化的内涵

除了准确地运用中国传统文化符号之外，正确地把握中国传统文化的内涵，也是一个重要的文化融合的方法。中国文化具有深厚的底蕴和丰富的内涵，国外品牌要想进驻中国，成为中国消费者的朋友，就应该深入了解中国文化的内涵，在思想和情感层面上实现跟中国消费者的沟通。肯德基在中国的品牌推广就是一个非常本土化的例子。在肯德基的影视广告里，充满了浓厚的中国人情味，肯德基"立足中国，融入生活"的影视广告让中国消费者印象深刻：2004年年初，肯德基的餐厅经理年会组织来自全国各地的1 000名餐厅经理汇聚长城，代表全体肯德基员工郑重做出了"立足中国、融入生活"的长期承诺，表示要继续聆听、回应中国消费者的需求，勇于创新，不断进步，回馈社会，扩大对科学普及教育的支持。正如百胜中国总裁苏敬轼所说："肯德基自1987年进入中国以来，一直秉承着为中国人打造一个中国品牌的理念，并为之不断努力。"

（三）根据中国文化特点适当地改变广告风格

外资品牌要想深入中国市场，植根于中国消费者的心里，有时还需要根据中国文化的特征适当地改变其广告风格，以适应中国消费者的文化需求特点，塑造出有亲和力的品牌形象。毕竟不同国家的文化特点不同，照搬品牌所在国家的品牌风格和广告风格，有时候在中国很难行得通。关于这一点，法国人头马和美国万宝路的广告给我们树立了很好的榜样。

法国人头马白兰地的广告在欧美国家采用了"干邑艺术、似火浓情"的广告语，运用比喻和拟人相结合的手法，给消费者明确的信息：白兰地制造商对顾客浓情似火，奉献的品牌质量必定上乘；白兰地酒品味热烈、浓郁，回味深长、浓香，本身包含似火柔情；白兰地酒可使恋人激起爱的火花，可使夫妇沉浸于爱的热烈，可使朋友迸发出感人的激情……似火浓情引发了顾客在情感上的共鸣，符合欧美的文化风俗。然而，对于一个情感内敛的民族，激发似火浓情的诉求就很难行得通了，于是公司针对中国市场，抓住了东方人"喜庆"的心理，人头马改变诉求和风格，推出了"人头马一开，好事自然来"的吉祥广告口号，在情感上得到了中国人的认同，销路也随即打开。

万宝路作为一个美国品牌，西部牛仔所代表的自由、奔放、力量的形象在美国已经深入人心。然而中国消费者对美国西部牛仔这一形象所代表的内涵理解不深，很难引起心灵上的共鸣。根据中国市场和中国消费者的特点，万宝路于

1993年推出贺岁广告：广告把西部牛仔换成了中国陕北的大汉，场景也变为欢天喜地、敲锣打鼓的庆贺情景，广告中的黄土高坡、憨厚的汉子、奔腾的鼓点、震天的锣声，既表现出鲜明的民族特色，让中国人感到亲切，又传播了雄壮、野性的阳刚之美，与万宝路狂放不羁的品牌精神相吻合。

第三节　广告公司在跨文化传播中的应对之道

在国际规范化的广告代理制的运作过程中，品牌塑建的任务就责无旁贷地落在了广告公司的肩上。在中国需要应对跨文化广告传播问题的，除了大量的本土广告公司之外，还有来自境外的外资及合资广告公司。面对广告传播中的全球性文化冲撞，他们的竞争优势及劣势在哪里？他们的经营管理、观念架构及其实施策略，又将如何转变？

一、跨文化传播的背景

（一）全球化竞争潮不可挡

随着世界经济的充分发展，经济全球化趋势日益明显：生产要素需要在全球范围内大规模流动，并实现全球范围内的资源配置。经济全球化趋势，不可避免地把商业竞争由某个国家或地区推向全球。于是，经济全球化就把各个国家紧密地联系在一起，跨国公司也纷纷出现。跨国公司在越过一国界限开展全球经营的时候，不可避免地面临着文化冲突问题，即跨国公司由一国到另一国去开拓市场，企业文化与目标市场的国别文化将会发生激烈的冲突，如果得不到有效的协调，往往会带来商场上的失利。因此，开展全球经营的跨国企业，必须找到准确的对话方式，才能顺利地与目标市场沟通。

（二）竞争的核心转向品牌

在产品同质化的今天，企业竞争焦点已经由产品的价格、质量和功能，逐渐向品牌内涵层面上转变，品牌就成为企业之间的竞争核心。

同时，当今社会也不断由经济型社会向文化型社会转变，与此相适应，消费者的心理需求层次也不断升级，在经济社会里，人们对于经济物质利益的需要占据了重要的地位,随着生产力的迅猛发展和物质财富的极大丰富,人们的需求便由物质层面向社会文化层面深化,于是对于文化的需求也就越来越高。

消费者的文化需求正是文化营销的基本驱动因素,文化营销是有意识地通过发现、甄别、培养或创造某种核心价值观念来达成企业经营目标的一种营销方式。准确把握目标消费者的文化消费心理,开展文化营销,在品牌中注入文化因素,可以丰富品牌的文化内涵,保持良好的品牌形象和持久旺盛的生命力,从而提升品牌资产。21世纪的商业竞争将聚焦在品牌之战上,文化营销将成为21世纪的营销主导,因此加强文化研究开展文化营销势在必行。

品牌竞争融合文化需求,新一轮竞争的号角将从品牌文化上开始吹响。

(三) 广告遭遇跨文化

广告不仅仅是开拓市场的重要手段,而且在塑造品牌形象上也是首屈一指的主力,于是,作为跨国企业与目标市场的主要对话方式的广告,就这样被推向了前沿阵地,也就不可避免地遭遇到跨文化。

中国作为世界上人口最多的国家,它广袤的市场和极大的消费潜力引起了各国企业的关注,尤其是在中国正式加入世贸组织之后,开放的市场必将推动活跃的竞争氛围,中国品牌要走出去,世界品牌要走进来,作为沟通桥梁的广告自然就成为竞争利器。

二、跨文化传播中面临的问题

(一) 谁占主导?

英国文化人类学家爱德华·泰勒在1871年出版的《原始文化》一书中,第一次把文化作为一个中心提出来,他认为"文化是一个复杂的总体,包括知识、信仰、艺术、道德、法律、风俗,以及人类在社会中所获得的一切能力与习惯"。美国文化人类学家克鲁伯和克拉克洪等为文化下过较完整的定义:"文化是历史所创造的生存样式的系统,其中既包含显性样式也包含隐性样式。"《大英百科全书》将文化区分为两类,第一类是"一般性"定义,即文化等同于"总体的人类社会遗产";第二类是"多元的、相对的文化概念",即"文化是一种渊源于历史的生活结构的体系,这种体系往往为集团成员所共有"。

从这些定义中,我们可以总结出文化的基本特征:文化是后天习得的,可以继承,并且生生不息;文化与行为有密切的关系,它在很大程度上决定人的行为,并激励或限制行为的结果;价值观是文化的核心。

跨文化广告传播,顾名思义,是指两个不同文化背景的群体之间的广告信息传播与交流活动。它可以发生在两个总体文化群体之间,也可以发生在不同的亚文化群体之间,尤其在中、美这种文化多元化的国家里。

在中国市场上的跨文化广告传播中,究竟是谁来引导谁? 哪种文化占据主导呢?

(二) 谁演"主秀"?

充满诱惑力的中国市场,吸引了世界各国的企业,世界500强先后在中国登陆。不可避免地,跨文化传播也为广告搭建了一个更为广阔的竞技平台。

在国际通行的广告代理制度的运作模式下,企业的广告通常由广告公司全面代理,所以广告之间的竞争自然就演变为广告公司之间的较量。中国的广告市场上,除了有中国品牌的广告,还有国外品牌的广告,而这些客户的广告代理公司,既有本土广告公司,也有跨国广告公司。

在跨文化广告传播的舞台上,"主秀"的角色将由谁来扮演呢?

(三) 如何提高演技?

无论是本土广告公司,还是跨国广告公司,在中国市场上的跨文化广告传播中,都各有优势。本土公司熟悉本土市场,并且深谙本土客户的需求,因此在与本土客户的合作中,就有很多的优势;跨国广告公司熟悉国际市场的运作规范,了解国际客户的发展阶段,因此在与国际客户的合作中,占有一定的优势。在面对中国品牌和国际品牌对不同市场的开拓任务中,两种广告公司各有千秋。

然而,要成为全面综合性的广告公司,了解客户在不同市场上的需要,公司应如何制定合适的策略来提高其在跨文化传播舞台上的演技呢?

三、广告公司在跨文化传播中的应对之道

在中国这块土地上,在跨文化广告传播的领域里,不仅有源远流长的中国文化,还有来自美洲、欧洲、澳洲和其他亚洲国家的文化。不同的品牌带着各自国家的文化烙印,在中国的广告舞台上,展现着别样的异域风情。究竟是哪一种

文化占据主导呢?

走进中国的世界品牌和走入世界的中国品牌,在母国文化和东道国文化的交织与碰撞中,不断地探索着:究竟定位于哪种文化,才能打动消费者?

在全球经济突飞猛进的今天,不同国家的消费形态越来越趋同。假如在30年前,纽约、巴黎的街头与北京、上海相比,差距之大出乎我们的想象。时至今日,重新比较,却会发现:时尚的服装、流行的音乐、全球化的连锁商店、素有美国文化象征的可口可乐在中国占了半壁江山,而中国的美食文化则遍布世界的每一个角落⋯⋯全球各地的共同点越来越多了。

在超越各国本土文化之上,有一种叫做"世界文化"的共通价值观正在全球各地蔓延;而且随着世界一体化的发展,世界范围内的人员流动也越来越频繁,有一种具有多元文化背景的"世界人"开始登上了商业舞台。在这种发展背景下,跨文化传播有了更肥沃的土壤,沟通成功的概率也越来越高。

所以,伴随着不同文化之间的渗透和交织,应充分利用各种文化形态之间的延续,继承各种文化中具有共性的方面,扩大"共通的经验范围",才能更好地沟通,而并非一味地改变与迎合。

面对跨文化传播的全面到来,众多的本土广告公司和外资广告公司作为竞争主体,在中国这块市场上,演绎着一场崭新的角逐。对于中国市场、中国客户和中国文化,本土广告公司表现出极大的优势,而对于国际市场、国际品牌的发展阶段及其母国的文化,外资广告公司又明显占了上风。因此,在竞争的初期,不同类型的广告公司凭借各自的先天优势,在不同的领域和不同的层面上,分别展示着其独到功夫;之后会有一个成长、适应和积累时期,在这个阶段里,公司会立足本身的优势,集中力量弥补弱势;随着竞争的加剧,一旦竞争领域和竞争层面开始全面对峙时,究竟谁在跨文化传播的舞台上演出"主秀",那就看公司各自的策略和功夫了。

巩固优势,突破弱势,不同的公司从不同的起点开始向着同一个目标进发!

(一) 本土广告公司:立足本土,挑战世界

面对跨文化传播的新课题,本土广告公司立足本土优势,除了原有的为本土品牌开拓中国市场的业务之外,还将承担着把中国品牌推向世界,以及把世界品牌带到中国的任务。所以适应这种跨文化广告传播的需要,本土广告公司需要从以下几个方面努力:

1. 提高综合服务能力

我国的广告业起步较晚,初期的广告公司数量多、规模小,因此在代理业务方面,与公司的能力相适应,往往从较浅层面上的平面设计、路牌绘制等方面为客户提供服务。随着广告公司的发展,这种情况虽然有了很大的改观,但是问题仍然存在,也就是公司的数量仍然过多,在低层面的业务上进行重复竞争。

随着企业的发展,对于广告公司的综合服务能力的要求也就越来越高,因此,为了成功地担负起全球范围内"沟通者"的角色,广告公司必须引进先进的管理模式,提高综合服务能力,整合运用各种传播媒体和多种推广手段,制定整体沟通策略,与消费者进行有效而全面的沟通。同时,从浅层面的设计、制作方面,向整合传播、品牌策划、客户服务等深层服务层面上转变。这种转变不仅是国内企业不断发展成熟的要求,也是国际品牌进入中国的要求。

提高广告公司的综合服务能力,全面提升广告公司的服务代理水平,是广告公司开展跨文化广告传播、驾驭全球市场的基础。

2. 增强品牌管理意识

在中国加入世界贸易组织后,更多的国际客户进入了中国,凭借地域优势,本土公司对中国市场有着更深刻的了解,因此在与国际客户的合作过程中,本土公司就需要深入了解这些国际品牌的需求。

国内企业,因为还处在发展的初级阶段,所以对于广告的要求还停留在产品促销和品牌形象塑造的层面上,而这些国际客户往往发展比较成熟,已经完成品牌形象塑造的任务,并正向品牌管理和品牌社会化方向转移。所以,为迎合客户的需求,本土广告公司就需要学习品牌管理方面的知识,并不断地加强实践方面的训练,才能更好地满足国际客户的需要。

3. 吸引复合型、国际化的人才

面对全球化的大市场,广告公司需要不断地扩大视野,多为自己打开一些窗口,每天都吸收一些新鲜的、先进的东西,才能不断增强想象力;只有在不断的学习和充实之中,才能在全球化的大背景下,游刃有余地运作。

广告公司,往往没有机器、没有厂房,唯一的投资就是人才,本土公司要实现国际化,就必须在引进人才方面加大投资。当前,在国际广告公司进入中国,不断抢夺优秀本土广告人才的情况下,本土广告公司除了提高待遇,拉回优秀本土人才之外,还应该采取更为积极主动的做法去吸引复合型、国际化的人才。

面对全球化的客户，需要有全球化的运作理念，而能够提供这些理念的人，就是广告公司的人员，因此广告公司不仅要引进具有广告创意能力的人才，还要引进具有营销、策划、文化等不同背景的人才，同时面临跨文化传播的背景，还需要引进一些具有国际从业经历的广告人才，比如在国外广告公司或者是国内的外资广告公司有过从业经验的广告人，或者是相关专业背景而具有国际文化背景的人。

广告人的知识结构和文化背景，决定了广告公司应对跨文化传播的实力。因此，吸收复合型、国际化的人才是一条切实可行的道路。

4. 增强资本运作能力，建立广告集团

如前所述，我国的广告公司起步较晚，所以规模较小。然而，为了应对跨文化传播的新需求、增强综合服务能力、吸引优秀人才，就必须建立大型的广告集团，才能增强本土广告公司的运作能力。

很多广告公司大多强调如何提高创意能力、为客户提供好的作品，其实作为一家企业，公司的经营观也非常重要，也就是说，广告公司既要注重提高创意策划能力，也要重视提高公司的财务管理和资本运作能力。更何况，广告公司的发展趋势之一就是要建立大型广告集团。数量众多的本土公司，必然面临严酷的优胜劣汰，而新一轮的竞争中，具有资金实力、谙熟财务管理、懂得资本运作之道的广告公司，必将成为赢家。

面对跨文化传播，无论是客户还是广告代理公司，都将采用"滚雪球"的战略，不断增强自己的实力，争取在新一轮的竞争中取得优势。而本土公司由于起点低，并且分散经营，因此必须在财务管理和资本运作方面补课，尽快弥补这个差距。只有这样，才能从根本上迅速增强本土广告公司的运作能力，应对跨文化传播的崭新课题。

(二) 外资广告公司：立足国际，深入本土

基于国际品牌运作的成功经验，外资广告公司在品牌管理方面已经有了相当的积累，同时，对国际市场的熟悉也给这些公司开展国际业务带来了不少自信。然而，对于中国这块市场，对于中国消费者的消费形态，他们还缺乏深刻的了解。在这块不容小觑的中国市场上，要出色地完成把国际品牌带到中国，以及把中国品牌带向世界的任务，这些外资广告公司必然要在他们的弱势方面进行集中突破。

1. 吸收本土人才

外资广告公司进入中国，就等于进入了中国文化的汪洋大海，因此要适应中国市场、了解中国本土客户，就必须寻找一条能迅速深入中国文化、了解中国文化的捷径。无疑，吸收本土人才是一条方便可行的方式。

当前在中国的外资广告公司，大多很注重吸收本土广告人才。本土广告人才比较熟悉当地的风俗习惯、市场动态以及政府方面的各项法规，因此吸收本土人才有利于外资广告公司在当地拓展市场、站稳脚跟；另外，外资广告公司除了吸收一般的本土广告人才，还开始挑选和培训当地的管理人员，依靠当地管理人员经营设在中国的分公司。这种人才"本土化"的吸收策略，不仅有利于外资广告公司降低海外派遣人员和跨国经营的高昂费用，还能够迅速与当地的社会文化融合、减少当地社会对外来资本的危机情绪，因此，吸收本地人才成为外资广告公司解决异国环境障碍的核心。

2. 进行跨文化培训

外资广告公司带着本身的经营战略和企业文化来到中国，而中国又有着悠久的文化，在这两种不同文化背景的接触过程中，不可避免地就会存在跨文化冲突的问题。为了更好地促进跨文化的沟通，首先，外资广告公司必须融合两种不同的文化，建立企业新的"核心价值观"，形成新的企业文化和经营风格，凝聚不同文化背景的员工；建立正式的、非正式的跨文化沟通渠道，增强员工的跨文化沟通能力；进行跨文化培训，培训内容包括对文化的认识、敏感性训练、语言学习、跨文化沟通及冲突处理、地区环境模拟等，通过这些方式，尽快地适应中国的文化沟通模式，以便深入了解中国客户的需求以及中国消费者的需求心态，从而找到更为恰当的广告沟通方式。

广告公司在进行跨文化培训的时候应注意：要重视培训人员的素质，除了利用公司内部的培训部门和培训人员，还可向外部的培训机构，如大学、科研机构等邀请相关专家，进行相关培训；培训内容方面，除了进行文化学、心理学、传播学、语言学、公关等基本的知识和技能的培训外，还要针对某项广告任务，对客户部成员和广告创作人员进行专门培训，从而根据特定的市场文化的特点创作有效的广告。

3. 深入调查，了解中国市场

中国有着广袤的市场，且正以前所未有的速度前进着，它的消费潜力深不可测，中国市场不容错过。然而，广大的中国市场却是非常复杂的，不同的区域、不同的年龄段、不同的消费层面,都有着不同的消费心理。因此,在对中国市场的把握上,与本土广告公司相比,初来乍到的外资广告公司表现出了明显的弱势。

如何提高对中国市场的认知呢? 不同的公司采取不同的措施。盛世长城广告公司就在实践中总结出这样一种方法:Xploring调查法。比如:要了解狮子的狩猎方式,就不应该到动物园里去观察,而应该到大森林中和狮子一起觅食,才能看到更真实的情景;了解中国市场亦是如此,只有深入中国消费者的生活,到老百姓的工作岗位上,到他们的家里,真正去他们一起生活,才能真正了解他们的生活状态。

只有真正了解中国市场,才能更好地进行跨文化广告传播。

4. 建立新的客户策略

进入中国的外资广告公司,往往是从引导国际品牌进入中国的业务开始的,在这些业务的开展过程中,外资广告公司不断增加与中国市场的接触机会,加深对中国消费者的了解。之后,随着外资广告公司在中国的深入和发展,他们就开始调整客户策略,也就是由单纯代理外来品牌的广告业务,向开发本土品牌客户转移。

开发本土客户,不仅是外资广告公司经营和进一步发展的需要,也是他们深入中国市场、加强与中国客户联系的需要。在这种业务合作中,外资广告公司将不断地熟悉、了解中国文化,了解中国消费者的消费形态,并不断地将这些领域融入广告策略,实现广告的跨文化传播。

(三) 广告创作:把握策略,灵活运用

跨文化广告传播面临的是不同国家、地区的千差万别的文化环境和文化需求,人们的消费观念和购物行为也就有很大的不同,而且,科技经济的突飞猛进使人们的文化生活更加丰富多彩。与主流文化相对应的是各种非主流文化的日益增多,这样跨文化广告传播的难度增大,如何制定有效的广告策略、提升跨文化广告传播行为的效果,是广告公司的一项重要任务。

1. 全球化广告策略

全球化广告策略是指广告公司在为某一商品或服务进行广告代理时,在不同的地区使用统一标准的广告。

全球化广告策略的基础如下:科学技术的进步与趋同使得产品的同质化现

象日益明显，这样，世界各地的消费者对于现代化的质量和价值相同的产品便产生了极其相似的消费渴望——以低价购买优质产品；同时，随着世界经济一体化的发展，整个世界成为统一的国际大市场，世界经济冲击着地球的每一个角落，也使不同地区文化的相互交融成为可能，这样世界各地的消费者就不可避免地受全球经济与全球文化的影响而大大开阔了视野，于是对全球统一的广告的理解度和包容度也大为增强。

全球化广告策略适用于专业化产品、高档耐用品、销售地区的文化环境大致类似的产品，以及目标消费者具有流动性、不同地区的产品对本产品具有相同或类似的要求等情况。

如麦当劳作为美国快餐文化的代表，采用全球化广告策略在全世界进行国际行销。和蔼可亲的麦当劳叔叔、红黄搭配的亮丽色彩、幽默有趣的情节，配以诱人的美味食品，向消费者传达了统一的形象和一致的信息，从而使麦当劳餐厅成为地球上各个地方的年轻人聚会的场所。全球化广告策略不仅能节约营销成本，还能更好地体现整合营销的思想，用一个声音说话，传达清晰一致的信息，在不同国家塑造统一的品牌形象，有利于累积力量、提升品牌资产、塑造强势的全球品牌。

2. 文化适应广告策略

文化适应广告策略是指广告公司在代理跨文化广告传播业务时，要充分了解目标市场的文化背景和文化要求，创作符合当地文化特点的广告。文化适应广告策略可以有效地避免文化冲突，更好地适应消费地区的文化特点，发挥广告的作用。

对于跨文化广告创作人员来讲，采用文化适应广告策略，必须要深入了解目标市场的文化特点和母国的文化特点以及二者之间的关系，从而寻找准确的切入点，制定有效的文化适应广告策略。

3. 文化互动广告策略

文化互动广告策略是指广告公司在代理跨文化广告传播业务时，在充分了解目标市场的文化特点的基础上，还要把本企业的经营理念和文化信息融入广告，以新概念来培育目标市场，相较于文化适应广告策略，能取得相对稳固的市场地位。

文化互动广告策略是以文化的融合性为依据的，即一个社区、民族、国家的文化模式并非一成不变，它会在对其他文化进行吸收、抛弃的基础上重新建构。消费文化在相互融合的过程中,不同的文化之间相互感应或者同化,彼此改塑着对方,因此,广告宣传中积极主动地利用文化融合,实现文化互动,可以有效地占领目标消费市场。

本 章 小 结

随着经济全球化的发展和世界文化的交融,跨文化广告传播势不可挡,广告公司在这项任务中担负着重要角色。为胜任这一角色,广告公司要进行观念创新,提高综合服务能力,进行跨文化培训,增强文化敏感性,从而制定成功的跨文化广告创意策略。

第六章
亚洲国家影视广告创意方法研究

受东方文化的共同影响,亚洲国家之间具有一定的文化共性;但由于各个国家的历史和人文不同,亚洲国家又有着各自的文化个性。在世界经济一体化的大背景下,品牌进驻不同的国家,跨文化传播潮不可阻挡。因此,了解各国的文化个性,分析各国影视广告的创意特点和创意方法,能够帮助企业更好地服务于跨国品牌。

除了中国以外,韩国、日本、泰国和印度是典型的亚洲国家,而且这四个国家的文化也各有特色。近年来,韩国、日本、泰国和印度的影视广告在国际舞台上也越发引起关注,原因之一是这些国家的经济发展速度很快,跨国品牌不断增多;原因之二是这些国家的影视广告创意水平也有所提高,在国际广告比赛上也获得了很好的成绩,引起了国际广告界的关注。因此本章将对这几个亚洲国家的影视广告创意和文化进行深入分析。

第一节　韩国文化与韩国影视广告创意方法研究

一、韩国广告业概况

韩国是广告业比较发达的国家,近十几年来,韩国的广告业产值在世界排名一直保持在第10名左右,随着经济的发展,特别是世界杯足球赛,将韩国广告业推向了一个新的制高点。韩国广告公司的生存发展有自己的特色,几家大的

广告公司都隶属于大的广告主集团,集团是广告公司生存发展的保障,公司除了承担本集团的广告业务以外,也积极承担集团外的广告业务。

20世纪80年代后期,虽然韩国广告市场逐渐放开,但其本土广告公司一直主宰韩国广告市场,这与韩国特色的广告生存发展模式有很大关系。韩国的广播,电视台不直接经营广告,只负责节目的制作播出,电波广告由政府授权给非电视媒体的一家事业单位独立经营运作。这种运作模式的理论依据是电波资源属于国家。从运作效果看,一是保障了依法播放广告,杜绝了违法广告和电视台随意插播广告;二是保障了国家媒体和广告公司的收入,有利于广告公司做强做大;三是有利于媒体运作的专业化和安全性,使媒体不受广告商的控制。韩国广告界对这种运作模式也有不同的意见,主要观点是认为它限制了媒体竞争,有悖于市场经济的规律。

2016年6月韩国广告业主协会发布的数据显示:2015年韩国广告费用总投入118亿美元,在经济合作和发展组织(OECD)会员国中排名第6位。广告规模排名前5位的依次是美国、日本、德国、英国和法国。韩国广告市场增长率从2012年开始逐年上升,到2015年升至6.2%。据统计,韩国前10大企业占据了韩国广告市场的14%,分别为三星电子、现代汽车、LG电子、KT等。有报道称,按照广告媒体类别的划分,电子媒体发展迅速,但电视仍是广告投入最多的主流媒体。

(一) 韩国本土广告公司的情况

韩国本土广告公司的特点是:集团所属广告公司主导广告市场。目前韩国的广告公司中,集团所属广告公司有59家,在经认证的所有广告公司中约占30%,这些集团所属广告公司的营业额占全部广告营业额的74.5%,其中规模大的20家占68.8%的市场份额。不仅如此,大部分集团所属广告公司的广告营业额中有50%以上是来自集团内其他公司,而在韩国这些集团内公司一般都是实力最强的广告主,如三星电子、LG化学、乐天制果、太平阳化学(化妆品公司)、SK电讯、现代汽车等均是韩国的大型广告主。所以集团所属广告公司几乎支配着韩国的广告市场。

(二) 韩国电视广告发展概况

1956年,随着首尔一家私营电视台的开播,韩国开始了电视广播。自1995年以来,韩国将通信卫星"无穷花"1、2、3号送入轨道,保证有168个卫星频道播

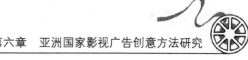

送各类节目。由于电视在韩国普及,许多大企业纷纷将电视媒介作为其产品广告宣传的首选媒介,到2006年,全国电视媒介广告营业额已占到全部媒介广告营业额的1/3以上。2012年电视广告以3.715 7万亿韩元的市场规模再次领跑广告市场,电视仍然是深受观众欢迎的大众媒体,日均家庭收视时间达310分钟,尤其是在黄金时段,电视的收视率达到60%以上;广告主花在电视媒体上的预算占总预算的34%以上。以电视、互联网、移动设备为代表的强势媒体刺激了韩国广告业的迅猛发展,这一时期,网络电视、SMART-TV、IPTV、N屏幕(N屏幕是一项内容可由智能手机、电脑、智能电视等多种设备同时共享)等的出现也为电视广告提供了迅速增长的舞台。目前,韩国的电视格局形成了以地面电视、有线电视、卫星电视、BMB、SMART-TV、IPTV等多种媒体共存、并肩发展的“百花齐放”的媒体环境。

(三) 韩国的广告监督与管理

随着韩国经济的发展和广告活动的增加,不可避免地会暴露一些问题,因而国家在制定各行各业的相关法律法规时,同时规定了对这些行业的产品宣传即广告的各种要求和限制。此外,还颁发了《广播电视法》(“放送法”),主要确定广告播出的标准;《关于国营电视事业运营的临时措施法》及其实施细则,做出了禁止发布进口产品或进口组装产品的广告、宣言迷信的广告、夸张失实的广告、中伤他人或其他商品的广告、非法组织的广告等规定。该细则还使广告的事前审查成为一种制度。广告审查具有政府监督和播出媒介自律双重性质。

综上所述,韩国广告的监管体制采用以行业自律为主、政府监控为辅的形式,并在未来会加入更多的自律因素,最终真正实现有利于广告业发展的监管体制。

(四) 韩国广告的特点

1. 名人广告的数量很大

韩国的名人广告中更加重视广告模特的身份和地位,而不是他们的个性。基于这个背景,为了体现某个广告的权威性,韩国广告会选用更多的明星。因此,在注重使用明星的韩国影视广告中,影视广告的创意比较欠缺,创意表现形式比较单调。

2. 影视广告极少采用对比的方式

尽管有些公司会在广告中出现诋毁竞争对手产品的言辞,但大多数公司就算知道采用比较的方法非常管用,但是基于集体观念的影响,也会认为这种做法是不道德、不礼貌的。

3. 由于受儒家思想的限制,广告形式比较单调

近年来,这一现象得以改观,一些故事情节式、连续剧式、幽默型广告纷纷出现。

二、韩国文化元素在韩国影视广告中的运用

韩国的文化受中国的影响非常大,早在唐朝时期,朝鲜半岛的新济国就专门派人到中国学习中国文化以及治国策略,甚至有些东西被直接照搬照抄到韩国。中国的文化对新济国的影响十分久远,新济也因为吸收了中国的文化而强大起来,并统一了朝鲜半岛。

韩国是个具有悠久历史和灿烂文化的国家,在文学艺术等方面都有自己的特色。韩国的美术主要包括绘画、书法、版画、工艺、装饰等,既继承了民族传统,又吸收了外国美术的特长。韩国的绘画分东洋画和西洋画,东洋画类似中国的国画,用笔、墨、纸、砚表现各种话题。此外还有各类华丽的风俗画。与中国、日本一样,书法在韩国是一种高雅的艺术形式。

韩国也是受儒家思想影响深远的国家。儒教是公元前6世纪中国孔子创立的伦理和宗教信仰。儒教的基本伦理思想为仁、义、礼、智、信,是用于齐家治国的一种伦理体系。公元初期儒教传入朝鲜半岛。千百年来,儒教的伦理道德思想和生活哲学一直影响着韩国。时至今日,儒教思想已经渗透、扎根于韩国社会之中,尤其体现在教育、礼仪等方面。同时,它在韩国的经济发展、社会现代化进程中也发挥了重要的作用。

韩国是一个十分重视教育的国家。全国各类大专院校数以千计。延世大学和高丽大学等享誉世界,此外,还有成均馆大学、西江大学、中央大学、庆熙大学、汉阳大学、檀国大学、建国大学、忠国大学、世宗大学、梨花女子大学、庆北大学、忠北大学、浦项工业大学、釜山大学、釜山外国语大学、仁荷大学、仁济大学等国内名校。

(一) 儒家文化思想

在韩国,儒教的精神文化和思想影响深远,即使在生活中,我们也能看到这

种不偏不倚的中庸态度。在韩国传统的家庭中，爸爸通常很少说话，比较沉默，与孩子缺乏交流，但是孩子却极其渴望能够和爸爸交流。例如，SK电讯广告中，由于东方国家人们的内敛和不善表情达意，父子之间用短信来交流感情，说出他们内心想说的话。

（二）情感文化

作为东方国家，韩国人对"情"非常重视，所以出现了很多有情、感人的广告。在下面这则服饰广告中，韩国男星张东健主演的广告形象，与女主角之间充满了温情的互动，给观众流下了很深刻的印象。

165

(三) 科技文化

韩国的手机技术水平比较高,而且手机市场的变化也越来越快,所以出现了很多手机广告。在这些手机广告中,时尚的演员、现代化的场景、高科技的产品外观、先进的产品功能等,都体现着韩国文化的高科技特性。下面这则三星广告,时尚的画面、年轻而有活力的演员、新潮的手机,整合成一股时尚的科技文化从而吸引了观众的注意力。

(四) 民族自强文化

1999年韩国遭遇了经济危机,被称为IMF危机,当时有很多人失业,因此出现了一些发展韩国旅游业的广告和一些励志类型的广告。同时也推动了韩国的民族文化。

下面这则是韩国的旅游广告"红魔篇"和"金大中篇",广告中的场景都表现了韩国的文化精华:饮食文化、建筑文化、服饰文化等。尤其是在"金大中篇"中,由韩国总统亲自代言旅游广告,民族自强和自立的氛围更浓。

【例】 韩国旅游广告"红魔篇"

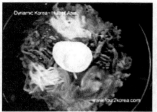

【例】　韩国旅游广告"金大中篇"

（五）明星文化

韩国的娱乐明星一直是年轻观众的焦点,因此很多广告商也非常注重明星效应,邀请他们出演影视广告来提升其品牌效应。在韩国,名人广告的数量是非常大的。

【例】　S组合代言的校服广告

【例】 张东健代言的麦斯威尔咖啡广告

【例】 全智贤代言的兰芝化妆品广告

【例】 神话组合代言的可口可乐广告

（六）跆拳道文化

跆拳道是韩国的传统武术，也是国际上公认的一种体育运动。跆拳道是一种强身健体、自身防卫的武术运动。它随时代的变迁而向国际运动方面发展，在和平时代成为民族之间交流的一种体育运动，在1988年汉城奥运会成为一种表演项目，到2000年悉尼奥运会成为正式的竞技运动项目。

下面这则广告是阿迪达斯的跆拳道广告，充分把阿迪达斯的运动品牌的内涵与跆拳道的运动精神结合在一起，体现了韩国的文化特点。

（七）饮食文化

泡菜是最具韩国代表性的传统料理之一，是典型的发酵食品。韩国的泡菜有3000多年的历史。韩国四季分明，过去冬季没有青菜，于是将白菜腌在盐水中储存，后来就发展成为今日的泡菜。

下面这则泡菜广告，充分展示了韩国人对泡菜的喜爱之情。

肯德基在韩国也贴合了韩国消费者的口味，推出"泡菜汉堡"。下面这则广告中，透着浓浓的韩国泡菜风味。

（八）韩服文化

韩国传统服装"韩服"融合了直线和柔和曲线的特点。女装由短上衣和宽松裙子组成，显得十分优雅，男装由上衣和裤子组成，大褂和帽子更加衬托其服装美。作为白衣民族，韩服基本色为白色。根据不同季节、不同身份，其着装的穿法、布料、色彩也不同。

在韩剧《大长今》热播之后,乐扣乐扣 (Lock & Lock) 的广告应时而出。广告中女演员穿着标准的古典韩服,向观众推荐乐扣乐扣的产品。

三、品牌透视:韩国SK电讯

1953年,SK始于一个小织物工厂,今天成为了韩国经济增长的命脉。从国家经济的主干产业到新时代的核心产业,SK在广阔多样的领域里集中了企业力量,为国家经济发展做出了巨大贡献。

20世纪80年代中期,SK开始涉足通信领域。SK电讯 (SK Telecom),是韩国领先的移动通信运营商,在韩国国内市场以超过50%的市场份额服务于大约2 000万用户。公司成立于1984年,在2007年,公司的营业额达到120亿美元;到2008年,SK的市场份额已经高达50.5%。

SK电讯在电信行业被认为是最具创新性的科技公司之一。公司通过发展技术和提供"世界第一"的服务让世界各地紧密地联系在一起,增强了人们沟通的方式。SK电讯是全球最先把通信技术市场化和商业化的公司之一。2015年5月,SK电讯为了满足集团客户对电商业务的需求、彻底摆脱交易中介,建立了自己的B2B平台——SKT,新平台的建立不仅能帮消费者降低成本,也扩宽了SK电讯的销售渠道,促进了企业的发展。

在韩国,SK电讯的影视广告非常多。这些广告让人印象深刻:有SK的地方就有了亲人间幸福的感觉。在下面这则SK的广告形象片中,我们可以体会到

SK的亲民形象：这则广告中，SK的标志贯穿于整支影片，告诉大家SK随处可见，让大家通信畅通，无论你身处何地，都会有SK与你同在，让你与亲人、朋友之间保持联络，在外也能享受到大家的关怀。

SK的影视广告创意特点可总结如下：

（一）利用亲情来表现自己的品牌

【例】 亲情篇

点评：这则广告在韩国曾经引起了轰动，它讲述的是国民阿姨的故事。韩国的已婚妈妈大多在家操劳家务，她们平时不穿高级的时装，给大家的印象就是送孩子上学，在菜场讨价还价，晚上为了照顾孩子，不能很好地睡觉。很多时候大家都忽略了她们，认为这种付出是理所当然的。这则SK的广告就告诉大家母亲是伟大的，经常和自己的妈妈交流是一件幸福的事。广告的最后一幕让很多人感动不已：当妈妈拎着大包小包的东西回家时，孩子迎上去叫了声：妈妈！

（二）明星效应

SK电讯旗下娱乐机构拥有全智贤、宋慧乔、全度妍、张赫、池珍熙、车太贤、文熙俊等众多韩国影视、音乐领域的一线明星。在SK的影视广告中，充分利用集团旗下的娱乐产业，集合了很多明星为其打造品牌声誉。郑智薰 (Rain) 作为人气明星，自然被SK电讯收纳旗下，为其代言影视广告。下面是一则他代言的SK广告。

【例】　Rain篇

　　点评：SK电讯通过明星来提升自己的知名度。公司在选择明星方面花了一定的心思。Rain在韩国应该说是一名多才多艺、道德规范的优质艺人，代表了韩国一些有志青年的形象。SK电讯选择他代言也是为了诠释公司的形象是健康、积极、向上、发展的。Rain代言的系列广告在电视台投放之后，反响很好，尤其是深获年轻人的喜爱，中老年人对此也很有好感。

（三）注重塑造爱与沟通的形象

【例】　SK形象广告

之一：

之二：

之三：

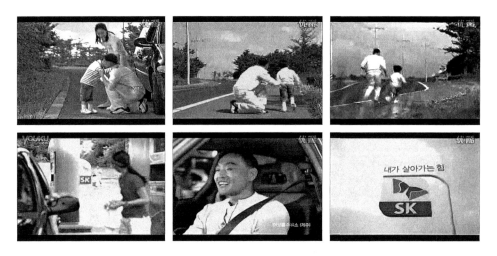

点评：这组SK电讯的形象广告，让人感觉清新而又温馨，体现的是一种人文的关怀。广告传达的思想是：有SK电讯的地方就是幸福存在的地方。从广告中我们可以看到：为了给顾客创造价值，为了给人类创造幸福，SK电讯会一直将幸福传播到更多人的生活中去。

(四) 产品功能展示

点评：此广告通过艺术的表现手法，向广大消费者展示手机的功能，特别是手机的附加功能,从而引发消费者的购买欲望。一经播出,在韩国就获得了很大的市场反响,产品的销量明显上升。

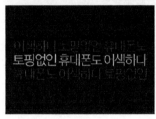

第二节　日本文化与日本影视广告创意方法研究

一、日本电视媒体的历史与现状

(一) 日本电视媒体的发展历史

影视广告的产生与电视媒体有着密不可分的关系,因此了解日本电视媒体的发展历史非常必要。

日本早在1925年就开始研究电视,但是日本电视媒体的出现却是在1953年,公共放送NHK和商业电视台同年诞生。进入60年代,随着经济的起飞,日本电视业有了飞速的发展。1960年日本开办彩色电视节目,1963年首次运用通信卫星转播电视节目。

(二) 日本电视媒体的发展现状

日本电视媒体分为两个系统,一个是公共放送机构NHK,其收入中的96%来源于电视收视费,不播广告;另一个就是私营的商业电视机构,目前日本有五大商业电视机构,它们分别是: 东京广播公司 (TBS) ,属于《每日新闻》系统的广播电视网,成立于1953年;日本电视广播网公司 (NTV) ,是《读卖新闻》系统的商业电视台,成立于1953年;全国朝日广播公司 (ANB),是《朝日新闻》系统的广播电视公司,成立于1959年;富士电视公司 (FTV),是《产经新闻》系统的商业电视台,成立于1959年;东京十二台 (IZ),是《日本经济新闻》系统的商业电视台,成立于1964年。

同一系统的电视台一般播出同样的节目;系统内各台间节目互相制作、互相编辑、互相播出;其中东京主局制作的节目量要占到一半以上,因为东京的力量最强,日本有35%的人口聚居在东京,50%的广告在东京地区 (关东6县),所以,主局的节目制作力量和广告等占绝对优势。

二、日本影视广告的发展

商业电视台是播出影视广告的电视媒体。

(一) 电通公司与私营商业电视媒体

1949年,日本舆论界发起"电波应属于全体国民"的倡议,当时日本电通广告公司社长吉田秀雄不顾NHK的反对,极力响应并协助商业电视台的创立,并从人力、物力上支持其经营,甚至将自己培养的人才无偿送给电视公司。这种"让才"的作法,使电通公司和电视界的关系十分密切。确实,吉田的做法给电通带来了很大的收益,直至今日,电通公司依旧控制着五大商业电视系统46%的黄金时段广告代理权,而第二位的博报堂仅为18%;在每个电视系统黄金时段的广告代理权方面,电通公司也以压倒多数的优势位居榜首。

在电通公司电视局的组织中,除了针对电视广告业务设立的电视业务推进部外,还有一个企划推进部。该部门的主要职责是和电视公司一起策划、制作电视节目。其出发点是作为电视媒体的伙伴,帮助电视台紧密围绕生活者的需求策划、制作节目,提高电视媒体的价值,巩固媒体地位,进而提高广告主的广告发布效果。

(二) 战后日本影视广告的演进

日本在第二次世界大战后长期处于美国的控制之下,经济一直处于落后的状况。直到20世纪50年代初,朝鲜战争的爆发客观上为日本的启动点燃了助推器,日本经济从此走上快车道,经济发展带动了社会思想、文化等一系列的变化。

以下列出了这些变化的时代特征与影视广告发展的情况：

20世纪50年代，日本经济恢复，这时候的广告是情报的提供者，是丰富生活的提案。当时的电视广告大多是现场直播广告。

20世纪60年代，日本经济高速成长，广告教导消费者如何获得丰富的生活。电视广告进入猛烈时代，很多广告语就是："啊！猛烈！"

20世纪70年代的日本消费者对过于忙碌的生活开始反省，再一次从基本需求出发看以后生活的趋势。崇洋的心态使国际影星频频出现在广告中，并取得了一定的效果。这时提倡：休闲，慢慢来吧！

20世纪80年代，日本经济越发成熟。这时候的广告追求趣味、快乐；告知商品及企业的姿态；制造课题与话题。除了住房条件一般外，日本物质极大丰富，人们总觉得缺少些什么，这是大众到分众到小众的时代。

20世纪90年代的日本，开始摸索成熟的生活方式。这是计算机与移动通信体的广告满天飞的时代。

20世纪90年代被称为"失去的10年"，这种势头一直延续到2004年。日本从2004年以后经济逐步复苏，GDP开始逐年增长，这是日本广告市场收入逐年增长的大环境。2004年比2003年增加了1.6个百分点，2005年的增长率为0.6%，2006年为1.2%。同时，日本的广告收入也扭转了数年来连续下滑的势头，在2004年实现了3%的增长，在随后的2005年增幅为1.8个百分点。广告业连续增长的根本原因在于：GDP连续增长，市场进一步开放，消费更加旺盛，广告投入大幅增长。2006年日本都灵冬季奥运会与德国第15届世界杯，都给日本广告业带来了增值与发展的机会。日本广告市场运作已经十分成熟，能在GDP增长的同时带来自身增长。广告业的比例随着GDP的增长而发生变化。2002~2003年期间日本广告业总收入占GDP的1.16%，随着日本经济的复苏，广告业收入比例升高到1.18%，在2005年甚至增至1.19%。这进一步说明广告业是一个相对高利润的产业，随着GDP的增长会有更大的发展空间，在未来几年的日本市场仍属于朝阳产业。

据2016年2月23日本电通集团发布的数据，2015年日本国内广告费总额同比增长0.3%，达61 710亿日元 (约合人民币3 598亿元) 已经连续4年增长。由于视频广告等市场的扩大，网络广告增长了10.2%，为11 594亿日元，推升了总体广告费。地面信号电视和卫星电视合计的电视广告市场下滑1.2%，为19 323亿日元；报纸广告费下降6.2%，为5 679亿日元；杂志广告费减少2.3%，为2 443

亿日元。虽然网络广告可以针对消费者做到有效投放,但是电视广告、报纸广告等传统媒介在提高品牌信赖度上仍具优势。

(三) 影视广告的种类

日本的影视广告分为两类:一是电视节目赞助型广告 (Time广告),二是电视插播型广告 (Spot广告)。

电视节目赞助型广告有如下效果:(1) 加深理解。与插播广告相比,这类广告可以具有30秒、60秒、90秒的较长播放时间,诉求更多,说服效果更好。(2) 累积形象,提高品牌力。(3) 传播范围大。

电视插播型广告效果如下:(1) 由于插播广告以15秒为主,因此适合集中宣传商品或服务的要求,多用于新产品问世或集中型广告活动开始时等。(2) 灵活性较强。(3) 地区集中,在特定地区和时段播出,有利于提高效果。

三、日本影视广告的创意特点

(一) 日本广告创意的基本特点

日本的广告创意人员强调:广告创意是直接面对消费者,而不是直接面对客户。创意要做的是通过广告表现引起消费者的共鸣,只有引起消费者共鸣的广告才是好广告。好的广告除了在达到的效果上可以用具体数据来显示外,在表现形式上还必须做到以下两点:一是具有时代的特点,反映时代的氛围。广告属于现在进行时态,不同于艺术,过去的好广告不一定是现在的好广告。二是广告要具有商业性特点。除公益广告外,企业和商品广告是有商业目的的,是解决广告客户的实际问题的,它的成功与否可以用数据测量出来,因此广告是商业艺术。

广告创意有以下四个特点:创意是一项感性思维活动;创意具有创造性;创意具有商业性;创意必须解决问题。

日本广告创意和广告表现为两个流派,一个是以东京为主的东京派,另一个是大阪派。

(二) 日本广告"东京派"的创意特点

日本电通公司可以说是东京派的代表,它在教育广告创意人员时,提出创意工作的原则性注意事项,这也可以看作东京派的创意特点。

(1) 广告目的中最重要的是提高商品的销售量,或是获得人们对广告企业的好感。所以,广告表现不可以随心所欲地自由发挥。首先,广告具有目的,广告表现便是实现其目的的手段。必须基于这一认识来实现广告表现。

(2) 广告注重收视者、收听者、读者的反应。

(3) 纯艺术性作品即使不能获得读者的青睐也无所谓。不去曲意迎合读者的姿态有时反倒使创作者更获好评。但是广告必须具有速效性,必须引人注目。没有效果的广告就是失败之作。

(4) 必须提供生活者所需要的东西,必须根据对方的需求水平构思创意。

(5) 广告为广告主所有,作为投资者有评头论足、事无巨细地说长道短的特权。广告没有广告主的同意,就无法公之于众。

(6) 广告还受各种法规的限制,如广告的刊登基准、团体的伦理规定、自律性规定等。

(7) 消费者变得越来越挑剔。

(8) 广告表现受各种束缚。在如此多的束缚之下从事创作活动可以说只有广告,所以说广告表现的自由空间是非常狭小的。自由空间越来越小,意味着更加需要提高创造性的比重。

(三) 日本广告"大阪派"的创意特点

在日本,大阪是独具人文特点的城市,如果说日本其他地区的文化都向东京看齐的话,那么大阪是坚守自己文化的城市,而且它以自己独有的幽默个性而自豪,语言也较有特色。大阪广告创意的思维方法虽不成体系,但是很具有实践性。

1. 平民化视角

所有的事情都有平常的一面。一般广告表现的商品都很漂亮、很美。但使用该商品的人都是现实生活中的人,比如就是你的妻子、邻居、妈妈等,所以商品应完全生活在人们的生活中。在广告表现中,也要尽量把视角降低,虽然广告创作者是介于广告主和消费者之间的位置,但如果太靠近广告主,把商品广告做得很漂亮,就会忘记消费者,远离消费者。所以站在生活者的角度,放低眼光是创意人员首先要注意的。大阪广告创意的价值观念就是:不要太做作,就做你自己;不要过于看重时尚的东西,它会影响观众的思想;只有漂亮、有趣、有落差的东西才是立体和充实的。大阪在广告表现方面用演员,但必须把演员生活化,或者用他最不起眼的地方,甚至有点儿故意丑化她(他)的感觉,进而产生冲击力,因为他们的出发点是:演员也是人,也是老百姓。

2. 不会有比人还伟大的商品

因为不去表扬商品,所以才有信用。大阪广告创意注重诉求"真事"、商品的"正身",就是用真实的内容赢得消费者的信任。如30年前日本最大的杀虫剂制品广告就是把它的产品名称反着念,结果大为成功。现在这种趋势又进一步发展:不仅不表扬,还数落它。譬如,在销售一种多纳圈时,总是用赠送小礼品的手段,卖得还不错。于是广告就说,"啊!你看,促销的礼品就是促销的。""有好事,所以是多纳圈。所谓的好事就是这么小的礼品啊!"如果太为客户说好话,就不会得到消费者的信任。所以大阪广告人认为一边数落一边让人喜欢的手法,会赢得消费者的心。

3. 大阪式的幽默手法

广告既要传达商品的好处,又要让观众高兴,而且后者更为重要。因为要打动观众,就必须让他笑。所以将幽默附加在广告上对大阪的广告创意来讲是很重要的。

4. 广告产生的冲击力和广告付出的预算不是成正比的

广告的目的是要传达信息,如果信息传达不出去,广告则是失败的。花钱少但是能够传达出去的广告才是最好的广告。大阪不像东京有很多大的公司和集团,所以广告成本要低一些。

5. 朗朗上口,便于记忆

在影视广告中,有节奏和音韵的语言是最有效的表达方式,这是充分利用声音这个传播信息的有效方式。

6. 大阪的广告是可以在现场临时发挥的

大阪广告的制作程序与东京有些不一样。大阪的创意负责人可以直接与广告客户的社长交流,社长给他很高的权利,同时要求其负担的责任也很大。

大阪的广告注重人性中很普通的方面,他们认为人的莫名其妙、傻乎乎、可悲的地方其实才是人最真实而可爱的地方,而广告创意就要发掘这种观念和特点。大阪的广告在国际上获奖的比例比较高。

四、日本影视广告的创意方法

日本影视广告经过长期的发展,积累了很多有系统的广告构思方法,下面介绍典型的几种。

(一) 形象物构思法

将广告诉求内容中的一个要素拟人化或运用形象物的方法,使其个性更加突出,给人以深刻印象。比如某方便面公司推出的炒面,诉求其正统派形象,运用一个美国超人形象,设计故事,做了一系列广告,获得成功。如下图所示,日清方便面也是从一个卡通人物形象开始构思其影视广告的。

(二) 幽默构思法

幽默是人类沟通的捷径,不需要过多的言语,就能被理解,而且幽默是被人接受的好方法。当今的日本广告界比较多地运用幽默方法。日本幽默型广告的构思中,比较重视以"3S"为出发点,即 Smile (微笑), Simple (简洁), Surprise (惊喜)。

(三) 广告歌曲构思法

运用广告歌曲的好处在于能够避免广告的平淡,创造一种氛围和情调,突出广告主题。广告歌曲一般加入幽默元素比较受欢迎。

(四) 技术性构思法

这种广告借助于现代先进的电脑技术进行广告创作。它借助先进的电脑绘画、合成技术制作而成,娴熟的技术可以达到自然天成、天衣无缝的境界,从而能取得较好的视觉效果。

（五）情感型构思法

将洋溢在商品周围的情感巧妙地加以利用，使人产生情感上的共鸣，达到令人感动的效果。该方法的前提是商品都是为人服务的，而人是有感情的，倡议就是将商品与人的某种感情联系在一起，烘托使用商品时散发的人类情感。譬如就像日本生命保险广告那样，分别在女儿不同的年龄来叙述父女间的感情。

（六）纪实构思法

纪实构思法有两种：一种是利用历史上发生的重大历史事件的图像、声音等作为广告的背景，将广告商品与广告人物用先进的技术"缝合"在一起；另一种是直接表现商品功能的纪实手段，真实再现商品功能。

五、日本文化元素在影视广告创意表现中的运用

日本和中国在历史上文化交流非常频繁，相互影响非常深远，但是，从古至今，日本文化的发展还是有它的许多特点，有许多既不同于中国又不同于西方的发展规律。在日本文化形成和发展的过程中，有许多看起来是矛盾对立的现象，可是又和谐地结合在一起，从而形成了自具一格的东亚文化，这种情况可以说是举世罕见的。

在现代化的帷幕背后仍旧保留了许多属于日本本土文化的东西，从深层分析看，日本仍是一个传统的国家。日本民族也是一个非常矛盾的民族，那里温柔

与暴力这两个极端并存。日本人往往给人温柔礼貌的感觉,但是很多媒体中,包括影视广告中,却到处充斥着暴力和性的痕迹。

总的来说,日本文化具有相对独立性,在文化发展过程中善于输入和输出;而民间文化的强大生命力,以及文雅与粗犷并存的文化特点对其影视广告的发展也有很大的影响。

在日本文化中,太阳旗、和服、木屐、富士山、温泉、樱花、武士道、大相扑、歌舞伎、茶道等都是非常重要的文化元素。日本广告人是非常注重民族文化与广告的结合的,而这种注重民族文化元素的思想,我们也不难发现被运用到了许多影视广告中。

(一) 和服

和服是日本的传统服装,穿着于正式场合。新年庆典、成人仪式、日本婚礼时需要指定穿着服饰,它的优点是赋予衣着者以优雅的风度。

和服分男用、女用、儿童用,单衣与夹衣,"表着"(外袍)与"下着"(内袍)等种类。和服长度一般齐踝,交领,右大襟,宽袖,留身八口,上下无扣无襻,系腰带,衣上印有家族徽记。

在制作和服时,较少为人的体型所左右,高、矮、胖、瘦不同的人,即使穿着同一尺寸的和服,也很少给人以衣不合体的印象。因为它可以因人而异,在腰间调节尺寸。和服虽然基本上由直线构成,穿插在身上呈直筒形,缺少对人体曲线的显示,但它却能显示庄重、安稳、宁静,符合日本人的气质。不仅如此,和服同时也顺应日本的自然条件;日本绝大部分地区温暖湿润,因此服装的通气性十分重要。由于和服比较宽松,衣服上的透气孔有8个之多,且和服的袖、襟、裾均能自由开合,所以十分适合日本的风土气候。

富士胶片 (FujiFilm) 这个广告中,在现代化的场合安排了一个穿和服的女士,非常幽默。

(二) 富士山

富士山也是日本非常重要的文化代表物,它位于日本东京西南方,主峰海拔3 776米,是日本国内的最高峰,也是日本的名山之一,山顶终年积雪,属于本州地区的富士箱根伊豆国立公园。因此,广告中要体现出日本风格,富士山是一个非常合适的表现符号。如下面这则乐风宁感冒药的广告,就是以富士山为背景来拍摄的。

(三) 温泉

频繁的地壳运动造就了日本星罗棋布的温泉,从海上小岛到山中秘境,处处都有可养颜、健身的泡汤或各式观赏性温泉。据有关资料报道,日本从北到南约有2 600多座温泉,有7.5万家温泉旅馆。据悉,每年日本约有1.1亿人次使用温泉,相当于日本的总人口数。因而,日本有"温泉王国"的美称。日本的温泉不仅数量多、种类多,而且质量很高。各地几乎都有知名温泉,对日本人来说泡温泉不仅是一种享受,更是生活中必不可少的一部分。下面是乐风宁感冒药广告中的温泉画面。

(四) 樱花

樱花也是日本最重要的文化代表物,在日本已有1 000多年的历史。在平安时代,樱花则更多地见诸文学,到了平安后期,更是以宫廷为中心,围绕樱花举办了丰富多彩的活动。7世纪的持统天皇特别喜爱樱花,多次到奈良的吉野山观赏樱花。大规模的赏樱活动,也就是日文中的"花见"(Hanami),是大量学习中国文化的平安时代的产物。最奢华的花见排场，出现在一统天下的丰臣秀吉时代。到江户时代赏樱活动由权贵阶层普及到平民百姓中，形成传统的民间风俗。人们不仅为花开时分的娇艳而赞叹，也为花落时分的凄美而伤感。下面是一则房地产广告的中樱花画面。

（五）武士道

武士道兴起于藤原氏专权政治背景下的日本，武士的形成是与以天皇为首的中央集权制的瓦解和庄园制的发展相关联的。武士道的要求最主要有几个方面：义、勇、仁、礼、诚、名誉、忠义。其中"忠义"具有至高无上的重要性，它是存在于各种境遇中的人们关系的纽带，忠于自己的主人是武士必须恪守的信条。剖腹则是忠义精神的极致。下面这则方便面的广告中，就能看到武士道的身影。

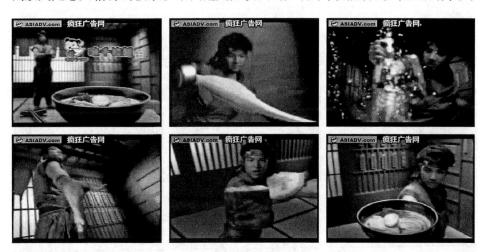

（六）大相扑

从17世纪起，日本各地兴起职业性相扑，称为"大相扑"。18世纪开始形成现代的相扑。到20世纪初期,相扑作为日本的"国技"广泛开展起来。至今日本的相扑比赛每年都要举行6次,成为群众最喜爱的运动项目之一,被誉为日本国粹。

百事可乐的"相扑篇"广告,展现了明星队和相扑队之间的一场比赛,身材胖而大的相扑和小巧的可乐易拉罐之间的对比,非常幽默有趣。

(七) 歌舞伎

歌舞伎 (Kabuki) 诞生于1603年,当时并不是现在这样的歌、舞、演剧浑然一体的艺术,也没有男扮女装,而是一种加有简单故事情节、具有宗教色彩的舞蹈,而且是女扮男装。歌舞伎从民俗发展成日本的国粹文化,经历了波折的成长过程,由"游女 (伎女) 歌舞伎"到"若众歌舞伎",到现在的歌舞伎的原型"野郎歌舞伎",逐渐成为现在这样专门由男演员演出的纯粹的歌舞演剧艺术。

歌舞伎的舞台布景非常讲究,既体现了日本的花道艺术,又有旋转舞台和升降舞台,千变万化,再配以华丽的舞蹈演出,可谓豪华绚丽。男演员演出的"女形"

虚幻妖艳,给人以超脱现实的美感。下面这则广告中就有歌舞伎表演的场景。

(八) 茶道

茶道是一种通过品茶艺术来接待宾客和交际的特殊礼节。茶道不仅要求有幽雅自然的环境,而且规定有一整套煮茶、泡茶、品茶的程序。日本人把茶道视为修身养性、提高文化素养和进行社交的手段。

(九) 日本动漫

日本动漫已有近百年的历史。日本动漫是面向全年龄段的动漫,小到10岁,大到50岁的人都有他们适合的动漫,而且现在日本动漫的剧情和台词都很精致,配乐也堪称一绝,光听音乐就让人很有感觉。卡通形象已经深入人心。

【例】　KIRIN日本茶"熊猫篇"广告中可爱的熊猫卡通形象

【例】　小蘑菇广告中可爱的小蘑菇动画形象

【例】 统一茶饮料"茶虫形象"广告中生动感人的茶虫父子形象

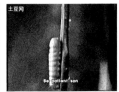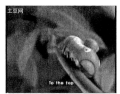

六、品牌透视：午后红茶

(一) 品牌介绍

"午后红茶"是日本麒麟啤酒饮料公司的一个强势品牌。随着人们崇尚自然、崇尚绿色的消费日益成为潮流,绿茶与乌龙茶已经构成了日本茶饮料市场的两大消费主流,在这样的情况下,要让人们把红茶当成午后的习惯性用茶,实在是有点强人所难。事实上,麒麟公司也没有宣传"午后红茶"这样一种表面实在、实则空洞的概念,而是选定青年女性市场,以爱与美为内容,形成了自己的品牌个性,从而在强势品牌林立的日本茶饮料市场上形成了自己的细分市场。

(二) 午后红茶的影视广告

1. 赫本代言——"变成玫瑰色人生"的优雅的艺术广告

【例】 赫本代言"自行车篇"

　　点评：奥黛丽·赫本是好莱坞的著名影星，以优雅知性的形象深入人心，深受广大年轻白领女性的喜爱。这则广告选取了赫本在《罗马假日》中的经典形象，罗马假日代表一个美好的梦，再利用现代电脑技术进行颜色的渲染，使得这则广告片更具梦幻色彩。广告片选择了鲜花作为背景，更添绚丽色彩，使得此片显得柔和，更女性化，针对性很强。整个广告片使用了柔和的色调，更显女性的柔美和优雅，说明了午后红茶会给您一个梦幻般的玫瑰人生，午后红茶的受众群是广大年轻女性。

　　【例】 赫本代言"皇家悠韵奶茶"

　　点评：本则广告依旧选了赫本做代言人，她的"公主"光环确实为"皇家"添色不少。而整个广告片选用了灰黄的色调，存心做旧，更显出了"悠"的感觉。"公主"在树下独自把玩小狗的场景缺少了一份暖意，这时，一个可爱的小男孩递来一瓶暖暖的"悠韵"奶茶，一切恰到好处，水到渠成，如梦如幻，令人回味。做旧的场景，公主的美丽传说，都是艺术广告最好的体现。广告传达了午后红茶一贯优雅的特点，充分抓住了年轻女性的心。

　　【例】 赫本代言"有你有我有快乐篇"

　　点评：一如前几部广告片，具有非常明显的艺术广告的风格。明媚的午后，赫本穿过绚烂而神秘的花海，来到了一处世外桃源。出乎意料的是，迎接她的有一群开心的女子和温暖的午后红茶。每个女孩心中都有这样的憧憬，而午后红茶可以带给你这样的感觉，这就是午后红茶的诉求，带给每个年轻女孩玫瑰色梦般的憧憬。

2. 松浦亚弥代言——明星也是平常人

【例】 松浦亚弥代言"边唱边跳篇"

点评：很简单的一则广告。松浦亚弥是一个明星，然而她也有很平常的一面，有自己喜欢的食物，在平常也会蹦蹦跳跳的。这则广告是通过明星的号召力和明星也有平常一面来吸引受众的。

【例】 松浦亚弥代言"盛装篇"

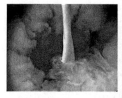

点评：庄严的宫廷，盛装的贵妇，然而一切只是表象，贵妇也有平常的一面。她也喜欢哼哼歌曲，喜欢翩翩起舞，更喜欢午后红茶。松浦亚弥一如既往的形象，一如既往的明星的平常面。

【例】 松浦亚弥代言"恋爱篇"

点评：纯纯的校园恋情，春春的浪漫海景，纯纯的松浦亚弥，纯纯的午后红茶。一如既往的平常百姓路线。

第三节 印度文化与印度影视广告创意方法研究

一、印度广告的发展现状

印度曾是英国殖民地，受英国文化影响较深。半个世纪前印度独立后，将英语和印地语并列为官方语言。以前，印度人普遍把讲一口流利、地道英语的人视为高身份的象征。但现在，大多数印度人都崇尚讲一口夹杂着印度腔的"印度英语"（Hinglish），并乐在其中。现在这种英语居然成了时尚，广泛流行于印度社会，从街头到大学校园，从影视广告到出租车里的广播，无处不在。

以前，在印度广告创意界，广告词通常用英文构思，随后再译成印度语，但这样的作品对于大多数仅略知英语的印度人来说是行不通的。所以，一些跨国广告公司在印度创作广告也使用"印度英语"。同时，印度也是全球人口众多的国家之一，巨大的市场潜力为印度广告业的发展奠定了坚实的基础。各大跨国广告公司纷纷在印度设立分公司，也带动了印度广告业的国际化。

最近几年，印度广告业的增长速度一直很惊人。尼尔森媒体研究公司的调查数据显示，印度已经成为继日本和中国之后的亚洲第三大广告市场。2007年前后几年，印度的经济增长率均保持在8%以上，越来越多的印度人正在发现购物和刷卡消费的乐趣。因此，本地品牌和跨国品牌也竞相使出浑身解数来吸引消费者的关注。印度广告支出的80%以上用在了平面和电视广告上。由于政府放松了对开办电台的限制，印度的电台数量也升到200多家，广播广告也越来越繁荣。同时互联网广告业和户外广告也有长足的发展。印度受众对传统媒体特别信任，预计至2016年，报纸仍将是印度广告市场的首选媒介，电视紧随其后，网络广告作为高速成长中的媒体，预计市场份额将上升。

印度的电视和电影都在产业化和市场化，充分竞争才能适合观众口味，不同层次的观众很容易找到适合自己欣赏水平的节目和频道以及广告，而且花样繁多、内容新颖。

在跨文化传播中，文化有低情境文化和高情境文化之分。低情境文化的传播往往比较直接，传播的内容基本通过语言本身完成；而高情境文化的传播，除了直接的语言传播之外，更多的传播内容是由动作、表情、声调等非语言传播完成的。所以在高情境文化的传播中，情境比语言本身更重要。在印度这种高情境文化国家，广告的情境有很强的暗示作用，可用来传递大部分或全部信息的内涵，信息的发出者和接收者可以很好地运用情境进行沟通，语言有时是可以省略或非直接的。

在印度，有针对性地选择媒介发布广告尤显重要，因为印度人被不同的语言、宗教和收入水平分割成了众多消费群体，因此很难创建一个举国认同的品牌。

二、印度影视广告的创意特点

在电影方面，印度素有"宝莱坞"之称，从这个称呼我们可以看出印度在国际电影界的地位。因此,在印度的影视广告方面,从创意到拍摄都堪称精品。

印度的影视广告解说词用得很少,大多是靠情节和画面来传情达意,这可能是因为印度各地都有自己的本地语言,广告要想最大程度地争取受众,就只有避免使用别人听不懂的语言,这恰好使得印度的影视广告走向了"此时无声胜有声"的最高境界。通过分析印度的影视广告作品,总结其创意特点如下:

(1) 影视广告总体数量多。

(2) 影视广告多用故事情节体现,且广告时长较长,1分钟左右的广告非常多见。

(3) 影视广告中歌舞片段较多。大多广告中都有一段唱歌跳舞的场面。歌唱和舞蹈、三角恋爱、喜剧再加上超胆侠的惊险场面一并出现在一部1分钟左右的华丽铺张的广告之中。

(4) 开始走向现代化。随着全球经济的发展,印度广告中的传统元素和风格,正在被现代风格所代替。虽然歌舞还有保留但也更加现代化,人物的服装等元素也从传统向现代发展。

三、印度的广告管理法规

(一) 广告表现中对印度风俗的尊重和保护

尊重风俗习惯意味着广告信息不能触犯当地的禁忌,否则将会引起不必要的麻烦,甚至受到抵制。印度是对性有着特别禁忌的东方国家,广告一旦涉及"性",很可能冒犯风俗。里斯特公司 (Lister-ine) 曾试图将它著名的美国影视广告照搬到印度,该广告表现了一个男孩和一个女孩手拉着手,一个建议另一个用里斯特治疗其呼吸困难。这一广告没有获得成功,因为在印度公开地描绘男孩与女孩的关系是无法令人接受的。后来当广告把人物换成两个女孩后,产品的销售就明显地增加了。印度人视牛为神,美国麦当劳公司根据这一文化禁忌,在印度仅销售鸡、鱼和蔬菜汉堡包,而不供应牛肉汉堡包,同样取得了良好的业绩。

(二) 广告中对药品和保健品广告的限制

没有药品和保健品广告是印度广告业的一大特色。印度政府对药品的价格有严格的管理制度,按质论价,对国际品牌公司和印度本土公司生产的药品一视同仁。医药公司没有必要通过广告推销自己的产品。另外,印度医药卫生部门

对处方药和非处方药都有严格的规定。病人到医院看病,在医院里只缴纳挂号费、诊断费、化验费等。医生开出处方,病人可到药店购药。所以,在印度不会有类似"丰胸"产品的广告。

四、印度文化元素在影视广告创意中的运用

(一) 印度服饰文化

印度男性着装以白色为主,传统的男子服装叫"托蒂",实际上就是一块缠在腰间的布,上身则穿肥大的、过膝的长衫 (称为"古尔达")。男子在家一般都穿这种传统服装,舒适宽松。由于气候炎热,男子出外流行穿猎装。上班时政府职员和教授则西服笔挺,头发上抹发蜡,油光闪亮。不少男子口袋里都有一把小梳子,一有空闲就拿出来梳几下。老百姓很少穿袜子,多数人即使在寒季也是穿凉鞋,有时穿皮鞋也不穿袜子。印度的民族正式服装类似于中山装,小竖领,一排扣子很醒目。

印度女性服装色彩艳丽,传统服装主要有莎丽和旁遮普服。莎丽是一块长约6米、宽近2米的布料,穿时配有叫做"贝蒂果尔"的衬裙和叫做"杰默帕尔"的紧身胸衣,裹在身上,露出两臂和腰部。莎丽的缠法也因地区和种姓的差异而不同,劳动妇女和养尊处优的贵妇人穿莎丽有不同的风格。

下面是一则印度洗发水的广告。广告中的姑娘,身着最传统的印度服装,眉心点着朱砂,画面中的男子,一副印度王室的打扮。女子由于头发干枯不顺,吓走了青蛙王子。而用了一款洗发水之后,头发变得柔顺了,青蛙王子又回来了。广告幽默有趣,有效地表现了产品的功能。

(二) 印度饮食文化

印度有十多个民族。居民多信印度教,其他还有伊斯兰教、基督教、锡克教、佛教等。在饮食上一般以稻米、面食为主。在口味上尤喜食咖喱,嗜好酸辣。印度人最不喜欢吃大荤,最注重的是烹调多用调料。

印度人饮食口味的基本特点是淡而清滑。他们喜吃的主食是印度烙饼和咖喱米饭;喜食的肉类是鸡鸭和鱼虾;喜爱的蔬菜是番茄、洋葱、土豆、白菜、菠菜、茄子、菜花,尤其爱吃洋山芋,认为洋山芋是菜之佳品;所喜欢的饮料是红茶、咖啡、冷开水等。无论做饭或做菜,印度人绝不用酱油或酱类调料,而且总是离不开咖喱。

印度人多为印度教徒。印度教奉牛为神,其教徒严禁吃牛肉,同时也严忌众人在同一食盘内取食。少数印度人信奉伊斯兰教,他们遵照教规,严忌吃猪肉。一般来说,所有印度人几乎都忌吃猪肉,认为吃猪肉是下贱行为。

极少数印度人信奉锡克教,他们严戒饮酒。戒酒几乎是全体印度人的共同习俗,有的邦是戒酒邦,也有的邦规定每周有"戒酒日"。

在日常生活中,印度人忌吃蘑菇、木耳和笋类蔬菜,同时也忌讳用左手或双手递食或敬茶。

(三) 印度宗教文化

印度是世界宗教发祥地之一。直到现在,绝大部分印度人仍然笃信宗教。宗教与印度社会、政治经济和文化有着密切的关系,已经深入印度绝大多数人生活的各个方面。

在印度的影视广告中,宗教的影子无处不在。下面是一则印度旅游广告。在这则广告中,可以看到:只要你走在印度这片土地,到处可见的就是可以让人朝拜的庙宇,当地人民看见你也会问你的信仰,这是印度的文化传统。

（四）印度电影文化

印度电影开始于19世纪末。20世纪80年代印度年产900部左右17种地区语言的影片,有11 000家影院,60家制片厂、38家洗印厂、26个电影实验所、约400种电影杂志、相关从业人员25万人、每年耗资20多亿美元、观众每天达2 000万人次。1985年,印度向亚非和苏联东欧各国出口525部影片,赚取大量外汇。印度电影出口主要是印地语影片,其次为南印度4种主要语言影片。

在下面这则口香糖的广告中,我们可以看到印度电影的手法。广告运用了电影的手法让广告有故事性,从而增添了广告的可看性。

（五）印度舞蹈文化

印度舞蹈历史悠久,早在印度河文明时期,印度先民就很喜欢跳舞。在哈拉帕和莫亨殊达罗出土的文物中,有青铜舞女雕像和男舞者石雕像,这些都是当时流行舞蹈的佐证。印度自古以来流行舞女在寺庙中跳舞,迦梨陀婆曾经描写过当时一些寺庙中的舞女情况。在拜纳的《戒日王本行》中提到了戒日王给儿子过生日跳舞的舞女们。

著名舞蹈教育家金姗姗曾评论:想在印度当明星,演技不是第一位,跳舞才是第一位。可见舞蹈在印度文化中的地位。

下面是百事可乐在印度创作投放的一则广告。这则广告将音乐和舞蹈巧妙地结合,广告中女主角身穿印度民族服饰(飘逸的薄纱),伴随着印度特有的音乐,翩翩起舞! 一扭一捏的肚皮舞仿佛把我们带进了异域!

(六) 印度建筑

印度是佛教和婆罗门教的发源地,又曾受伊斯兰教的重大影响,因此宗教建筑始终是古印度建筑的主流。公元前3世纪,孔雀王朝基本上统一了印度全境。国君热衷于佛教,特别是阿育王,在全国范围内建造了大量的佛教建筑。

下面这则广告也是百事可乐的广告。广告的背景是印度特有的华丽的宫廷和城堡。印度的建筑是特有的拱形窗和红色的砖墙,在印度的街头到处可见。这种建筑给人一种古老而神秘的感觉!

(七) 印度的动物形象

眼镜蛇和大象是印度有特色的动物,在影视广告中经常出现。印度眼镜蛇,全长 135~150 厘米。在展开的领巾背面上有两颗眼睛模样的斑纹。栖息于大部分的自然环境中。卵生。毒性极强。保护等级,《濒危野生动植物种国际贸易公约》(CITES) 附录 II 级。

下面这则广告就是运用了印度特有的动物眼镜蛇,其表演独具特色,体现了印度风格。

百事可乐在印度也曾投放过一则以大象为主要表现符号的影视广告,下文中将对其介绍。

五、品牌透视

要成功地在印度创建品牌、传播品牌形象,就要熟悉印度文化,在影视广告中巧妙地运用印度文化符号,贴近印度受众的需求特点,才能有效地跟印度受众沟通。关于这一点,不仅适用于印度本土的品牌广告,同时也适用于跨国品牌在印度投放广告。

百事可乐作为国际大品牌,在印度的广告创作中,就应该充分了解印度市场,熟悉印度文化,在广告表现中具有非常浓厚的印度风格。

(一) 百事可乐"战争篇"

这则广告讲述的是一个战士在去行军的路上感到很疲倦,他拿出一瓶百事可乐来降温,随后他回想到以前回家的情景,可爱的妻子总是拿一瓶冰冻的百事可乐给他带到路上喝。随后画面一转,战争的场面,司令拿起他的行囊,把那瓶百事可乐当炸弹扔了出去,随后主角就冲了出去,大家以为是号角响起,冲啊,谁知道原来主角是去拯救他那听百事可乐……最后的画面就是,这其实是一场梦,一听百事可乐惹的祸! 广告极富电影感和情节感。

(二) 百事可乐"上课篇"

这则百事可乐广告讲述的是男主角在上课时发生的所思所想。无聊的

课堂上，男主角突然把老师想象成了一个非常漂亮、性感的女郎，随后他就一直把百事可乐放在桌子上，他想让老师变成谁就是谁！这就是百事可乐的魅力！

（三）百事可乐"情侣篇"

这则广告讲述的是一对本来很要好的男女，就因为女的把百事可乐都喝完了，所以男的很生气地离开了，后来女的就想尽一切办法哄男的开心，不管是在百事可乐的小卖部，还是在露天餐厅，时时刻刻给男的惊喜，那惊喜就是百事可乐！最后经过一系列的攻势，男的终于原谅了女的！原来误会也可以由百事可乐来解决！

（四）百事可乐"大象篇"

这则广告中出现了大象。百事可乐为了迎合印度市场，特地量身定做了一则以大象为主角的广告。广告中一小男孩从小用百事可乐来训练大象，并且

成功地用大象来叠罗汉，但就在表演的那一瞬间，另一个小孩开了一瓶百事可乐，大象就全体跟他走了……后来主角还尝试用鳄鱼来做此试验！"ASK FOR MORE！"广告与这句经典的广告口号配合得天衣无缝。

（五）百事可乐"舞蛇篇"

这是百事2005年在印度投放的电视广告。广告中，舞蛇人乞求女士给一瓶百事可乐，女士们说要看他表演的好坏，但是再精彩的表演，女士也舍不得给一瓶百事可乐，舞蛇人无奈之下只能离开，不过突然他发现了一个可以戏弄一下刁蛮小姐的行动。让人觉得，喝了百事可乐，人会变得机智。

第四节　泰国文化与泰国影视广告创意方法研究

一、泰国广告现状

近几年来,泰国的广告创意越来越引起全球的注意。从广告公司的前端创意发想,到制片公司的后端创意执行,泰国在全球创意的竞赛中,都是一匹越跑越超前的黑马。亚洲前十大广告公司中,泰国就占了4家,超越日本。

泰国广告业始于1956年,是年,北欧航空与泰国政府合作的泰国国际航空公司成立,开始寻找能够辅佐其开拓国内、国际市场的广告代理商。时至今日,泰航依然是本土客户中的佼佼者。泰国本土品牌中,SINGHA啤酒最具影响力。该企业不仅懂得生产技术与市场需求,更知道如何与广告代理商合作。

在泰国广告业中,综合性代理公司是最大、最多的一类,随后是电视台、广播电台,专业的户外公司、公车车身公司,之后才是报纸和杂志,最后是市场调研公司。如果将媒介剥离,户外公司与公车车身公司单列于综合性代理公司、市场调研公司之外,就是一个与中国不同的特征。就媒介来看,占有最大份额的电视,竞争并不激烈。除政府所有的电视一台之外,电视三台、五台、七台、九台和年轻的iTV都是商业台。与此同时,广播电台的竞争可谓空前残酷,在AM和FM的频率中,有500个声音在呼号。泰国国民有很悠久的印刷媒介阅读史,因此,报纸和杂志的出版种类和发行数量也非常可观,报纸广告营业收入约占泰国广告业总收入的25%,杂志的比例也接近10%。

广告协会在泰国业界有着举足轻重的作用。泰广协执行委员会是协会的决策机构,人员来自广告业界、媒介、广告主及政府有关机构,组织交流与学习是协会最重要的工作,与韩国、日本、印度尼西亚、新加坡等国合作举办"亚太广告节"就是一例。

来自中国驻泰国经商参处官网的数据显示:2013年泰国广告业继续保持增长势头,其增长的驱动力主要来自消费品、汽车和电信等三大行业。基于对2013年泰国国内主要广告商的策略调整情况的分析可见:立足于杂志、报纸和广告牌等传统广告媒体的广告商将转向开发增长迅速、更能满足客户需求的新兴广告媒体。泰国从2013年末至2014年开始启动模拟电视向数字电视的转换,这将再次给电视广告媒体带来重大变化。迈入数字电视时代后,电视频道数量将会大幅增加,更多的广告商将进入市场;同时,客户也有更多的电视广告媒体可供选择,广告费也会低于目前相当昂贵的免费电视频道广告费。随着广告形式的日益多样化和价格下降,中小企业使用广告媒体的能力将会加大;跨国广告公司也将在多个国家和地区使用相同广告片的策略,以加深消费者对广告商品的记忆印象并节省广告制作成本。

2015年泰国经济增长的不确定性影响着企业的广告投入行为,大部分企业把广告投入计划周期从一年缩短为半年或季度,同时更加注重新媒介尤其是互联网,广告预算也将分散至贴近消费者日常生活的媒介,如影院广告和移动媒介。此外,免费数字电视观众收视率的提高使得2015年该渠道的节目和广告播放比2014年更加活跃。大部分数字电视频道经营商将陆续播放高人气节目以吸引观众和广告投入。企业转向更多使用新媒介和免费数字电视广告渠道的趋势反映了广告媒介的竞争格局已从同类广告媒介之间的竞争转向不同广告媒介之间的竞争。同时,持续趋向激烈的电视广告竞争使广告商转向注重免费数字电视节目的广告销售战略。

二、泰国影视广告现状

2002年,泰国广告协会 (The Advertising Association of Thailand) 对泰国的广告业发展提出了三阶段的概括,三个阶段依次为:平面阶段、广播阶段和影视阶段。当下,正是影视广告占据优势的阶段。

泰国泰华农民研究中心研究报告也指出影视是最受欢迎、费用支出最高和最容易接近消费者的市场营销方式,特别是大受观众欢迎的真人秀节目和各种表演节目中的广告,因为这些节目的播放时间大部分处于晚间新闻后一般观众观看电视节目的"黄金期",促使诸多厂商选择在这个时段进行宣传广告。

统计显示,2007年前9个月的影视广告支出达到393.51亿泰铢,在同期的全部广告支出中占有57%的比重,其他受欢迎的广告媒介依次为报纸、广播、杂志、户外媒介、影院、移动媒介和商场内的媒介。对大受观众欢迎的真人秀节目和各种表演节目中的广告进行初步分析后发现,消费品类广告占有最高的比重 (46%) ,与此同时,商业银行与人寿保险 (7%) 、娱乐 (7%) 、汽车 (7%) 、家电 (4%) 、建材 (4%) ,家具、电信及其他行业的经营商也通过这些节目做广告以开拓市场。不过,企业在利用影视广告为商品进行市场营销时,应考虑节目类型、播放时间、促销季节及节目收视率等因素,因为这些因素将影响市场营销效率并关系到能否达成预定目标。与此同时,在其他市场营销方式日益受欢迎的情况下,影视广告的成本也是值得注意的因素。

1987~1996年间,泰国在世界前20大广告业发展最迅速的国家中排名第六。但是其崛起自1995年就开始了,从那时起泰国无论是在One Show广告比赛,还是在戛纳广告节、纽约广告节等赛事上都属于黑马级,一时间将全球广告界目光都吸引到了这个佛教国家,从此其拿奖拿到手软的状态便一发不可收拾。2004年第二届亚太广告节泰国一口气拿了15个金奖,基本标志着泰国广告在亚洲已经和日本并列第一梯队了。在第三届亚太广告节上,泰国人在32个影视类项目中获得3金2银7铜共12块奖牌,再次荣登亚洲榜首。从此,泰国广告创意无论在亚洲广告界还是全球广告界都占有一席之地。

三、泰国影视广告的创意特点

凭借对本国文化与生活方式的自信,加上电影工业濡养出来的制片水平,泰国广告避开与欧美大制片公司的竞争,走出了创意强、成本低的另一条路。

泰国影视广告设计师一反广告的荒谬与高傲,拉近广告与现实生活的距离,他们不断地用虚构的广告形式,再现日常生活的感动。他们认为,成功的广告必须是对社会生活的关怀。泰国广告事业近年来在世界同行中脱颖而出,不仅在亚洲一枝独秀,并且"以锋芒锐利的创意和匠心独运的制作"在世界上令人刮目相看。在2004年第二届亚太广告节和2005年第三届亚太广告节之后,作为最大赢家的泰国广告业就获得了国际同行惊叹:"泰国人的广告创意十分成功。"

泰国广告的创意特点可总结如下:

(1) 重视广告的原创性,反对抄袭与模仿。

(2) 反对图解说明,大胆创意,极富情趣。

(3) 平民化,即杜绝偶像崇拜、摒弃明星符号,泰国广告多由真人或普通人演出,贴近平民生活,引起共鸣。

(4) 在培植国际化语言能力的同时,更加注重民族化个性的铸造。

泰国广告在许多广告片题材上,都有佛教国家的痕迹,却不失自己的文化个性,他们重视原创并区别于欧美国家的广告创意,但在表现形式上,他们往往采用欧美电影先进的手法,使他们的广告兼具民族性与国际性,这是泰国广告走向成熟并取得成功的重要表现。

四、泰国文化元素在影视广告创意表现中的运用

泰国的历史可追溯到相当久远的时期,许多历史遗址都保存下来,借由历史、宗教、文化的洗礼,泰国的民族特色反而越发强烈。珍贵的历史遗址和泰国景色相融,密不可分,通过观看、领悟,更能发现泰国之美。在泰国的影视广告中,我们可以看到这些文化元素的影子。

(一) 泰国传统音乐和自然风光

【例】　泰国公益环保广告

点评:这是一则发人深省的泰国公益环保广告,整则广告画面华丽动人,但令人深省的是我们在享受大自然的同时却在无形中破坏了大自热的美丽环境。最后竟是动物来替我们清洁大自然,这实在是一个大大的讽刺!广告用华美的画面加上发人深省的寓意给人们带来强烈的视觉和心理的冲击,很好地传达了广告所要表达的意思,是一则很成功的公益广告。

(二) 泰国佛教文化元素

【例】　泰国旅游广告

点评：这是一则很不错的泰国旅游广告，广告中融入了很多泰国的象征在生活中的广泛应用。广告从探索、冒险、知觉、感情四条线索展开，介绍了泰国旅游的乐趣，以许多现实的画面来表达泰国旅游业的发达，进而吸引许多游客来泰国参观旅游。特别是泰国大象在旅游交通方面起了很大的作用，游客可以骑着大象在城市里自由行走，这也是泰国旅游的特点之一。

（三）泰国人妖元素

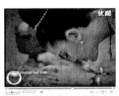

提到泰国就不能不说人妖，作为泰国旅游业的王牌项目，人妖毫无疑问是泰国吸引国外游客最重要的一部分。每年许多国家有成千上万的人来泰国就是为了一睹人妖的风采。所以泰国人妖广告也在这方面做足了文章。

（四）泰拳

泰拳是武术，而且堪称格斗技中的极品。技术成熟的拳师能运用全身武器于俄顷间击倒对手。泰拳师决胜条件是技艺、气力、智谋及精神力量的总结合，其最高领域为机巧圆通、变化无常，而不局限于拳术技法或招数。可见，泰拳是一门独特、精深和完整的武学体系。

泰拳与泰族传统文化关系密切，其宗教色彩浓厚。所以其影视宣传广告也融入了许多当地文化元素，如入门拜师、竞技礼节及拳舞仪式等，都有宗教艺术背景。至于泰国的古典诗剧和舞蹈艺术，其中有很多动作和细节被融会于拳术之中。如多款拳术招式和拳舞拳花，追根寻源，肯定是戏剧和舞蹈艺术。由此看来，泰拳被视为泰国的民族艺术绝非牵强，实属极具代表性的技艺。下面这则泰

拳宣传广告就充分体现了泰拳这一文化元素。

（五）泰国手语

泰国有27个手语，泰国人在生活中表示友好，习惯"合十礼"（即合掌躬首互向对方致礼），合十时互致问候"沙瓦迪卡"（泰语"您好"的意思）。别人向你合十问候时，你也要合十回敬，否则失礼。合十后，不必再握手问候或告别，但僧侣对俗家则不必回礼。见面或告别时的握手礼尚未普及于泰国社会。

【例】　泰国某保险公司广告

点评：在这则广告中，用两个保险公司的人来代表品牌的形象，其中出现了泰国文化元素——手语，代表友好热情的意思，表现了保险公司对客户的友好和尊敬。整个广告采用了夸张幽默的方式表现了保险公司为客户处处着想的态度。

（六）泰国住宅

泰式民居大多青砖、黛瓦，屋顶大多为硬山顶，檐口平直，镂空屋脊，具北方凝重之气。厅堂和正房有前廊、廊顶为卷棚顶。单体建筑起一种承载精美雕饰以及围合群体院落空间的作用。

【例】 泰国某保险公司广告

点评：在这则广告中，出现了泰国的住宅元素，体现了泰国广告特有的平民特点，讲述了一个白血病患者的故事。保险公司的主体并没有出现，但是在患者的脸上可以看出，保险公司使患者十分快乐。患者带给孤儿快乐的同时，保险公司也给了患者保障。广告以情动人。

（七）泰国传统家庭文化

泰国家庭一般以丈夫为中心，一般都是佛教家庭，并且必有一个男丁入住寺庙修道，研习佛教道理。一般孩子与长辈的关系保持一定的距离，对长辈十分敬畏。

【例】 泰国人寿保险广告"家庭篇"

之一：

之二：

点评：这组广告讲述的是平民家庭里父亲与子女之间的关系，两者互相不理解，体现了泰国家庭长辈与晚辈的关系。

（八）泰国式幽默

近几年来，泰国影视广告创意的进步非常大，泰国广告中的幽默风格已经自成一派。

【例】 普利司通轮胎广告

点评：在一篇泰国普利司通轮胎广告中，一只小狗看见自己的女朋友偷情，口中的骨头不禁掉到地上，它伤心不已狂奔到车水马龙的大街上，冲到一台大货车前准备殉情，但高速行驶的大货车却突然刹车……原来，大货车用的是抓地力

强、可随时急停的普利司通轮胎。

【例】 泰国建材公司(SHERA)广告

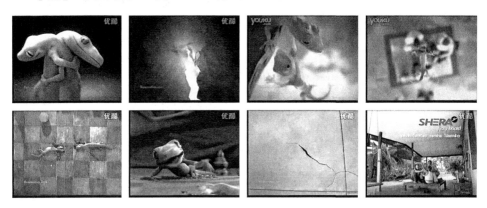

点评:这支广告叙述了两只壁虎的故事。两只壁虎因为装修的漏洞而分离,最后殉情。画面场景平民化,运用诙谐幽默的手法体现了建材公司的产品功能优势。

【例】 Cheer 啤酒广告

点评：这则啤酒广告采用了十分夸张的手法，办公室的人们因为周五可以回家喝啤酒而欢庆，场面极其夸张，与此同时也体现了泰国另类幽默的特点。

【例】　薯片广告

点评：以一种绝对令人想不到的方法来推销薯片，泰国的广告是亚洲最具潜力的。这则广告充分体现了泰国广告的幽默，其幽默毫无禁忌，可以说是夸张到一种境界的。

【例】　泰国银行广告

点评：这则广告以泰国音乐为背景，紧凑的鼓声使情节显得紧张，突然鼓声停了，擀面团擀得太急了把手都给压扁了。这时，广告画外音提示：需要更专业的器材可以找银行贷款。典型的泰国式幽默，令人意想不到。

【例】　红茶广告

点评：画面一开始是女员工很累，正要躺下的时候，老板给她垫了一个枕头，她很感动，但抬头仔细一看，是老板给她的解聘书。可怜的女员工，这时如果有一杯红茶就不会有这种事情发生了！

【例】 泰国防止拉伤的膏药广告

点评：泰国人对人较为友善,喜欢对人微笑。广告中,泰国举重运动员从微笑,到笑得有点僵,再到脸有点抽搐,与评委的悠闲形成鲜明对比,但又没有办法,在这种有点僵持的情况下推出了防拉伤膏药,可谓"意料之外,情理之中"。

【例】 Auuiws黑牙膏广告

点评：此广告依然运用了平民的场景,孩子拿不到气球,黑人帮助却使孩子的母亲反感,这是一种社会现象,也体现了此产品关爱黑人的独特想法。

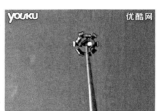

五、品牌透视

泰国的国际旅游是亚洲发展中国家推广旅游的榜样,2000年泰国接待外国旅游者近1 000万人次,外汇收入超过70亿美元。2006年,国际旅游接待人数达到1 400万,这意味着每年保持7%的增长速度。"高质量目的地"已成为一个全国性的目标,列入了泰国第九个经济与社会发展计划;"可持续旅游"也被列为国家议程的优先项目之一。下面我们对泰国的旅游广告进行创意分析。

【例】 泰国旅游广告之一

点评: 这则广告采用了泰国特有的文化元素进行组合,色调柔和,主要融入了大象、泰国舞蹈、水上市场、瑜伽、按摩、自行车登山、竹筏泛舟、泰国寺庙建筑等元素。整篇广告以泰国特有的风格为主线,以游客欢乐的场景为辅,很好地表现了泰国旅游的特色文化。

【例】 泰国旅游广告之二

点评：2008年的泰国旅游广告，依然采用了他们特有的文化元素作为广告的主体调性，但更多地融入了一些现代生活场景，比如高尔夫、帆船、烛光晚餐等，体现了泰国旅游业与时俱进的特点，也更贴近人们的生活，吸引更多的游客。

【例】 泰国旅游广告"明星篇"

点评：抓住了旅游广告惯用的方式……明星代言，以明星带领游客参观泰国的风土人情，让观众身临其境，接近当地人民的生活，能更方便游客的出行。

【例】 泰国旅游广告"节日篇"

　　点评：这则广告体现了11月泰国人庆祝水灯节，民众用香蕉的茎和叶制作精美的小舟，再用鲜花和蜡烛等装饰，然后放入河中或海中漂浮。这个仪式象征让过去的罪恶、坏运和孽障等都随波流走。运用欢度节日的方式来拉动游客，也不失为一种有效的方式。

本 章 小 结

　　在品牌进入国际市场的今天，跨文化传播就成为企业广告不可回避的问题。如何适应跨文化传播的现状，帮助企业了解跨文化传播的原则，突破跨文化传播的障碍，实现跨文化传播的畅通，将是国际品牌最为关注的问题。亚洲市场是很多欧美企业最关注的地方，所以分析亚洲国家的文化和影视广告创意特点，极具现实意义。韩国影视广告中的明星现象、日本影视广告中的人文气息、泰国影视广告中的幽默风格和平民色彩、印度影视广告中的歌舞特色，都是文化与影视广告结合的典型现象。

第七章
欧美国家影视广告创意方法研究

欧美国家的经济发展程度比较高，跨国品牌非常多，无论在世界的任何角落，都能看到这些跨国品牌的影子，这些品牌影响到我们的工作和生活；欧美国家的影视广告创意水平较高，在各类国际广告比赛盛会上表现突出。因此，了解这些国家的文化和影视广告创意特点，不仅对于提升我国影视广告创意水平有帮助，同时也能帮助我国品牌打入欧美市场。

本章挑选了欧洲的英国、法国、德国、西班牙、葡萄牙、挪威、瑞典、芬兰和丹麦，以及美洲的美国等十个国家的影视广告概况进行重点分析。

第一节　英国文化与英国影视广告创意方法研究

一、英国影视广告现状

英国全称为"大不列颠及北爱尔兰联合王国"，是世界经济强国之一。与世界上许多其他国家一样，电视是英国境内最普遍的大众媒体。据统计，3/5以上的英国家庭拥有两部电视机，1/6以上的家庭甚至拥有3部电视机。影视广告自然也成为商家宣传产品最重要的前沿阵地。为了保证消费者的利益，英国在商业电视的广告管理上执行着严格的规则。

1923年，英国广播公司正式开始广播播音，1930年英国试播有声电视图像，1936年英国广播公司在亚历山大宫建成电视台，正式开播。1955年成立了电视广告研究联合委员会。在广告业的起步阶段,英国的广告发展是世界广告业的领头兵,伦敦是全球第一个广告中心。然而随着二次工业革命以及两次世界大战的影响,英国的广告业逐渐衰退,直到2010年。通过英国广告协会的统计数据可以看出:2010年第二季度英国的广告收入与2009年同期相比猛增11%,是过去10年来增长最快的一个季度,从分类广告业来看,电影院和电视的广告表现最为突出,第二季度收入同比剧增25.5%。2010年英国的全年广告总收入约154亿英镑,比2009年增长8亿英镑,增长幅度为5.4%。

在新媒体的冲击下,传统媒体搭建的新平台成为英国广告业的新亮点。由于越来越多的受众开始远离电视,更愿意选择电视或广播节目的网上点播,越来越多的电影观众选择观看网上收费电影,包括第四频道、ITV等在内的知名电视台纷纷推出不同形式的网上点播平台,广告商迅速跟进,渗透其间。据统计,2013年仅点播平台一项就给英国电台与电视台带来了1.26亿英镑的收入。

2016年6月,英国数字出版协会(AOP)和咨询机构德勤(Deloitte)联合发布的数据显示:2016年1季度,英国传媒业获得的数字总收入为1.005亿英镑,比去年同期增长8.3%。其中,在线视频增长了43%、赞助类广告增长了27%、展示类广告下降了8%。通过这些数据可以看出:英国传媒业从在线视频领域、赞助类广告以及智能手机端取得了强劲的收入增长,这充分表明它在数字化方面的投资已经开始取得回报。这对传统电视广告的创意和投放策略也是一个严峻的挑战。

二、英国的广告管理

英国对于广告的监管,是"三权分立"的。首先,英国电视机构经过长期的修订和完善,补充制订了《独立电视委员会广告业行为标准准则》以监督规范电视广告;其次,电视广告稿或者电视广告样本的审查由电视广告审查中心(BACC)负责;广告播出后,其社会效果和反映由广告标准局来监控,一旦出现不良社会反应,立即停播。

(一)英国的主要广告管理法规

英国的广告法规主要有《广告法》《商标法》《医药治疗广告标准法典》和《销售促进法典》等。

法律禁止以下行为:

(1) 不正当的或欺骗的广告。

(2) 使用虚假或恶毒的、攻击性的广告语言。

(3) 使用未经证实或无法证实的广告叙述。

(4) 广告妨碍公园、娱乐场所，或损及风景地带、乡村风景、公路、铁路、水道、公共场所及任何有历史价值的建筑物及场所的行为。

(5) 任何妨碍交通或对交通产生危害的广告。

(6) 移动广告，如步行、骑马、驾车在闹市做广告。

(7) 性病、百日咳、鱼鳞癣、痈疔及减肥药广告和催眠术广告。

英国人对影视广告的要求是保守而严谨的，这是英国影视广告界良好运作的基础，值得学习和效仿。

（二）广告内容限制严格

英国所有的影视广告都受独立机构——传播办公室的管辖。虚假广告是英国广告监管的重点。英国对涉及儿童、金融、药品、营养品、慈善、宗教等领域的影视广告都管理得非常严格。

在广告内容上，任何电视机构不得受理治疗酒精中毒、脱发、受孕测试、催眠等产品的广告。同时，任何药品不得面向16岁以下的观众。食品广告中，不得表现对某食品食用过量的镜头，不得出现购物车里面塞满同一种食品的广告，甚至不得描述儿童夜间食用糖果的镜头。

在英国的影视广告中，酒类产品占据了相当大的比重，因此针对酒类的广告法规特别细致。首先，广告法规明确表明：酒类广告绝对不能够起到引诱青少年饮酒或者酗酒的内容，将酒与性联系在一起的广告必须绝对废除。粗暴无礼、仗势欺人、惹是生非的画面不允许出现，那种暗示喝酒可以促进性欲的语言和动作也要消除。虽然将酒与浪漫气氛连在一起还可以打擦边球，但是这样的广告也只能限于绅士般的对话，而且异性距离至少6英寸，面部表情或者那些暗示性的身体动作都是不允许的。甚至在影视广告上开酒者给在场的所有人添上一杯的画面也是被禁止的。

此外，金融、药品类的广告必须经过英国独立电视化委员会下属的广告监管委员会的逐条批准核对。对画面字幕上的内容有严格的法律规定，就连银行政策中的利息和汇率都要注明是税前还是税后纯利息，这与英国电视人谨慎的文化习惯不无关系。

(三) 广告监督铁面无私

一旦有观众发现违规广告,就会到传播办公室举报,传播办公室会出面调查。传播办公室有权对违规严重的任何电视台吊销执照。一旦传播办公室判定某一广告为欺骗性广告,可以要求广告发布者马上停播,并责其发布更正广告,将事实告诉消费者。如果广告发布者继续播出广告,将被处以高额罚款。同时,传播办公室可以向法院提起诉讼,法院有权冻结广告发布者的全部资产,以备将来对消费者进行赔偿。如果罪名成立,广告发布者将面临经济赔偿,甚至牢狱之灾。

在英国,广告播出后,其社会效果和反映由广告标准局来监控,一旦出现不良社会反应,就会被责令立即停播。英国广告检测委员会对化妆品行业也提出了警告,认为这个领域有许多过分的虚假宣传。英国电视的广告管理如此严格,虽然看似影响了一部分商家的利益,却为营造健康、诚信的消费市场做出了巨大贡献。

(四) 不准名人专家作推荐

《广告行为标准准则》指出: 在将来的电视和电台广告中,那些年轻的体育名人、宠物,甚至卡通人物均要从酒类广告中清除。英国公众十分崇拜体育明星等名人,因此包括足球明星贝克汉姆等人上电视广告的概率非常大,但是绝对不允许诸如"我推荐,我信赖"一类的直述或直荐出现,以免误导受众。虽然这么做的结果会使酒类广告在英国的创意空间大打折扣,但迫于社会责任的压力,这种越来越严格的规定仍在执行中不断得到发展。

英国各大小的医疗协会机构以及代表学科前沿的大学博士点,都不允许为医药类电视广告出具证明或代言。英国任何地市级电视机构在受理广告之前必须就其内容征求适当而独立的医学专家的意见,包括与产品的营养、医疗或者预防作用有关的内容,进行讨论论证。这种做法提高了医药广告主在其领域的权威性,并增强了广告的有效性。独立电视委员会有一个由著名顾问组成的咨询小组,来对所有医药广告进行监控。

三、英国影视广告的创意特点

(一) 幽默

影视广告的诸多类型中,幽默广告是英国最受欢迎的类型。研究显示,

15%~20%的发达国家的影视广告包含某些幽默因素,而在英国这个比例还要高出许多:大约1/3以上的广告选择了幽默的形式。英国广告带有英国惯有的冷幽默,一般人对英式幽默的感觉是"有点冷""有点灰色"。让英国人忍俊不禁的笑话有时很难让别人笑得出来。

【例】 吉百利巧克力(Cadbury)"眉毛飞舞篇"

点评:这则广告用了两个可爱的孩子,配着欢快的音乐,他们的眉毛跟着音乐的节奏跳舞,表情非常有趣。这支广告画面十分幽默,让人一看就记住了这个品牌。

(二)风度十足

风度十足也是英国广告的特点。风度是一个人内在实力的自然流露。风度也是一种魅力。现在绅士风度从某种意义上讲是文明社会的标志,然而在我们生活的城市,许多人将绅士风度表现在单位和熟人之间,一旦身处公共场合便会忘记社会公德和风尚。而英国人则将绅士风度表现在公共场合,充分体现了文明素质。

【例】 芝华士(CHIVAS)"活出骑士风范篇"

点评： 茫茫人海中，每个人都为了自我发展而四处奔波，芝华士提出这不是我们唯一的前进方向，让我们以荣耀干杯，为绅士风度得以长久流传，为信赖他人并乐于伸出援手，为恪守承诺，为我们中的勇士，为真正懂得何为人生财富，为我们干杯。为了享受生活，芝华士提出活出骑士风范。

（三）夸张

好的广告创意离不开精妙的比喻，更离不开适度而准确的夸张。虽然每个国家的广告创意都会有所夸张。但在这里还是得呈现下英国式的夸张。

【例】 LG "闪耀篇"

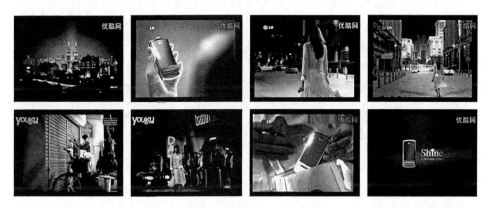

点评： 这是一支LG手机在英国做的广告，夜晚一个淑女走在大街上拿出了LG的Shine (闪耀) 款手机，于是走到哪里就照亮了哪里，夸张地表现了手机的特点，也表现了拿手机的人的闪亮。而手机一旦放进口袋，又回到了夜晚的场景。

四、英国文化在影视广告创意表现中的运用方法

（一）英国绅士淑女文化

绅士风度是西方国家公众，特别是英国男性公众所崇尚的基本礼仪规范。

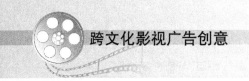

英国人在公众交往中非常注意自己的仪容举止,风姿优雅能给人留下彬彬有礼和富有教养的印象。服装穿着上的合适得体,一要符合自己的身份,二要适合所在的场合;英国人还崇尚性格内向、幽默的社交方式。

【例】 A1酱"最后一滴篇"

点评:用夸张的手法让一些不太可能出现的场景出现在广告中。在餐厅里,一个绅士为了一滴A1酱而一反绅士风度,餐厅里的一群人看到了,用幽默的方式帮助主角倒出了那最后一滴A1酱,突出了酱的美味。

(二) 英国天气和雨伞文化

英国人经常谈及天气,因为英国气候变化很大,一天中晴雨变幻很常见,但很少太热或太冷到不能忍受。首都伦敦是名副其实的雾都,经常阴雨连绵,一旦晴天就出现大雾。另一个特点是变幻无常,人们无法依据天气预报行事。有时清早出门是大晴天,转眼间就会阴云密布,落下绵绵细雨,一会儿又是晴天。最有趣的是阳光当空,却又下着雨。因此,英国人出门总要带着雨伞,久而久之,雨伞成为英国人的一种文化,成为英国人未雨绸缪的谨慎品德的象征。

【例】 曼妥思(Mentos)口香糖广告

点评：广告中运用了英国特有的迷雾极冷天气特色，以此营造出广告所要表达的气氛——清凉。

【例】　英国伦敦申奥宣传片

点评：英国申奥宣传片，以超现实的叙事手法，体现了运动给人们带来的变化，也体现了伦敦人的体育热情。画面幽默风趣，中间有两个带着伞的绅士也被运动所感染，把伞作为了剑，两人开始击剑。

（三）英国酒吧文化

酒吧，是英国比较普遍的消遣方式。每到黄昏，酒吧里总是挤满了人。白领们下班后都脱下沉重的外套，酒吧里的气氛也随着酒性的高涨而趋向高潮。英国人的傲慢与孤高在小小的酒吧里荡然无存，所显示的是无比的热情与开放。

【例】　IPA "死神失职篇"

点评：男子骑自行车不小心掉落了悬崖，车毁人亡，但是突然他醒了过来像什么也没发生过，再后来被卡车碾过，被陨星撞过，但他还是安然无恙。广告最后点明：死神去酒吧了，由于广告中的这款啤酒，死神失职了，忘了掌管生死的工作。本片抓住了人的好奇心，幽默有趣。

（四）英国汽车文化

在汽车发明后的一百多年里，英国车一直被认为是代表汽车工艺的极致，是品位、价值、豪华、典雅这诸多词语在汽车上最完美的体现。英国克鲁郡至今仍然秉承传统的造车艺术，经验丰富的工匠始终以手工进行装嵌。绝大部分工匠都有着30年以上的丰富经验，造车技术代代相传，工艺千锤百炼，品质完美无瑕，处处流露出英国传统造车艺术的精髓：幽雅、灵动、恒久、精练。英国汽车品牌以一种超物质的精神存在于机械中。

英国大约有170家汽车制造商，包括卡车、客车公司，100多家专用运动汽车制造商，以及F1赛车制造商都在英国拥有"据点"。欧洲产量最大的十大汽车生产工厂中有两家坐落在英国，每名员工在3年内创造的附加值增加45%。

【例】 斯柯达（SKODA）"蛋糕篇"汽车广告

点评：一开始是一些蛋糕制作的步骤，配合着轻盈的音乐，慢慢出现了汽车的一些零件，一点一点地出现了汽车，做出了和真汽车一样大小但是并非真实的汽车。广告突出了主题，斯柯达充满了迷人之处。

（五）英国足球文化

现代足球起源地是英国，来源于12世纪前后英国和丹麦之间的一场战争，战争结束后英国人看到地上有丹麦士兵的人头，由于英国人对丹麦士兵非常痛恨，便踢起了那些人头。到19世纪初叶，足球运动在当时欧洲及拉美一些国家特别是在资本主义的英国已经相当盛行。直到1848年，足球运动的第一个文字形式的规则《剑桥规则》诞生了。

英国广告中足球的踪迹也一直存在，英国著名的足球明星贝克汉姆、杰拉德、克劳奇等常常在英国广告中出现。

【例】 嘉士伯（Carlsberg）啤酒广告

点评：广告用杰拉德来表现啤酒带来的乐趣，把啤酒瓶盖当足球来踢，队友也做出守门的姿势，表现了嘉士伯啤酒与足球之间的密切关系。

（六）英国美术馆文化

英国为数众多的博物馆和美术馆珍藏、展示了各种各样的文物，成为人们了解古今中外的艺术、文化和历史知识的举世罕见的宝库。英国的博物馆包括各主要的国家级收藏机构以及约1 000个独立的博物馆，其中近800个博物馆由当地政府提供赞助。位于伦敦的大英博物馆是英国收藏文物数量最多的机构，几乎各种主要的学科都能在这里找到取之不尽的知识源泉。同时，其对外展示的

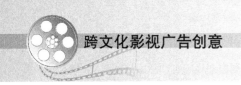

数千件珍贵文物中还包括来自古中国、古埃及和古希腊的艺术珍品,是一个不折不扣的艺术宝库。

【例】 英国防癌协会广告

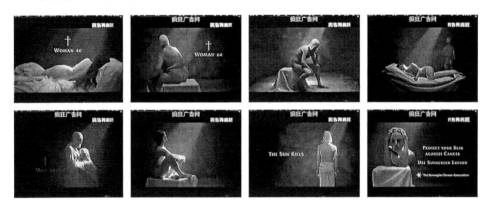

点评:画面之中每个镜头都拍摄了一副名作雕塑模拟,充满了一种古典的色彩。在英国这一博物馆众多、人们对于艺术品熟识程度很高的国家,广告充满了艺术和文化气氛。

(七) 英国巴士文化

巴士是英国是非常具有代表性的事物,红色双层巴士是伦敦的象征之一。过去,当公共马车还是人们的主要交通工具的时候,伦敦人连马车顶上都安置了座位。传统的英国人忠实地遵循了这一惯例,也就有了这种有趣的好像游乐园中游乐车似的大巴士。没有这种巴士,伦敦会失去很多乐趣。

【例】 Beats By Dr. Dre 的耳机广告

点评：小人国旅行团跑到NBA赛场乘坐双层巴士参观小皇帝，无奈正当导游赞扬詹姆斯歌艺的时候，小皇帝情不自禁大吼，导游无法解说下去，场面很尴尬。因为小皇帝用了广告中的耳机，太投入，跑调了都不知道。

（八）英国苏格兰短裙文化

今天的苏格兰人把苏格兰短裙当作正装，通常是婚礼或其他正式场合才会穿的礼服，但是也有一小部分人是将其作为便装来穿的。苏格兰短裙还被童子军用来作为阅兵式时的服装，在高地运动会、各种风笛乐队的比赛、乡村舞会以及同乐会中也能看到人们身着苏格兰短裙。

【例】 威廉·劳森（William Lawson）啤酒"示威篇"

点评：这是著名苏格兰威士忌品牌广告片中示威场景的英式橄榄球的传统仪式，而掀裤头是苏格兰华莱士时代嘲笑英格兰侵略者的经典。看过电影《勇敢的心》的人应该都知道这点。

（九）英国建筑文化

英国从中世纪向文艺复兴过渡时期的建筑风格是外形对称柱式，水平分划加强，外形简洁，窗子宽大，窗与墙根距离窄，几乎只剩下一个壁柱的宽度，外形上仍然保留塔楼、雉堞，体形凸凹起伏；室内用深色木材做护板，板上做成浅浮雕。中国的、印度的、土耳其的和阿拉伯的建筑风格也被英国建筑所引用，在英国建筑中出现的东方情调引起了欧洲人对东方建筑的喜爱和羡慕。英国建筑融合了世界各国的建筑风格，影响欧洲浪漫主义建筑风格的发展过程。

英国是一个旅游国家，苏格兰高地、大本钟、湖区等都是吸引各国游人的非常重要的景点,也是英国的代表性建筑、景点风光。

【例】 Honda 摩托车"英国梦篇"

点评:广告展示了一位英国男性,从很小的梦想开始逐渐实现,最后取得了巨大的成功。片中出现了许多英国的特色地理环境,类似湖区以及大瀑布等,有浓重的英国特色。

(十) 英国宠物文化

英国人对小动物非常喜爱,很多家庭热衷于饲养小动物。这些小动物在英国家庭中的地位非常高。英国人对4只脚的宠物朋友恩宠有加,每天为宠物狗提供健康美味的食品,比主人自己吃得都好,因此有望赢得一项荣誉称号——"最爱狗的国家"。

【例】 英国环境保护广告

点评：这则广告非常幽默。一个阳光灿烂的早晨，路边却是一个正在奋力大便的老年人，走过此处的邮递员不小心踩到大便滑倒。这幅情景与美好的阳光非常不协调。广告倡导：如果你觉得这样的场景不雅观，请不要让你的宠物狗随地大小便。

（十一）英国传统木偶戏

英国木偶大约有400年历史。关于它的起源，有两种观点：一是认为它诞生于英国，一是认为它是从别国传进来的。英国的木偶艺人把庞奇尊为木偶的开山祖师，其实，庞奇是一个木偶，造型滑稽、逗人，头上戴顶像三片树叶做成的帽子，长了个大钩鼻，驼背。很多地方都能够看到《庞奇和朱迪》这个英国传统木偶剧目。在伦敦的蜡像博物馆内，就有《庞奇和朱迪》的演出。它的表演形式犹如中国的单人木偶戏。为了纪念庞奇这位英国传统滑稽木偶剧中丑角的生日，英国伦敦每年都举办木偶艺术节。

【**例**】 电视特别节目 TV Spiel Film 广告

点评：广告运用英国人熟知的木偶戏作为表现元素，并且设置了因木偶戏太过暴力而把儿童惹哭了的情节，让人感觉亲切、幽默、记忆深刻。

（十二）英国宗教文化

基督教是英国国教（圣公会），在英国有2 700万教徒，自从1534年亨利八世脱离天主教，英国君主是圣公会的最高元首。另外，英国还有天主教、伊斯兰教、长老会、循道公会、印度教、犹太教等宗教派别。

【例】 维珍（Virgin）航空广告

点评：广告运用了宗教中死神的形象，在死前死神会让死者回忆一生，结果此人回忆太久，导致死神睡着了。创意幽默诙谐，题材大胆创新，同时巧妙地表现了航空事业给顾客带来的难忘回忆。

（十三）英国服饰文化

在英国，民族服饰很有特点。首先是帽子，其中最突出的就是英国绅士的圆顶硬礼帽"波乐帽"（Bowler Hat），它是一种硬胎圆顶呢帽，通常是黑色。英国人各种传统的工作服装和服饰包括：法院开庭时法官穿的黑袍、戴的假发，教堂礼拜时牧师所披的长袍，历届国会开会时女王所穿的白色长裙礼服、戴的王冠（其间坐在前排的"司法贵族"穿戴黑袍假发，"宗教贵族"着翻领红袍），还有王宫卫士所穿的鲜艳的短外衣、黄束腰、高筒黑皮帽，伦敦塔楼卫士的黑帽、黑衣，近卫骑士的黑衣、白马裤、黑长靴等。

【例】 梦龙雪糕广告

点评：*广告中出现英国女王的长裙礼服，以此来表现这款产品带给消费者的高雅精神享受。*

【例】　大众POLO汽车广告

点评：*广告中出现宫廷士兵服装，体现了该品牌的高贵气质与品位。*

(十四) 英国历史文化

英国作为一个历史悠久的国家，在影视广告的创意中，会运用历史元素来增加创意质感。获得2009年英国电视广告金奖 (超过90秒类最佳作品) 的Hovis面包广告用122秒的时间，展示了Hovis品牌诞生至今122年的英国历史：主角小男孩腋下夹着Hovis面包，穿越了122年的英国历史，其中有许多历史文化的关联，许多都是一闪而过。除了画外音，整段广告没有配音，最后出现字幕"As Good Today As It's Always Been" (永远如过去一样好)。据业内计算，这段广告的播出，在头三个星期内，为生产Hovis面包的母公司增加了1 200万英镑的销售，因为媒体对广告的评论和报道增加了额外曝光率，价值250万英镑。一个月后，Hovis面包每天的销售量提高了7 200个。

五、品牌透视

(一) 品牌一：健力士影视广告创意特点

健力士黑啤 (Guinness) 产自亚瑟健力士父子有限公司，是一种用麦芽及蛇麻子酿制的黑啤。每一瓶健力士和每一罐健力士啤酒的纸标签上都有一个人人熟悉的签名。这著名的历史始于1795年，这一年阿瑟·健力士在爱尔兰的都柏

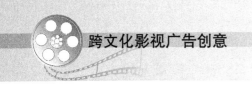

林开设了一家酿酒厂。他们开始试验制造一种在伦敦研制出来的啤酒——波打酒,这种啤酒内有焙焦大麦,故其色泽深黑,与众不同。

阿瑟·健力士所改良的啤酒是一种酒性较浓烈、味道更醇厚的波打酒,又称黑啤。除焙焦大麦外,健力士黑啤还有四种主要成分:麦芽、水、蛇麻子及酵母。健力士将其于都柏林经特别程序成熟化的黑啤出口到海外,使之与健力士在海外酿制之啤酒互相混合,以保证味道纯正。

一位爱尔兰骑兵从滑铁卢战争中康复后是这样描述健力士黑啤的:"当我痊愈并被允许滋补时,我最渴望的就是来一杯健力士啤酒,我想这并不难做到。我自信这对我康复的帮助胜过任何其他东西。"健力士黑啤曾经有一句广告词:"健力士对你的健康有益。"美国的一些科学家现在表示,这句话可能是真的。

黑色是黑啤的颜色,男士们一直追求和推崇的"力量、品质和共享"的特质也是健力士一直在倡导的。我们在好莱坞明星身上看到的气质,又何尝不是健力士所追求的?

在健力士啤酒品牌的成长过程中,健力士的影视广告也做出了很大的贡献。下面对多年来健力士的影视广告创意特点进行总结。

1. 创意手法之一:诙谐幽默与夸张手法

幽默是生产力,而英国广告的典型手法就是幽默。幽默或许是共通的,但却很少有民族能像英国人那样广泛应用幽默。英国卢顿大学 (University of Luton) 的一项研究发现,88%的英国啤酒广告运用了幽默手法。相比之下,荷兰和德国的同类啤酒广告分别只占1/3和10%。

而健力士黑啤作为英国有名的黑啤,在影视广告上除了大成本的投入外,通过一些生活细节幽默、夸张的场景,不仅恰如其分地烘托了品牌的个性——充满活力的标志象征着阳刚之气、成熟与智慧,同时也让广告和品牌深入人心。而其夸张幽默除了一些低成本的制作外,绝大多数都是高质量的大成本制作。

【例】 回归原始篇

　　点评：好东西值得等待。哪怕回到千万年以前，穿越了几个世纪，只为了这充满魅力的黑啤。倒带的手法，出其不意，而没有到最后的结局前，每一幕画面都让我们期待不已，结局的出现更是让人惊喜，小小的一个饱嗝好像告诉我们，人类千万年的变化就为了这小小的啤酒而来，夸张幽默，抓人眼球。

　　【例】　多米诺篇

　　点评：耗资2 000万美元的巨作，广告从一个小小的多米诺骨牌开始，骨牌变化为书、轮胎、汽车，甚至变化为各种城市中的物品，变化发生在城市的各个地方，人们好似在举行一个欢乐的节日，积极参与到这个伟大的看似不可能的过程中，在合理的范围内，恰到好处的夸张达到一个极致。好东西值得等待(Good things come to those who wait)，一切的过程只为了最后的啤酒造型，我们在笑声、兴奋、夸张中体验到了健力士黑啤的魅力，而最后，多米诺结束的喜悦是人们通过自己的努力所带来的喜悦，也是健力士黑啤所带来的喜悦。

　　【例】　冰箱磁性篇

点评：虽然这则广告的创意有些俗套,为了体现健力士黑啤的魅力,所有的冰箱都迫不及待地找寻它,但是除了制作精良外,值得我们肯定的是这则广告区别于大多数广告的一个很大优点就是民众参与性,画面中坐在冰箱里玩耍的人,在旁边起哄、嬉闹的人群,让这个突发事件变得好似一个欢乐的聚会。

【例】 赛蜗牛篇

点评：摸不着头脑的开场,蒙太奇的画面,让人找不到北,然后各式各样的人集中在一个小场馆里,拿出蜗牛准备赛跑,一声令响,蜗牛还停在原地,令人好笑,心想这要赛到何年何月。突然间,"噢……"真的跑了起来,蜗牛的速度好似赛车,穿过了前面正在制作的赛道。感叹,出其不意的惊讶! 等待蜗牛起跑的那几秒钟,而后惊讶的结果,真的就像健力士黑啤所说的,好东西值得等待。

2. 创意手法之二: 特别人群

在健力士黑啤大多数广告中,人群的选择是相当出色的,无论是大成本的制作,还是低成本的小投入,我们可以看到英国或者全世界各式各样的人群,无论黑人、白人,还是酒馆喝酒的白领、赛蜗牛的市井之徒,抑或年过花甲的老人,甚至一个沙漠中的民族,他们都有一个共同的特点——充满生机,而正是这点体现了健力士黑啤的品牌个性。

这些生活的细节写照,无论是照射在何种人身上,健力士黑啤的魅力已经体现得溢于言表,不同的人群给健力士黑啤带来的更是与众不同的魅力。

【例】　枯木逢春篇

点评:采用黑白画面,音乐贯穿始终,耄耋老人与美貌少女成婚,不要以为这是不可能的,健力士黑啤会让心灵变年轻,一切都变得有意义。

3. 创意手法之三:历史悠久

这个创始于1795年的老牌黑啤,毋庸置疑地将它的年代久远作为了广告创意武器之一,当然,这并不是那种陈旧的叙述式表现,在健力士黑啤的影视广告中,历史这个元素被运用得生机盎然,就好像在看一部回味无穷的历史大片一般,一点都不枯燥。而这些历史并非啤酒本身的历史,通过讲述一些英国的历史,从侧面陈述了健力士黑啤的历史久远。台球发展史篇就是典型的成功案例,在过去的岁月中,把健力士黑啤的历史、品牌个性以及英国人的品位体现得淋漓尽致。

【例】　台球发展史篇

点评：台球到底是如何演变而来的？如果不去查询一些资料是真的不明白的，但它历史悠久却是众所周知的。这支系列广告幽默地将这个智慧的产物归功于健力士黑啤所带来的智慧效应。

4. 创意手法之四：性暗示

黑啤是男人的象征，将男人作为目标受众的健力士黑啤，通过一个简单的画面就将性暗示与啤酒结合得如此巧妙。健力士黑啤，巧妙的文案配着它特有的产品个性将性感诉求诠释得非常完美。

【例】 性感活动篇

点评：画面简单有力，文案结合产品配合得天衣无缝，尽情享受两全其美，深黑不失清醇。文案的画龙点睛作用将"性"这个题材演绎得与众不同。

（二）品牌二：英国维珍集团广告分析

维珍(Virgin)集团，不只包括我们所知晓的维珍航空公司，维珍旗下有近200家公司，涉及航空、金融、铁路、唱片、婚纱直至避孕套，它是由英国多家使用维珍作为品牌名称的企业所组成的集团。其旗下企业有：维珍行动、维珍美国、维珍大西洋航空、维珍气球航线、维珍蓝天、太平洋蓝天、波利尼西亚蓝天、维珍出版、维珍婚礼、维珍汽车、维珍化妆品、维珍数码、维珍饮料、维珍电器、维珍体验日、维珍特快、维珍银河、维珍游戏、维珍假日、维珍互动、维珍珠宝、维珍限量版、维珍房车、维珍大卖场、维珍移动、维珍理财、维珍信用卡、维珍尼日利亚、维珍电台、维珍唱片、维珍温泉、维珍铁路、维珍联合、维珍Ware、维珍酒、Virgin.net、V2唱片、V盛会、The Trainline.com、蓝天假日等。

维珍集团是由理查德·布兰德创办的，他是一个疯狂的、不循规蹈矩的反传统人物,所以维珍集团也是一个反传统的品牌。维珍的目标客户群锁定为不循规蹈矩的、反叛的年轻人。

"Virgin"译为"处女",也意味着一种自由自在的生活态度和方式、叛逆,以及珍贵的浪漫。所以消费者把维珍看作品质、价值、创新、娱乐、挑战的代名词。其寓意是希望集团冲破自己"处女之身"的束缚。反传统的品牌精髓也决定了维珍不受拘束、幽默和敢于挑战权威、追求卓越的品牌个性。

维珍对自己的定位是一只"跟在大企业屁股后面抢东西吃的小狗"。因为维珍涉足任何领域,它补给了那些被认为很饱和而完美的市场,它找到了市场空缺或是去做那些竞争对手认为"损人不利己"的事。维珍赢得了年轻客户的认同和信任,通过长期为他们提供服务,他们变成维珍的定向客户,成为其盈利的主要来源。维珍就做一只脸皮厚、跑得快的小狗,虽然体型比不上领头狗,却可以紧跟在其脚后跟抢东西吃。它并不想学习微软或柯达,亦非致力于将品牌等同于某一项产品或服务。它要消费者记住的不是某一类行业的某一类产品,而是一个笼统的维珍品牌和这个品牌所传达的精神:创新、另类、时尚、自由、娱乐、富有情趣。布兰德认定"只要你有一个好品牌,无论面对什么行业你都可以运用同样的规则"。维珍品牌的精髓在流行音乐和航空领域已经被它做成了招牌,所以当品牌延伸的时候,一旦规则被很好地嫁接到新产品或服务上,那么品牌内涵自然能克隆过去。

维珍广告善于运用英国式的幽默和喜欢嘲弄传统体制的做法。所以,维珍的广告创意总是能出人意料,甚至有些广告对于传统公司来说会损坏其品牌的形象,比如性、同性恋、死亡等,维珍公司常常破坏自己在品牌中应该规定的创意,维珍的广告有意把"不能"和"不健康"的东西联系在一起。从而把这"天马行空"的广告创意作为维珍的一部分品牌形象,将个性淋漓尽致地发挥。

【例】 维珍电信"克里斯蒂娜绯闻篇"

点评：这则广告采用了幽默的手法，第一时间通知电台来采访明星，而这仅仅是个误会。维珍集团很乐于把误会的幽默作为创意的手法进行广告表现。

【例】 维珍电信"误会篇"

【例】 维珍电信"内裤篇"

点评：这两则广告采用的是一样的手法。用生活中的各种巧合来做广告，让消费者知道当面讲不清楚的事情电话里可以说清楚，特别是友情；并且传递给我们一个信息，维珍会提供优惠的套餐，让你能解决任何误会。

【例】 维珍电信"精神病院篇"

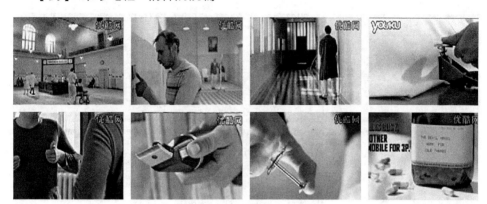

点评：广告以精神病院为故事背景。每个精神病人都有一个共同的病征：喜欢按某样东西来获得乐趣。而从另一个角度来看，这个病征与维珍短信按键盘的习惯相吻合，同样维珍的短信也可以给你带来乐趣，但并不是说你是个精神病人，而是说你是个特别的人。

【例】 维珍电信"摔跤篇"

点评：打错电话的巧合，犹如播报员一样，突出了这部手机的来电显示图片功能可以正确分辨打电话的是谁。但就是那么巧，虽然显示的图片一样，却不是那个打电话的人，但对方也没有听出来。一系列莫名其妙的巧合，一系列深入人心的幽默，让观众对产品的功能记忆深刻。

【例】 维珍电信音乐手机广告

点评：本广告抓住了音乐手机的特点，把日常的对话或者电话中的对话，用唱的方式表现出来，朋友的、情人的，甚至两个人就在转角处，也要用唱的方式，维珍的广告有时候就是那么天马行空，最后的画面出现其广告语或者功能，这是维珍的一贯风格。

【例】 维珍航空"闲着没事篇"

点评：片中一位男子在飞机上上厕所，因为维珍飞机上的设施豪华，而胡乱地按弄厕所旁的按钮，最后因为马桶的冲力太强，把自己也冲了下去，也暗示了维珍航空有良好的设施。它就是按维珍的思想，让人出乎意料。

【例】 维珍列车广告

点评：一列列车厢里都是不同时代的电影剧情，有黑白电影明星与近代明

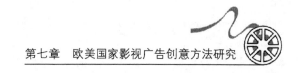

星在对话,宛如乘坐时光轨道,穿越时空,给你不一样的乘坐体验。

【例】　维珍可乐"美女跳舞影子篇"

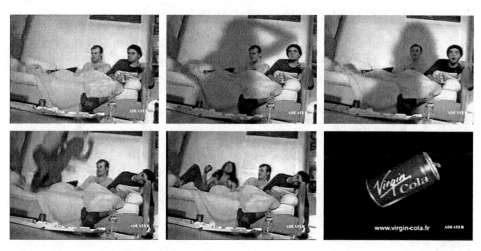

【例】　维珍可乐"醉酒篇"

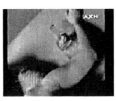

点评:上面这两支广告都是把产品与性联系起来,这也是维珍广告的一大特色,其中也包含了搞笑元素。第一则广告中,沙发上两个无聊的男人被一个长发的"女人"跳舞的影子所吸引,但这个影子其实是个男人的。第二则广告中,一个夜晚醉酒的男人,门口衣服乱扔,而我们会觉得这个男人肯定有一夜情,可是当镜头拉近的时候,发现他床上躺着、抱着的是个维珍可乐的瓶子。性暗示,虽然现在很多广告在用,但维珍在这方面则是领航者。

第二节　法国文化与法国影视广告创意方法研究

一、法国的电视事业和影视广告概况

法国是世界上广播电视事业较为发达的国家之一。目前法国的公共广播电视包括三个电视台:法国电视一台、电视二台和电视三台。这三个电视台均为国营。20世纪80年代初法国专门成立了一家公司,负责向海外出售法国的广播电视节目。法国的电视广告受政府的限制,只允许一台和二台做广告,而且不允许把广告插播在节目中。

法国最大的电视台是有90多年历史的民营电视台TF1,广告费占有率将近全部电视广告收入的一半 (49.9%);最近电视收视率逐渐下降,据分析主要是因为节目质量差,以及卫星数字电视大受欢迎。相应地,电视的广告费收入增长开始缓慢下来。

从1986年到1994年,电视的广告经营总量增加了差不多7倍,从32亿法郎猛增到210亿法郎 (近40亿美元),广告客户以跨国企业集团为主,如欧莱雅集团、达能集团、雀巢集团、标致和雪铁龙集团、联合利华、飞利浦集团等,其中的大客户每年投放的广告额接近2亿美元,黄金时间的30秒广告播出费接近10万美元。电视台的收入形式包括赞助播出、以货易货 (广告客户付费播放自己的专题片) 和多种经营 (利用相关的节目销售衣服、玩具、书籍、香水等其他商品)。

　　法国统计及经济研究所 (Insee) 2014年12月19日发布的数据显示, 政府确认2014年GDP增长预期为0.4%。法国第二季度的经济增长率达到了0.5%, 表现优于其他欧洲区国家。2014年上半年, 法国广告行业依然持续了下跌的趋势, 但相比上年同期跌幅有所放缓。其中, 新兴媒体形式为 "传统媒体＋互联网＋移动互联＋广告邮件＋ISA"。广告的净收入仅有2.6%的跌幅, 2014年上半年最终收入为56.82亿欧元。传统媒体方面, 2014年度广告跌幅放缓, 低于2013年同期3.2%的跌幅, 远低于2012年同期6.4%的跌幅。电视和电影方面的收入略有下降, 与上年同期相比跌幅分别为0.8%和0.5%。2014年, 法国82%的家庭至少有一台电脑, 至少有36%的家庭使用多媒体设备, 近30%的家庭配备了平板电脑, 比2012年上升12%, 智能手机使用比例比2013年上升了7%, 达到了46%。据法国电视集团统计数据, 5 000万用户通过互联网观看法国电视台的栏目内容, 比上年同期增长了25%; 2 500万用户通过手机移动端观看, 年增长率达到138%。可以预见, 法国文化传媒产业的数字化将愈加成熟, 新型数字媒体和传统电视的融合也成为一种发展趋势。

二、法国的广告监督和管理

　　法国政府对广告进行全面的、有效的管理, 不仅有专门的广告法, 而且对各个领域的广告都有非常具体的规定。

　　1905年8月1日, 法国政府通过了《关于欺诈及假冒产品或服务》。

　　1968年10月1日, 法国政府允许电视播放广告, 含酒精的饮料和香烟除外, 医药产品和金融服务的广告受到严格控制。

　　1973年12月27日,《商业、手工业引导法》确定了虚假广告罪的定义。电视上不得做烟草、酒类等广告, 不得出现低级趣味、性与暴力的广告。

　　自1993年1月1日起, 法国政府决定在全国境内禁止出现香烟广告。

　　法国实行事先广告审查制度。未经审查机构批准, 任何媒介不得发布。法国的广告审查监督机构由两个系统承担, 一是电视、广播广告审查机构RFP, 二是国家广告联盟所属的BVP。

　　RFP由政府和三家国营电视台、法国消费者协会、广告公司等单位组成, 是一个半官方性的组织。它主要负责审查全国所有广播、电视广告内容, 以保障广

告的真实性,防止利用广告进行欺骗。

BVP是消费者协会和主要广告经营者组织起来的民间广告审查组织。设立这个机构的目的主要是增强消费者购买的信心,不被虚假广告所误导,同时也保证广告创意的自由,不被一些条条框框所束缚。BVP的主席是独立于广告业之外的一个人,这样可以最大限度地保证审查的公平性。其工作人员中有50%以上的人有律师背景。他们工作的内容主要是:制定该行业的一些道德内容,制定一些条款规则;在广告发布之前帮助咨询审查,协助广告主在发布广告时不违法。在法国,往往很多行业自律条款比法律更有意义,因为这些行业自律完全是保护整个社会利益的。

另外,一些广告公司、广告客户和宣传媒介还组成各类专门的组织和各行业的联合机构,对广告进行自我监督和检查,有效地保证广告的整体质量。

法国最高视听委员会CSA,成立于1989年,是负责媒介业务监控的国家最高职能管理机构,其使命涉及保护视听传播的自由,包括多元化表达、儿童、母语、节目多元化、竞争和广告控制;还负责为所有类型的频道和频率开播发放许可证,任命国营电视台的负责人等。CSA负责核准每个电视台的年度广告播出量和单位小时的广告播出时间,如规定国营电视台不得在节目播出当中插播广告,私营电视台只能在节目播出当中插一次广告。

(一) 医院不许做广告

在法国街头、报纸杂志和电视上看不到医院广告,因为法国法律规定医院不许做广告,这一规定对公立、私立医院都有效。卫生部的人士说:"医院做广告?这不正常。医院属于社会福利事业,法国卫生部的全名是卫生和社会保障部。医院是关系人命的机构,怎么能说自己好,而且法国医院不需要广告。如果医院做了广告,也是法国医疗评估局做的,其公布的评估结果就是广告。"

评估局的报告每年都成为社会的热点话题。通过这种透明度极高的做法,老百姓可对各家医院的情况了如指掌,同时他们也有资格向评估局反映意见。另外,对于药品的质量及价格,评估局也进行评估。如果两种药的效果差不多,一个贵一个便宜,评估局可决定从医疗保险中撤掉价钱高的那种。

(二) 药品广告:规定事无巨细

法国国家卫生制品安全局在药品广告管理方面对专业广告和大众广告都

有一系列的具体要求,甚至从字体到字迹都有明显的要求和标准。如在对专业广告的要求中,该局特别提到对组成某种药品名称的所有单词必须采取统一标准处理,无论是字迹、字体,还是颜色都应该完全一样,以避免为突出广告效益而损害该药品名称整体性的情况出现。为防止公众利益受到侵害,该局规定,尚未获得上市批准的药品不得先期进行广告宣传;为避免夸大药效,不允许在药品广告中使用"特别安全""绝对可靠""效果最令人满意""绝对广泛使用"等吹嘘药品安全和疗效的过激字样;为避免出现不公平竞争,不能在广告中出现"第一""最好"等绝对字样。此外,任何药品在投放市场一年后,不能再继续标榜为"新药"。

在针对大众的广告中,绝对不能说某种药品安全有效是因为它是纯天然的,不能将药品与食品类比;也不能说某种药品有效是由于这种药品已经经过长期使用,因为药品有效与否只有通过科学实验才能得到验证;更不能说某种药品的功效与另外某种药品或治疗方法的效果一样(或更好)。此外,除疫苗、戒烟药及一些预防性药品广告外,其他任何治疗性药物的广告中都不能使用"健康人服用后身体状况能有所改善",或"健康人不服用身体就会受影响"之类的用语,以避免鼓动公众滥服药物。

(三) 法国电视广告的逐渐消失

2008年6月28日,法国《费加罗报》一项最新民意调查显示,超过七成的法国人支持取消电视广告,将每晚的黄金档电视节目提前半小时,即提前至20:30播出。共有8 046人参与了此项调查,问题是:"您是否支持将黄金档电视节目提前至20:30播出?"其中,74%的受访者给出了肯定答案。他们在陈述理由时无一例外地提到了睡眠和健康。26%的受访者给出了否定答案。他们的理由大多是工作忙、回家晚,无法在20:30收看电视节目。

2008年10月21日,法国通过了《公共视听法案》,其中主要包含三个方面的内容:公共电视频道逐步取消广告、私营电视频道广告播出条件放宽以及法国电视集团改革。

根据该法案,公共电视频道将于2009年1月5日起取消20:00以后的广告,并于2011年年底彻底取消广告。为弥补公共电视频道因此损失的广告收入,国家将对电信运营商征收0.9%的营业税,并对私营电视台征收3%的广告所得税,用以反哺公共电视。而现有的116欧元的收视费将随通货膨胀率的波动而有所调整。对于私营电视台,广告播出长度由原来的每小时6分钟延长至9分钟,并允许在电视电影中插播两次广告。至于法国电视集团,将由一个简单的电视频道集团发展为一个国家全力出资的多媒体企业,集团总裁将由政府任命。

《公共视听法案》中关于逐步取消公共电视频道广告的规定得到了法国相关各界的普遍肯定,但其中放松对私营电视频道广告播出限制的内容引起了较大争议。法国的广播电台、专题电视台、数字电视、平面媒体等一致认为,该法案将导致电视一台、电视六台等有实力的大型私营电视台独占近90%的广告份额,从而深深撼动法国媒体广告市场的平衡,挤压其他媒体的生存空间。

三、法国影视广告的创意特点总结

法国的广告注重艺术性,各类广告画面设计精心、制作考究、富有魅力,体现了法国优秀的民族艺术传统。为了突出广告的效果,这种艺术性与诙谐、新鲜感相结合,使广告更具有刺激性。概括而言,法国广告的内涵通过人文、奢侈、幽默、性感诉求等几方面来表达。

(一) 人文风格

巴黎,这个被誉为"光之城"的城市,是全球最受欢迎的旅游胜地,每年都有大量的旅行者背着相机到这里来汲取时尚的营养。法国因其葡萄园、种满薰衣草的田地,以及独特的美食文化,每年吸引了7 900万的游客前来观光旅游。然而旅游的焦点永远落在巴黎。无论是泛着金光、映射着埃菲尔铁塔的塞纳河,还是法国人对于身穿T恤的旅游者的粗暴态度,这个城市潜在的哲学,根植于它对于美丽以及细节的小心翼翼的态度和传统。

【例】 香水广告

点评: 这则广告体现了香水的高贵典雅、梦幻精致,散发着法国广告的强烈人文气息;加上音乐的迷幻,让人好像置身于云层之中,又或梦境之外的森林之中。

【例】 LV广告

点评：这是LV的一则形象广告。"What is a journey? Where will life take you?"（什么是旅行？生活将把你带去哪里？）生活好比一场旅行，一种发现。而旅行是为了发现自己。虚幻唯美的画面和真实存在于生活中的点滴美好，让我们现在就想背起行囊出发。

（二）奢侈

对于许多奢侈品品牌而言，法国品味就是价值所在：结合了真心的创造、真实存在而难以描述的细微差别、长存的优雅产品，永远不会丧失它的意义。对于法国人而言，质量是在品牌呈现之前就客观存在的。事实上，法国人对于拜金是非常鄙视的。品牌源于声誉，而存于质量标准。菲利普·斯塔克曾说："我们（法国人）是世界理念的守护者。创造者必须保持极度的警惕，才能够在同行的注视之下保持他们的地位。"因此，法国是一个品质之国。

【例】 Dior香水广告

点评：这则 Dior 香水的广告，把女人比作奢侈品，或者说把奢侈品比作女人。她们优雅浪漫，充满诱惑。

【例】 Chanel 钻戒 ultra 广告

点评：这则广告从另一个角度直白地切入。用简单的黑白色调表现了首饰的纯美与精致。在一个完全黑色的空间里，水花在四散着，没有海洋的虚幻，也没有宇宙的湛蓝，但它有着两者的唯美和深度，三维的空间里，从远处飘来一个个晶莹剔透、发光的立体，这正是香奈儿款的钻戒 ultra，它的戒身犹如星云般酷炫、闪耀，它独特的魅力在于戴上它，自己也觉得在发光，香奈儿闪耀的标志。

（三）幽默

法国人诙谐幽默、天性浪漫。他们在人际交往中大多爽朗热情，善于雄辩，喜欢开玩笑，讨厌不爱讲话的人，对愁眉苦脸者难以接受。受传统文化的影响，法国人不仅爱冒险，而且喜欢浪漫的经历。

在法国戛纳国际广告节的获奖作品中，幽默广告占一半以上，可见幽默的广告是很受欢迎的。法国当地的许多广告都以幽默诙谐的画面呈现。

【例】 汉堡包广告

点评：这则汉堡包的广告将商业电影中的元素与汉堡包的特点巧妙地结合在一起，妙趣横生。男子咬了一口汉堡包，没想到用力过猛从楼顶坠落，然而，弹性极好的奶酪又将这位男子救了上来。

【例】 矿泉水广告

点评：这则矿泉水的广告中，一对情侣分享一切，然而面对这款矿泉水，男子却独自享用了。浪漫的爱情氛围和夸张的人物表情相对比，让观众忍俊不禁。

（四）性感诉求

以浪漫闻名的巴黎，狂放的性感姿态以及坦白的男性至上主义的广告语，从原来的水果酸酪乳业、金融服务业移植到了现在的女性内衣。

【例】 香奈儿的口红广告

点评：这则口红广告通过对性感女人的直观描绘，将女人的性感与奢侈品之间的联系体现到极致。

【例】 Dior男性香水广告

点评： *广告业放弃了拿"裸女"作噱头，而是抓住了一个新主题——把男性作为表达性感的目标，各色广告开始大张旗鼓"男色当道"。这昭示着法国广告业界的一次重要转变。这则男性香水广告也是用男性的魅力作为卖点。*

四、法国文化在影视广告创意中的运用

提起法国，人们的第一联想就是浪漫：塞纳河边的散步，香榭丽舍林荫下的低回，酒吧里的慢酌，咖啡馆里的细语……法国式的浪漫无一例外地与鲜花、烛光、香水、拥吻联系在一起。然而，只有你真正到了法国，才会发现其实法国人的这些浪漫表达体现了他们对优雅、精致、舒适生活的追求。

（一）国旗元素

法国国旗在广告中时常出现，经典的红白蓝很有观赏性。法国人大多喜爱蓝色、白色与红色，他们所忌讳的色彩主要是黄色与墨绿色。

(二) 法国建筑

法国的建筑举世闻名。埃菲尔铁塔把人工建造物的高度一举推进到300米，是近代建筑工程史上的一项重大成就。它表明了19世纪后期结构科学和施工技术的长足进步。铁塔的出现预示着采用金属结构将会大大增加建筑的高度。今天，埃菲尔铁塔的宏伟形象已成为巴黎的象征。凯旋门位于巴黎市中心戴高乐广场中央，是世界上最大的一座凯旋门。它是拿破仑为纪念1805年打败俄奥联军的胜利而建造的。

埃菲尔铁塔和凯旋门在法国的影视广告中出现的频率也非常高。下面这则广告中，律动的音律和红色贯穿整个巴黎，让这个城市鲜活而明亮。

(三) 香水

提起法国就会想到香水，香水最早起源于埃及、印度、罗马、希腊、波斯等文明古国。随着东西方贸易的不断加强，香水这种悦人悦己的产品，逐渐为欧洲人所接受和喜爱。作为世界上最大的香水生产国，法国人的香水消费量也位居世界第一。他们对香水的讲究已达到无与伦比的地步。法国人对香氛的追求已在不经意中变成了对生活的实实在在的享受。

下面这则广告中，活力四射的模特与Lacoste活力香水相辅相成。

而优雅的 Givenchy 香水与优雅的法国女人也非常和谐,如下面这则广告所示:

无论是优雅的香水还是活力的香水,我们都能在法国广告中看出端倪:香水与女人是永恒不变的主题。从以上的广告中看出,美女、帅哥、奢华、浪漫是香水广告的主要元素,更是法国文化的精髓。

(四) 小动物

当今的法国家庭对小动物恩宠倍加,不惜耗费巨金收买哺养。有一半以上家庭饲养各种小动物,总头数在 3 000 万只以上。1/3 的家庭养狗,狗的数量已近

4万条。各种狗医院、狗服装店屡见不鲜。动物不仅给法国人带来了乐趣,也造成一定灾难。法国每年发生狗伤人的事件有50多万起。

　　为了讨好观众,许多法国的影视广告中采用了动物的可爱形象。下面这则红牛的广告中采用了可爱小鸟的动画,十分可爱与幽默。

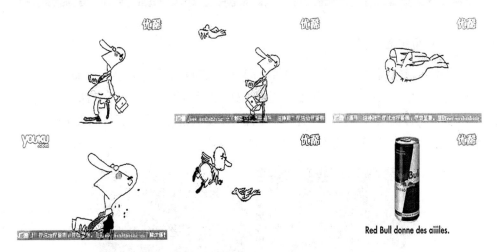

而以下这则法国奶酪的广告中也运用了奶牛的动画效果,表现了好牛产好奶的宗旨。

(五) 咖啡情结

　　法国人有喝咖啡的习惯,身上不自觉地传达着一种优雅韵味、一种浪漫情调、一种享受生活的惬意感。可以说这是一种传统独特的咖啡文化。正因如此,在法国让人歇脚喝咖啡的地方可以说遍布大街小巷:树荫下、马路旁、广场边、河岸上,以及游船上、临街阳台上,甚至埃菲尔铁塔上……形式、风格、大小不拘一格,有咖啡店、咖啡馆、咖啡厅、咖啡室,这些都附属于建筑物而存在,有屋顶盖着。而最大众化、充满浪漫情调的还是那些露天咖啡座,那几乎是法国人生活的写照。下面这则咖啡广告所表现的悠闲、浪漫的氛围令人向往。

（六）葡萄酒文化

威廉·杨格说："一串葡萄是美丽、静止与纯洁的，但它只是水果而已；一旦压榨后，它就变成了一种动物，因为它变成酒以后，就有了动物的生命。"下面这则葡萄酒广告就很好地表现了迷人的色彩、神秘的情思、柔和醇香的红酒饱含了鲜活的生命原汁，蕴藏了深厚的历史内涵。

（七）美食文化

法国的传统美食不仅以色、香、味、形俱佳而得到广泛赞誉，更重要的是，由此产生的独特的法国饮食文化已成为法兰西文明发展历程中不可缺少的部分。在法国广告中，美食也扮演着重要的角色。

（八）服饰礼仪

法国人对于衣饰的讲究，在世界上是最为有名的。所谓"巴黎式样"，在世人眼中即与时尚、流行含义相同。对于穿着打扮,法国人认为重在搭配是否得法。在选择发型、手袋、帽子、鞋子、手表、眼镜时,都十分强调要使之与自己着装协调一致。法国人在广告中的形象更是美之又美。

这则广告中就突出了女演员高贵又端庄的服饰。

(九) 优雅精致

法国人无论用什么、买什么都讲究色彩和气氛的搭配,穿衣戴帽如此,日常生活中的一些琐事也是如此。比如请客吃饭,讲究的家庭会端上色彩雅致、做工精细的陶瓷餐具或银制餐具:餐巾与餐桌布成套,刀、叉、勺、盘、碗也搭配得完美无缺;有些单身汉则使用一次性纸餐具,但花形、图案、颜色同样完美融合,反映着主人的个人品位和喜好。每个家庭几乎都备有烛台,蜡烛有高矮胖瘦,各色各样,完全随心情而用。朋友小聚时点上几支蜡烛,弹上几首曲子,烛光摇曳,人影婆娑,乐声缈缈,偶尔呷上一口红酒,酒不醉人人自醉。这就是法国人精致的生活。

下面这则香水广告中,处处透露着精致优雅,香水在生活的影子中品味出来。

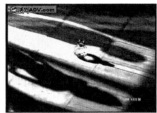

而下面这则Kenzo的广告中,女人、水与花三者同是优雅的象征。

(十) 舒适生活

法国航空公司舒适得像在云中享受的广告与法国人所追求的舒适生活不谋而合。

(十一) 自由主义

法国人渴求自由,是全世界最著名的"自由主义者"。在法国街头,闲适、慵懒、随意,处处可见。这种生活态度在广告中多有体现。下面这则广告表现的是街头的女孩随意地用左手写情书,非常写意、慵懒。

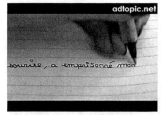

以下是法航的广告,年轻女子用云朵来做衣服领子的装饰、做枕头,充满了自由而浪漫的想象力。

五、品牌透视:香奈儿影视广告创意

每一个品牌的诞生,都毫无例外地是设计者汗水的结晶,没有成长史的品牌,它的寿命是短暂的,只有经历过岁月的洗刷,才能让品牌成长得更快、更国际化。

"香奈儿"(Chanel)是一个有着百年历史的著名品牌,在该品牌创建的传奇历程中,其创始人香奈尔终其一生都用优雅高贵的仪态、独立自尊的思想、精致迷人的服装革命性地改变了女人,直到现在。

香奈尔的女人都有一个典型形象:个性独立、身材苗条、聪明、新颖与摩登。其实,作为一名特立独行的时尚代言人,个人的衣装打扮、言行举止本身就是就内心非凡理念最淋漓贴切的展现。"时尚变幻,但风格永存!"香奈尔的口号,穿过近百年的光阴,至今仍然震撼着每一个向往自由和追求美丽的心灵!

"我可以出身寒微,但是我有追求美的权利!"这就是香奈尔的宣言!她的叛逆、斗争和创造改变了时尚的流向,甚至她的魅力可以影响着无数后继的时代。

毕加索称她是"欧洲最有灵气的女人",萧伯纳给她的头衔则是"世界流行的掌门人"。这位带着艺术家灵气与革命家锐意的现代时装王后,告诉所有的女性,美丽就是独立,就是自信,就是永不颓废的热情!同时她也向全世界疾呼：时尚绝不是随波逐流，它是坚持自我的个性，是永不停步的热情，是光辉灿烂的创造力！

在香奈儿香水广告中，我们看到了其高贵、大方、浪漫、奢华、清新等，其中包括男士香水的魅力十足和女士香水的高贵奢华。

【例】 香奈儿"男士魅力篇"

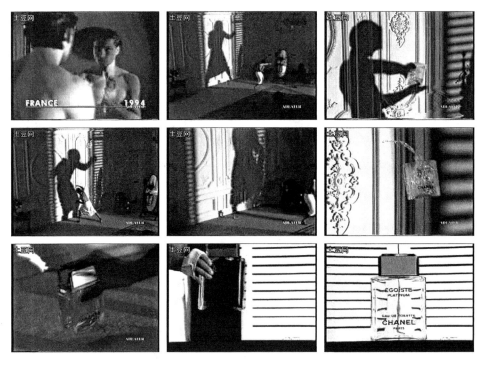

点评：一个男人在用香奈儿，之后他面对镜子，觉得自己很有魅力，充满了力量。后来连他的影子也来抢他的香水，说明香奈儿不但对女性具有诱惑力，对男性而言也是身份与力量的象征。

【例】 香奈儿"打牌篇"

　　点评：三个女人和一个男人在打牌，但是男人的眼光一直在选择，他不知道谁才是牌大的那个，当女人将带有香奈儿的牌拿出时，男人很诧异，女人的牌中有香奈儿，这个广告是从选择中告诉大家，香奈儿至高无上的地位。要选就选香奈儿，因为它让你贵气十足。

　　【例】 香奈儿"航海篇"

　　点评：一个男人在航海中，赤裸着身体，镜子中映射着他自信的笑容，体现了健康与性感。画面中宽广的大海体现了宽阔的胸怀，代表着男性的广阔胸怀，广告最后以香水画面突出主题。这款男士香水带给我们的是运动的清爽感觉。

　　【例】 香奈儿"双C篇"

点评： 一个女性手中展现出香奈儿的掌纹，后来一个男性出现在人群中，他们是一对恋人。当他们的手紧紧相握时又给人以香奈儿的标志"两个紧密相连C"的感觉，体现了对产品的诉求。

【例】 香奈儿NO.5

点评： 妮可·基德曼的香奈儿NO.5广告是继玛丽莲·梦露（"我只用Chanel NO.5入睡"）之后又一经典的创意。梦露的广告采取的是性感的感性诉求，而妮可的这则广告不同之处在于它将香水的味道用妮可脱俗的气质和个人魅力表现出来。这则香水广告将香水符号化，以装饰物的方式来表现。在摄影效果上也堪称经典，光线的拿捏、明暗的控制、人物表情的掌握都是这则广告成功的因素。

总的来说，法国一直保持着它的独特优雅和浪漫。用低调的奢华或者淡淡的法式情怀取代广告发展趋势，而这也最能体现它的特点。今后其价值取向应该也一直保持着先例，结合人文、奢侈、幽默和性，以及女人与奢侈品之间的联系,越发将法国特色延续与传承。

第三节　德国文化与德国影视广告创意方法研究

一、德国广告业概况

根据德国广告联合会ZAW(一个由涉及广告、媒介广告组织和市场调查等41个组织构成的机构)公布的数据,2003年德国广告业的产出(包括广告费、佣金、生产成本和媒介费用)同比下降了2.6%,为289.1欧元。2002年为300亿欧元,同比下降了5.7%。2003年,96.3亿欧元花在了广告费和生产成本上,192.8亿欧元用于支付媒介费用。值得一提的是,传统媒介的广告收入下降,传统媒介收入的70%来自于广告收入。2001年,媒体的广告净销售额为216.8亿欧元,2002年下降了7%,为203.8亿欧元,2003年继续下降4.3%,跌到192.8亿欧元。

来自德国《商业日报》的数据显示,德国广告业在2010年就已明显从经济危机中恢复:广告费用支出涨幅为2.4%,增长至295亿欧元(约合人民币2 706亿元)。2011年的广告开支恢复至经济危机前的水平,即300亿欧元(约合人民币2 752亿元),其中,187.5亿欧元(约合人民币1 720亿元)为媒体广告支出,其余为经销商的支出费用以及广告媒介的广告制作费用。电视广告时长增加。

德国广告公司联合会GWA的121个成员占据德国广告市场80%的份额,员工总数达14 160人,报告显示德国广告产业共雇用了35 200人,其中32%直接被广告公司所雇用,包括平面设计师和摄影师,50%活跃于广告产业的供给部门。

对这些数据的分析必须非常谨慎,因为德国的广告产业是一个非常分散的行业,共有3 000多家企业,却没有一个中心的业务协会或组织,所以也就没有一个权威的数据能反映德国广告业的现状;而且,大多数广告公司的业务不仅仅是做广告,其延伸服务、公共关系和传播服务日益增长,所以数据就有一定程度的扭曲。例如,德国许多大型广告公司只有一半的收入直接来源于广告。还有,由于在广告行业一家公司的成功与其公共形象密切相关,所以公司都不愿意公开对自己不利的数据。广告公司的年收入不是用实际总收入(Gross Income)来衡量,而是用年订单总金额(Annual Billings)来衡量,这样的算法只能使数据上升。

近年来,随着网络技术和数字技术的发展,德国传统的电视媒体也有了新的发展机遇。根据IMS调查机构的调查结果,2011年上市的电视中有25%可以上网,2015年之后这个数字将达到70%。智能电视从根本上改变了用户的使用习惯,从而导致广告的发展模式也不得不进行相应的改变。现在,用户经常使用电视的媒体库功能和视频点播服务,这种行为导致现在的电视观看行为表现为非线性(即用户没有直接收看电视台的节目放送)。"智能电视"是一个可以跟用户互动的平台,包括许多内容:电视节目、网络、互动应用程序,甚至包括控制暖气、门铃和电话。智能电视给了广告商一个前所未有的新平台,放在智能电视网络上的广告可以"永久在线",广告商也可以通过这些广告探索与目标客户群交流的新策略。在消费者进一步了解产品或者服务的意愿方面,智能电视广告也比传统的网站广告高出不少。2/5的智能电视用户不仅点击了广告链接,而且进入链接的微型网站之后还查看了更多的信息,甚至观看了视频;约1/2的受访者表示,他们未来依然会通过智能电视的广告链接去了解广告产品的详细信息。

来自2016年6月《德国蓝皮书:德国发展报告(2016)》发布会的数据(同济大学德国研究中心和社会科学文献出版社共同举办)显示:"2015年,德国经济在外部环境并不十分有利的情况下增长率达1.7%,经济运行表现良好。而2016年德国经济增长率将略高于2015年。"这种经济持续发展的大背景也为德国广告业的发展提供了坚实的基础。

(一) 德国的广告公司概况

许多年以来,商业杂志《视野》(Horizont)都公布德国广告业200强,但现在我们能看到的最新的数据只是2002年的。大型广告公司,如欧米康(Omnicom),其旗下包括德国最大的广告公司BBDO、排名第10位的BBD、第11位的TWBA广告公司、Interpublic集团、Publics集团和Havas广告集团,都决定不再公布它们子公司的业绩,而只是公布集团公司的业绩。虽然这些决定是按《萨班斯—奥克斯利法案》(Sarbanes-Oxley Act)的要求使上述控股公司对股东更透明,但同时意味着广告业排名不再可能,因为前20名广告公司基本上被排除在名单之外。但很明显,BBDO依然是2002年的广告业老大。到2002年,它已经连续12年高居榜首,其2002年的总收入是其最接近的对手格雷全球集团德国公司(Grey Global Group Deutschland)的两倍。虽然被禁止公布业绩,BBDO

还是透露其2003年的收入有所增长,而其员工雇佣规模却明显下降。这些大广告公司有一个共同点:都在努力向广告之外的咨询、传播和为公司制定市场战略等行业拓展。一个增长的趋势是这些广告业巨头纷纷开始提供从正统广告、活动营销到公共关系、赞助和咨询的多种服务。

全球广告网络的重要性是不容忽视的,德国所有的大型广告公司基本上隶属于某个全球广告网络。德国本土广告公司依然处于跨国广告公司的威胁之下,这些跨国公司对扩大特定国家的服务范围和目标受众有着永无休止的胃口。德国好几个成功的本土中型公司都拒绝放弃独立,它们针对不同的个案,选择与其他公司合作。例如,德国第二大本土公司数次声明不会放弃独立而出售给某个跨国公司。当然,并不是本土公司就都是小公司,50个最大的独立本土公司2003年的业绩增长了3.3%,2004年的增幅更大。其中,11个公司2002年遭受了两位数的业绩缩水,13个公司业务实现了两位数的增长。最大的独立本土公司在2002年德国广告业排行榜中位居第12位,这是一家慕尼黑的公司。

(二) 德国的电视广告媒体概况

德国主要的广播电台有:(1) 德国广播电台,由联邦政府和州广播电台出资兴办,主要负责对国内广播;(2) 德国之声电台,1960年成立,总部设在科隆,由联邦出资兴办,用包括中文在内的31种语言向全世界广播。此外还有11家州电台。全国主要电视台有:(1) 德国电视一台 (ARD),由各州电台、德国广播电台和德国之声电台组成德国广播协会,共同经营,播放全国性的"第一套节目"及地方性的"第三套节目";(2) 德国电视二台 (ZDF),是德国最大的电视台,1961年由各州共同组建,总部设在美因兹,播放"第二套节目"。另外一些卫星电视节目如德国电视台的"1 PLUS"和私营电视台如"SAT 1""RTL""PRO 7"也拥有大量观众。

德国电视台可分为公共电视台和民间电视台两种。公共电视台有三个系列,即由全国11个州的播送协会组成的第一电视 (ARD)、由所有州共同设立的第二电视 (ZDF)、分属组成ARD的各州播送协会的第三电视。公营电视台对广告的控制很严,ARD、ZDF广告播放时间一天不得超过20分钟,星期天和节日不准播放广告。最重要的民间电视台为RTL和SAT 1,可以接受卫星、有线电视和微波信号。广告播放时间可以达到全部播放时间的20%。有线电视发展很快,2012年有1 850万以上家庭加入有线电视,家庭普及率达50%并且还在快速增加中。

(三) 德国的广告业管理

德国的广告业以诚信为本,十分重视行业自律行为。国家对广告的立法原则也是以反误导、反虚假为主要内容。德国广告业非常强调"诚信"二字,作为广告公司,他们为了争取客户不能制作误导消费者的广告;作为电视等媒体,他们会自觉遵守国家对媒体的有关规定,不会做影响本媒体形象的事。因此,在德国广告业发展的历史长河中,很少发生广告被消费者投诉而引发经济纠纷的事件。

电视广告主要由《广播电视法》和民间的广告委员会来规范,德国国立电视台在周一到周六的全天内,只可以播放总共20分钟的广告。《广播电视法》还规定,晚上8:00之后、周日、法定假日期间国立电视台不允许播放任何广告。对以广告费为主要收入渠道的私营电视台,德国《广播电视法》则网开一面,没有任何广告播放时间段的限制。

德国于1994年修订颁布的《医疗广告法》对医院、药品及医药设备等的广告做出严格规定。有关医院的广告规定是:第一,医院只能做"形象广告",且只能在报纸、杂志、路牌、橱窗、网络等上出现;第二,广告内容必须与营业许可证中核定的内容相符,不能介绍未经临床验证的诊疗方法等;第三,广告语上不能出现"特色""领先"等表扬词语。此外,不能出现"专家"等非医学专业技术职称用语,做广告的名人必须是此产品的直接使用者和受益者,如有虚假成分,消费者可据此索赔。德国公立医院除了做公益性广告外,原则上不做广告;私立医院则比较积极。

而对医疗广告的管理,德国有专门的医疗广告监管委员会,任何医院广告在投放前都必须获得该机构颁发的许可证,该机构还设立了专门的电话热线和网页,以接受消费者对虚假广告等的投诉。媒体刊登广告前,首先会根据法规检查希望刊播广告的产品是否已获得医疗广告监管委员会颁发的许可证,其次还要检查其内容的合法性。

德国政府非常重视户外广告和张贴广告的设置地点的控制,凡未经当地政府批准,不能随意设置户外广告点位。德国以及欧洲共同体国家的城市很少有大型户外广告,户外广告的数量也不多,据介绍,全德国只有8万多个户外广告点位。户外广告主要设置在一些公共场所,如火车站、巴士站等。户外广告的制作十分讲究,与市容、市貌相协调,保持城市整体形象和整洁。

二、德国影视广告的创意特点

多年来,德国的广告公司一直喜欢运用英语词汇和韵脚来制作产品销售广告。但相关研究显示,目标受众并不理解由华丽的英语词汇所主宰的昂贵的广告战略。面对不断下滑的业绩,它们不得不重新考虑战略,将目光投向了德语。譬如,麦当劳就把其电视广告中的著名的广告语 "Every time a good time"(每一次都是美好时光)换成德语,其他公司也纷纷仿效。

(一) 以人为本,关注人性

德国观众对"富人阶层""张扬""领先一步""香车美女"之类的词语已经具有了一定的免疫力,甚至人们开始漠视、反感这一类的广告。"离我们太遥远了""这是假的""真正的生活不是这样的"……面对这样的词汇,德国人会产生这样的想法。于是,一些贴近生活的广告风格开始被人们所喜爱。

德国电视一台经常播放一则大眼睛的克莱斯勒轿车广告:背着书包的小女孩,放学回家横穿马路,妈妈的眼睛在她身后无声地关注;小女孩和同学们在草地上玩耍,妈妈的眼睛在球场外微笑着关注;小女孩走过胡同口,妈妈的眼睛同样在附近温柔地关注……自然,有一份全职工作的妈妈不可能真正每时每刻地关注着女儿,于是,妈妈的眼睛变成了克莱斯勒汽车的前灯,它缓缓地、无声地滑行在小女孩的身旁,其智能检测刹车系统就像妈妈的眼睛一样时刻关注着女孩的安全。这则广告显示的意义是:汽车不是用来炫耀和标榜的,所以抛却了那些媚俗夸张的词语;汽车是为了带给人安全、舒适与体贴的,所以用妈妈关怀的眼睛便足够了。广告创意主旨是回归俭朴,适应民意,亲近生活,充满温情。克莱斯勒所设计生产的产品是为人服务的,因此广告重视以人为本,关注人性。

(二) 逆向思维,出其不意

一般来说,广告就是在做目标消费者的思想工作,是向受众推介某个产品,并力劝其接受并消费的。而广告成功与否的衡量自然也与产品的受欢迎程度及销量直接挂钩。但是,有些高明的商家却反其道而行之。

德国VOX台的DKV保险公司的广告创意思路就给了我们这样的启发。保险公司很重要的一条品质是长期稳定、可靠信任。为了表现其长久性,一般会以坚固永存的东西来比喻，但DKV保险广告却用一个稍纵即逝的画面来反衬，以强烈对比来出奇制胜：地铁到站了，自动门打开，乘客依次进入。一个年轻人从远方满头大汗地跑来，就在他即将跑到自动门时，门关上，怎么敲也没有用了，地铁加速离开，留下年轻人粗重的喘气和懊恼的眼神。被地铁挡住的对面墙上的广告牌这时定格："它等待您15秒，我们承诺您一生。"这广告用的是反向对比，为了表现品质稳定，舍几十年取十几秒，以一种众人意想不到的参照物来突出其要表达的品质，与常人思维完全不同，不能不说是出其不意，印象深刻。总之，广告创意中的逆向思维可以让人思路顿开、豁然开朗。

三、德国文化元素在影视广告创意中的运用方法

德国是一个非常严谨的民族，维持秩序的标志牌和禁令牌随处可见，一切都井井有条。德国人出现在公开场合以及与人交往时，讲究举止端庄，对人敬重适度，事事循规蹈矩。德国人的特点是勤奋、自信。德国人是一个讲究秩序的民族，每个人都有自己的"归属"，甚至连每一样东西也都有其"合适"的位置。

理性是德意志民族的一大特征。德意志民族是举世公认的极具思辨性的理性民族。马丁·路德第一个用理性阐释了神学，而康德、黑格尔则将古典哲学上升到唯理性的高度。翻开20世纪的西方社会学和哲学史，德意志精神深深影响着我们今天社会经济的方方面面。所以虽然世界上最早的资本主义国家是英国，但因为有强大的思想武器作后盾，德国却成为现代设计的理论发源地。

德意志民族的另一大特征是对大自然特有的敏感和表述能力，路德维希曾经这样描述："当你的耳边响起贝多芬的《第五交响曲》，或者当你聆听《唐璜》前奏曲、舒伯特的最后的《五重奏》时，你会觉得：这是德国人要向世界说的话。"德国艺术家的灵感来源于德国森林文化，森林的性格构成了德意志民族气质和心态的因子。

（一）德国葡萄酒文化

葡萄酒在德国已经形成特有的文化，德国葡萄酒产区也是游人驻足之处，气候温和，风光美丽，人杰地灵，构成了一道独特的风景线。德国的空气中弥漫着音乐，德国葡萄酒文化也与音乐生活紧密相连。在葡萄酒产区常有定期或不

定期的音乐演出,尤其是夏天,在音乐厅和周围的教堂都举办各种各样的音乐会,露天音乐会也在这时登场,例如著名的葡萄酒产区莱茵高(Rheingau)在夏天将第一流的演奏家和古典及现代音乐乐团汇集一堂。有的音乐会还在门票中包括晚餐或一杯葡萄酒,人们可一边品酒一边欣赏音乐,令人难以忘怀。

【例】 德国葡萄酒广告

点评:这则广告强调了酒的品质感,画面中出现了自然风光、漂亮的玻璃酒杯等,将德国的田园风光与葡萄酒的品质结合起来,凸显其美味。

(二) 德国啤酒文化

德国人都以自己的啤酒文化的精纯而自豪,这是有史可考的。公元1516年,巴伐利亚公爵威廉四世为了保持啤酒的精纯,编纂了一部严苛的法典《精纯戒律》,明确规定只能用大麦(以及后来的大麦芽汁)、水及啤酒花生产啤酒,这是人类历史上最古老的食品法律文献。

德国啤酒节源于1810年。慕尼黑王子在这一年举行加冕仪式和盛大的婚礼,4万慕尼黑居民被邀请参加了这次盛典,人们聚集在广场狂欢游行,盛装青年在铜管乐队的伴奏下跳着民族舞蹈。装满啤酒的马车从喧闹的人群中缓缓驶过。此后人们决定每年举办一次这样的节日活动。于是,慕尼黑啤酒节于每年9月开始,于10月第一个星期天结束,共持续16天。这期间,慕尼黑地区15家历史悠久的啤酒厂搭起8 000余顶巨大的帐篷,人们在暮色中饮酒高歌至天明。每年啤酒节都要消耗掉600万升啤酒、50万只烤鸡、20万根香肠和80头整牛。

【例】 德国啤酒广告

点评：在这则广告中，啤酒女郎作为德国文化的一种象征出现在广告中，观众一看便知，这是来自德国的啤酒。这是一则充满德意志文化色彩的广告。

（三）德国旅游文化

德国是一个富有魅力的旅游之国。它为旅游者提供了罕有的丰富多彩的值得游览的城市与风光；它吸引着人们来了解漫长而丰富的历史以及现代生活的各种形式。谁愿意寻找，他就能找到宁静的世外桃源，或者生机勃勃的场所。德国的旅游景点很多。比如，科隆大教堂、路德斯海姆老城、柏林国会大厦、波恩文化艺术展览馆，保留德国中世纪建筑风格的城市路登贝克、德国历史老城巴德—明斯特艾弗，以及德国著名大腕歌星海诺开的海诺咖啡馆，还有慕尼黑德国博物馆、海德堡城堡，等等。这些都是德国比较有名气的旅游景点，大多数都是世界历史遗产。据统计，从2002年至今，仅这几大景点就吸引了全球3.5亿人次前来观光，为德国经济做出了巨大贡献。

【例】 德国旅游广告

　　点评：借助世界杯推出的德国游，观众从广告里看到了德国文化、旅游景点等。这是人文旅游类广告的范例。

（四）德国足球文化

　　德国的球员大多体格挺拔、强健，过分突出足球比赛中身体对抗的优势，往往是通过边路包抄，将球直吊禁区，再由一个高大的中锋抢点将球打进。这就是典型的德国足球，简约、规矩，但是实用。或许这就是德国人固有的风格，严酷冷静是他们一贯的表达方式。

　　德国的足球被认为是"重金属"似的足球，这样的比喻是因为德国的球员往往比较高大，力量比较充足，打法也比较硬朗，被戏称为"重金属"确实再合适不过了。可是，德国人却惊人地拥有着华丽的脚法，他们不是依靠高举高打的战术，实际上身高并不是他们的优势；相反，现代的德国足球更加依靠团队精神作战，依靠流畅、快速的防守反击，德国的足球文化正在吸收欧洲足球文化的精髓而不断发展。

　　德国足球文化和欧洲、美洲足球文化的融合，最好的途径就是通过德国完善的足球联赛体系，德国足球甲级联赛更是被誉为欧洲五大联赛之一。这也肯定了德国足球水平在欧洲乃至世界的地位。而德国更是三次成为世界杯冠军的得主，足以显示德国足球的底蕴。

　　【例】　德国世界杯广告

点评：*德国世界杯的广告，彰显了其足球文化，吸引了体育爱好者的注意力。*

四、品牌透视：奔驰汽车影视广告创意分析

奔驰公司资产超过500亿美元，每年的净利润达12亿美元，雇员约40万人。奔驰汽车年产百万辆，其中轿车只限量生产55万辆，这是为了保证高质量和"物以稀为贵"的宗旨。

奔驰不只是高档车，而且是结实耐用，且性能一等的最好的实用车。奔驰汽车的影视广告中没有过多的文案表现，但却重点突出，对广告进行了总结性的论述。没有太多的贵气，更多的是一份轻松、一句内心独白，拉近了与消费者间的距离，让我们看到了一个活灵活现的奔驰、一个看得见的奔驰、一个有血有肉的奔驰。

在当代这个充满诱惑的社会，人们内心的欲望加剧，他们想要一个伯乐发现他们内心的渴望。奔驰让每个人内心的故事开始沸腾。这就是奔驰带给我们的魅力。它让我们看到了一个世界，看到了一种生活。奔驰汽车的影视广告是值得我们学习的，无论是从创意，还是它的设计。我们应该提出更有力的问题，去回答我们内心的答案。奔驰广告，因魅力而生。这种魅力是奔驰车和它的广告带给人们的感受，触动心弦。

下面对奔驰汽车影视广告的创意手法进行分析和总结。

（一）创意手法之一：性能为主的说服

【例】 奔驰SLK-CLASS "与云赛车篇"

点评：*阴沉沉的天空下，一名男子驾驶奔驰SLK-CLASS与天空中的云朵比赛。汽车速度飞快，天气渐渐阴沉，大雨落下，汽车的顶棚自动合上。这是奔驰对努力实现梦想的期盼，在人与自然的比赛中将奔驰车的性能展露无遗。智者所散发的慑人气度源自其高性能的内在。*

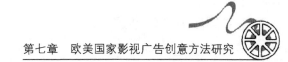

（二）创意手法之二：美好生活的向往

【例】 奔驰E230"小孩种花篇"

　　点评： 伴随柔和调皮的音乐，一个小孩从家中拿出一辆模型小车，然后在花园中挖土，将其埋下。浇水、抬头、微笑、目不转睛地凝视前方。前方出现了什么？奔驰E230新款汽车。这是奔驰成功转型的一款广告，而这个转型并非是大动作，只是将自己的品牌做得更加有亲和力，没有较多的技术介绍，只有对美好生活的向往。

（三）创意手法之三：强调品牌忠诚

【例】 奔驰E-CLASS "偷情篇"

点评：广告设计了偷情的故事，广告字幕为：There is one thing to rely on（只有奔驰可信赖）。表现了奔驰E-CLASS尊崇对高品质生活的渴望，演绎极致完美的生活质量，每个人都向往奔驰，对它产生依赖感，从而体现了奔驰汽车的信任感。

（四）创意手法之四：风潮吸引

【例】 奔驰C-CLASS "刺猬篇"

点评：广告画面中，三只刺猬面戴防毒面具，只有在奔驰C-CLASS汽车开过时才拿下面具，仔细欣赏汽车。这也许就是奔驰C-CLASS的魅力，它吸引了所有生物的眼球。

第四节 西班牙文化与西班牙影视
广告创意方法研究

一、西班牙的影视广告现状

（一）西班牙的广告业发展概况

来自新华网马德里[①]2007年3月2日的数据显示，西班牙广告商2006年在媒体上投放的广告额高达71.495亿欧元，其中网络媒体获得的广告份额仅为2.2%，约为1.603亿欧元。而电视媒体稳坐广告市场的头把交椅，广告收入高达31.81亿欧元，同比增加7.8%。报纸媒体的广告收入同比上升7.5%，占了媒体广告业务量的1/4。在广告投放商的排行中，电信与汽车行业名列前茅，其中西班牙电信公司2006年的广告支出高达1.75亿欧元，是西班牙最大的广告投放商。

2008年9月18日，路透社报道：普华永道（PWC）称，"在西欧，西班牙广告额增长最快，年度复合增长率达到7.1%，由于有一个相对强劲的经济和多频道广告市场增长的支持。"多频道广告市场包括有线电视和卫星电视网，预计未来广告投放量将会增长很快，虽然目前它的数据仍然不如公共电视广告高。

来自eMarketer的数据显示：从2006年到2015年，西班牙在媒体广告上的支出一直在急剧下降，直到2014年才有回转的趋势。据eMarketer预测，2016年西班牙的媒体广告总支出将达到57亿美元，西班牙媒体广告支出将比2015年增长5%。在欧洲经济衰退的背景下，这是一个不错的成绩。

（二）西班牙影视观众的特点

据西班牙某市场调查[②]，近10年来，西班牙的名人广告增长了400%。贝克

---

① 新华网马德里.http://tech.sina.com.cn/i/2007-03-05/10381400921.shtml.
② 西班牙Media-Analizer市场调查，http://nc.jxcn.cn/tk/t20070408_149929_1.htm.

汉姆、罗纳尔迪尼奥、纳达尔等一批巨星成了各种产品的代言人。60%的西班牙人承认,看广告时会受名人效应的影响。但西班牙人是比较成熟的消费群体,人们在接受广告宣传时变得越来越理智,多数人不会盲目购买名人代言的产品。调查显示,76%的西班牙人认为目前广告上的名人面孔太多了,这样反而起不到很好的效果,因为商家要宣传的是产品,而不是脸蛋。

此外,广告商虽然不能验证产品质量,而只负责使产品形象深入人心,但仍然比较注意广告内容,发布前都会进行认真审查,以免招来麻烦。

西班牙商家的自律也十分重要。2006年,西班牙各大饮食连锁企业与卫生部签署了一个自律协议,目的是杜绝不利于儿童健康的广告宣传,尤其是可能引起儿童肥胖症的食品广告。协议中有一项内容就是不能邀请名人为这类食品做广告,因为明星对孩子的影响太大,很容易产生负面作用。共有33家国内外大饮食企业签了协议。

(三) 西班牙影视广告主的变化

目前,虽然电视仍然是广告主在西班牙广告投放方式的首选,但是随着数字电视市场的普及,广告主的电视广告投放日益显示出新的特点。首先,广告主对电视广告投放变得更为理性,更为关注广告是否有效,即不再单纯地追求广告策划和广告创意,而逐渐开始关注占广告投入较大份额的传媒购买的具体情况。其次,随着市场的高度细分,个性化消费正在取代大众消费成为市场的主流。面对高度分化的市场,广告主更加关注媒介所传递的广告能否有效到达相应的目标受众。换言之,广告主越来越需要针对不断细分的市场,将产品信息精确地传达给目标消费者,从而和消费者建立良性互动的牢固关系。显然,在大众化生产消费时代出现的、面向广泛受众的传统电视将越来越难以适应广告主的新需求,反之,整合了传统电视群体收视、影响面广泛与网络媒体互动的双重特征后的数字电视,具有高度有效性和表现力,近乎完美地顺应了广告主对广告媒体的需求趋势。

(四) 西班牙广告法中的相关规定

西班牙广告法规定:"那种以任何方式,包括其表达方式,诱使或可能诱使广告对象犯错误,因而可能影响其经济状况,损害或可能损害某一竞争者的广告都是骗人广告。"

这条规定中明确指出"表达方式"诱使"广告对象犯错误"导致消费者和竞争者的损失是骗人广告,实质上就明确了虚假、骗人广告的法定概念。

二、西班牙影视广告的创意特点

西班牙是欧洲影视广告的强国,他们的影视广告表现手法多种多样,大多数影视广告都具有相当强的代表性并且包含了产品的独特特点,能够深入人心。此外,西班牙影视广告是随着20世纪40年代电视机的出现应运而生的,在以后的几十年里迅猛发展,成为独具视听特点的广告媒体。西班牙影视广告创意有如下几个特点:

(一) 强烈的艺术感染力

西班牙影视广告以独特的技巧、形象魅力,集语言文字、人物、动作、画面、音乐声音、产品等艺术的综合,给予人们美的享受,在短短几十秒内给人以强烈的印象。每一个广告都有一定的情节、构思和艺术的内涵,有人评价影视广告是一部微缩的小电影。例如,万宝路广告,其构思独特,以美国牛仔粗犷豪迈的形象,配以壮丽山河、骏马奔腾的画面和美妙音乐,使人百看不厌,这种信息与艺术的融合,使人在接受广告的同时得到艺术享受,的确具有强烈的艺术吸引力和渲染力。

(二) 表现形式多种多样

西班牙影视广告表现形式比其他媒介的表现形式更能使观众身临其境。目前的广告表现形式有名人式、引证式、音乐舞蹈式、现场表现式、新闻式、故事式等,这些广告都是利用音乐、文字、画面、色彩、人物、舞蹈、特技制作而成的,通过艺术的表现手法展现在观众眼前,是艺术综合的表现。

三、西班牙文化元素在影视广告中的运用方法

西班牙是个有着悠久历史和灿烂文化的国家。西班牙人热情、浪漫、奔放、好客、富有幽默感。他们注重生活质量,喜爱聚会、聊天,对夜生活尤为着迷,经常光顾酒吧、咖啡馆和饭馆。一提到西班牙便使人想到斗牛,这便是西班牙人热情奔放的一面。西班牙是君主立宪制的国家,至今仍保留着国王,国王为国家元

首和武装部队的最高统帅,代表国家。

如今,西班牙的广告业越来越注重传统的文化元素在广告中的运用。在西班牙影视广告中,我们经常看到西班牙传统文化外在表现形式的运用。例如,西班牙著名的斗牛在广告中已不是以活生生斗牛的形式,而是以另一种音乐的形式来表现;以及西班牙人的激情,无论是解说还是球迷,都足以体现他们对待足球的热情。

如果说西班牙的外在表现符号是斗牛士的勇敢无畏精神,那么西班牙人的热情奔放和幽默以及高贵华丽的皇家气质则是内涵意义了。西班牙人注重生活品位,对生活质量要求较高。下面对这些文化元素进行分析。

(一) 西班牙的足球艺术

众所周知,西班牙人对于足球是十分热爱的,在世界上也是十分有影响力的。下面这则广告就充分地体现了西班牙人对于足球的热爱以及幽默。女主人回到家中闻到异味,四处寻找却没有找到,只有电视机里传来足球解说员热情洋溢的解说,才发现男主人在如厕时也不愿意少看一眼精彩的足球赛。一方面说明了该频道转播的赛事精彩纷呈,但从另一方面也反映了西班牙人对于足球的热爱。

(二) 西班牙的斗牛艺术

西班牙斗牛历史由来已久。在阿尔达米拉岩洞中发现的新石器时代的岩壁画中,就有人与牛搏斗的描绘。据说,曾统治西班牙的古罗马的凯撒大帝就曾骑马斗牛。在这之后的约六百年时间里,斗牛一直是西班牙贵族显示勇猛剽悍的专利项目。18世纪,波旁王朝统治西班牙,第一位国王费利佩五世认为斗牛过于危险,会伤害王室成员的性命,禁止贵族斗牛,至此这一传统的贵族体育才从宫廷来到民间。如今西班牙斗牛的形象在广告中比较少,但斗牛的元素仍是常用的元素之一,例如,在可口可乐的广告中运用的西班牙斗牛曲。

（三）西班牙的传统音乐艺术

西班牙人热爱歌剧,歌剧也是西班牙人日常生活的一部分。于是,歌剧院的广告也开始在电视媒体上出现,其中也运用了很多其他的元素,比如西班牙旖旎美丽的风光,用前面风光的铺垫加上文案的运用,来体现歌剧给人们生活带来的享受。

（四）西班牙人对生活质量的追求

西班牙人热爱生活,对生活品质相当重视。对于家中的很多东西都是比较讲究的。由此在西班牙诞生了许多高档品牌。比如,在乐家卫浴的一则广告中,通过对西班牙人家中的布置装饰给人们暗示,只有乐家这样高档的龙头才配得上对生活品质有较高要求的人们。

（五）西班牙人的热情奔放

西班牙人是热情奔放的,尤其是年轻人,对于各种新鲜刺激的事物总是敢于尝试。就像下面这则高乐高广告所展示的,年轻人玩各种各样的新式极限运动,来体现产品给人补充营养和体力的功效。广告中同样还运用了虚拟人物以及动画技术,给人时代感和科技感。

(六) 西班牙人的爱国精神

欧洲人对于祖国的热爱是无话可说的,这点在体育界也屡见不鲜。如今西班牙在一些项目中也出了些巨星级的人物。广告商们运用名人的知名度以及民族的荣誉,会使产品更具有吸引力、感染力、说服力和可信度,有助于引发受众的注意、兴趣和购买欲,同时体现品牌实力,进一步提升企业和产品的社会形象力。尤其是像劳尔、费列罗这些人物,更会使产品的形象得到提升,刺激观众的购买欲。

(七) 西班牙人的幽默

虽然西班牙人不像邻国法国人那样浪漫,但生活中还是有着许多幽默搞笑之处。尤其是当广告同时运用名人和幽默时,其影响力更是非同小可。

四、品牌透视：罗意威影视广告创意分析

享誉国际的西班牙时装名店罗意威 (Loewe) 由德国商人 Enrique Loewe Roessberg 于 19 世纪创办。Loewe 在其第四代传人的悉心管理下，业务发展一枝独秀，并向时装界进军。致力于发展高级时装系列的 Loewe，于 1997 年邀得一位知名的国际级时装设计师出任女装系列的设计总监。这位古巴裔美籍著名设计师才华横溢，其成就获得国际时装界的高度评价。

Loewe 秉持着一贯高水准的制作技术，在眼镜的设计做工上，同样发挥得淋漓尽致，在各式眼镜的镜脚前端上，均可见清晰优雅的 Loewe 刻印字体，而镜脚末处则包覆着 Loewe 独有的上好皮革，增添佩戴时的舒适感，此外，将镜框与镜片扣锁的螺丝，依稀可见 Loewe 的独特标志烙印在上面，精致的程度由此可见。

下面对 Loewe 的影视广告创意手法进行分析和总结。

(一) 创意手法一：引导为主

Loewe 是一个奢侈品品牌，其广告是对该品牌理念和精神的宣扬。在 Loewe 的广告中，主要是对该品牌用户的生活的宣扬和诠释。对于奢侈品品牌来说，它的广告不需要对产品质量或是功能做过多的解释。消费者对于其产品的理解更多的是出于感性而非理性。就像该品牌的香水广告一样，从来没有直接描写香水的功能，而是描写更理性的一面。

【例】 汽车女郎篇

点评：这是 Loewe 的一款女性香水广告。广告开头，坐在豪华轿车中的一位女性展现了该款香水所注重的生活细节。这是西班牙奢侈品用户的一种生活方式，以这样的手法使消费者以感性的心理去购买。

(二) 创意手法二：以大自然的声音来诠释产品

用声音来引导消费者或许是广告中比较常用的一种手法。在下面所述的

Loewe 的三则广告中就运用了这种手法。但独特的是,这三则广告并非采用常见的音乐来引导观众,而是以一种大自然的声音来引导,譬如雷声、马蹄声、蟋蟀声。三则广告属于同一个系列,使用了完全相同的创意手法,只是背景音乐和广告中的人物有所区别。这些广告用长镜头的手法加以完全自然的背景音乐,给观众一种回归大自然的感觉,从而诠释了广告产品的自然效果。

(三) 创意手法三: 用长镜头引导观众融入 Loewe 的生活方式

奢侈品消费者有自己的生活方式,其社交圈也与普通老百姓不太相同。而 Loewe 的广告让人有一种轻松惬意的感觉。无论什么手法,让消费者感性购买的手法是不变的。

【例】 海边赏景篇

点评: 该则广告就是长镜头广告的典型。它自始至终只运用了一个镜头,只是摄像机的机位在往后上方移动,使画面更宽广。广告中描写的是一对男女穿着宽松的衣服在海边度假赏海景的场景。

第五节 葡萄牙文化与葡萄牙影视 广告创意方法研究

一、葡萄牙媒体产业现状

葡萄牙共和国位于欧洲伊比利亚半岛西南部,是欧洲最古老的国家之一。葡萄牙媒体产业的集中趋势既有与世界范围内媒体产业兼并收购浪潮同步的特征,又体现出葡萄牙社会、政治、经济状况所决定的独特性质,对于我们认识媒体产业的发展、集中、媒体多元化等问题具有多方面的启示。

目前葡萄牙出版业和视听媒体业中所有重要的事情基本上由以下四家集

团支配：PT/Lusomundo、Impresa集团、Media Capital集团和Impala集团。除此之外，在葡萄牙媒体市场上占据重要位置的还有几家外国集团，比如Hachette Filipacchi和Bertelsmann等。

2006年，葡萄牙发行量最大的日报是《晨邮报》(*Correio da Manhã*)，发行量为101 448份，紧随其后的《葡萄牙周刊》(*Jornal de Negóicios*)、《葡萄牙经济日报》(*Diário Económico*)和《公报》(*Público*) 三份报纸，发行量分别为89 021份、65 544份和53 222份。以普通消息为主要内容的周刊中，《快报》(*The Expresso*) 的发行量居首位，达到了136 845份，其后是一家新闻杂志《维萨》(*Visão*)，发行量为100 907份。女性杂志、流行杂志和电视杂志的发行量巨大，销售最好的杂志是《玛利亚》(*Maria*)，发行量达314 362份，其他发行量超过100 000份的杂志还有《电视剧》(*Telenovelas*)、《新星》(*Nova Gente*)、《卡拉斯》(*Caras*)和《收视指南》(*TV Guide*)。专业杂志是杂志出版中最具活力的部分，但同时也是新杂志推出和旧杂志退出市场频率稳定性最差的部分，这些杂志覆盖了经济、汽车、电子计算机技术、旅行等各种领域。体育类出版物几乎都专注足球，表现出特殊的生命力。近年来，随着互联网以及移动网络终端的发展，葡萄牙的传统印刷媒体行业受到较大影响，发行量不断下降。对此，葡萄牙印刷、可视化通讯和纸张转换企业代表协会表示：尽管印刷行业遭遇经济危机和新媒体的影响，所占份额下降，但是纸质媒体不会退出市场。

在视听媒体领域，葡萄牙共有四个主要的电视频道，分别是由政府所有的RTP1和RTP2，以及私营性质的SIC和TV1。其他电视频道包括有线电视以及卫星电视台等。广播电台方面，天主教会所有的Rádio Renascenca拥有最多的听众，占有40%左右的市场份额，超过政府所有的电台RDP的市场份额，后者的市场份额只有20%多点。除了拥有全国性听众的广播电台 (如TSF) 之外，葡萄牙还有差不多300家区域性和地方性电台。

二、葡萄牙的影视广告市场

2008年9月18日，据来自路透社的报道：普华永道 (PWC) 称，到2012年，葡萄牙的电视广告市场平均每年的增长率仅为2.4%，低于西欧3.8%的增长水平，更远远落后于在该地区领头的西班牙。作为西班牙的邻居，葡萄牙2012年的电视广告收入约为5.897亿欧元 (8.334亿美元)，2007年该项收入是5.247亿欧元。

2007年,Media Capital 的 TVI 频道在葡萄牙拥有最多的观众数量,达到30%的份额,其次是 Impresa 的 SIC 频道,占比23.4%,然后是国家掌控的 RTP1 频道。到2012年,葡萄牙的多频道广告投资达到6 500万欧元,2011年该项数据是3 650万欧元。2011年葡萄牙的公共电视广告投资约为4.88亿欧元,2012年的投资约为5.24亿欧元。

然而受整个欧洲经济衰退的影响,葡萄牙也没能幸免,很多领域都受到波及,而媒体广告更是如此。来自ZenithOptimedia的数据显示,这种经济低迷的趋势直到2014年才开始扭转,整个欧洲广告市场的复苏也是从2014年开始的。基于对葡萄牙广告市场潜力的分析,ZenithOptimedia预测,2018年葡萄牙广告支出增长将超过西欧和中欧国家平均水平,2015年到2018年葡萄牙广告支出的平均年增幅4.5%。

在欧洲经济复苏和葡萄牙广告业开始增长的情况下,葡萄牙的影视广告也将得到更大的推动力和更广的发展空间。

三、葡萄牙的广告管理法规

葡萄牙的国营电台不设广告节目,电视的广告节目时间限制在5%以内。

葡萄牙的法律规定,广告本身必须易于识别。任何广告都不能利用读者的恐惧心理。不可用俚语或外国的解释。禁止用"最新""最佳"之类的夸张措辞。产品的质量、性质、成分和产地不可欺骗消费者,规定任何鉴定书都必须是真实的,并附有制作人员的经历。规定模特儿穿着某种职业服装做广告时,必须在不使人误解的前提下进行,广告不得使用妇女的性诱惑,也不能把妇女描述成家庭型的,来排斥其他行业。所有广告由规章制定机关审核。[①]

四、葡萄牙文化元素在影视广告创意中的运用方法

葡萄牙影视广告的格调都是轻松幽默的,就像其民风那样和善而拒绝粗鲁。广告节奏也比较舒缓,这和当地居民喜欢拖拖拉拉的性质有关。广告也与文化相结合,足球和教堂时刻在广告中出现,广告以男性代言为主。

---

① 资料来源:http://www.cnadtop.com/law/LawIneternational.

（一）天主教与教堂文化

葡萄牙是天主教国家,超过90%的人都信奉天主教。葡萄牙由于位居地中海,15世纪又强盛一时,不论在文字、艺术和建筑上都有着浓重的拉丁味道,并受天主教文化影响极深。比如,葡萄牙人的姓名一般都相当长,包含了4~6个词汇,并主要是参考拉丁语拼凑而成。一些葡萄牙人常见的名字,如Nuno、Ricardo、Santos、Luis、Xavier等都属于拉丁词汇。

葡萄牙境内的天主教教堂相当多,绝大多数都有浓厚的罗马天主教味道。教堂既是葡萄牙文化传统重要的组成部分,也是葡萄牙人民信仰的凝聚地。那些古老、著名的教堂更是葡萄牙名胜古迹的典型代表,各地都有当地人引以为豪、独具特色或历史悠久的教堂。

【例】　Modelo航空公司"C罗机场篇"

点评:足球已经成为葡萄牙生活中不可缺少的部分,也早已成为影视广告所不可缺少的部分,但对于90%以上人口信奉罗马天主教的国家来说,教堂的出现更具有传统特色和亲切感。

（二）足球文化

足球是葡萄牙人的第一运动,无论是在咖啡馆还是学校,朋友间的话题都离不

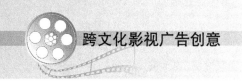

开足球。在众多葡萄牙的影视广告中也运用了本国著名球星和教练做代言,把足球融入其中,使其更具有平民化和说服力,教堂作为其传统文化的重要组成部分,也不时地穿插在广告之中,虽只有几秒的片断,但却拉近了产品和观众间的距离。

【例】 BES银行"C罗床上踢球篇"

点评:这是一则C罗为BES银行所做的广告,以足球作为文化元素之一,让人感觉更为亲切。C罗在床上的一系列动作,既舒适又安稳,很好地反映了BES银行所固有的特性,给人以放心的感觉。在葡萄牙广告中这一系列广告较为出彩。

【例】 BES银行"C罗街头踢球篇"

点评：葡萄牙的文化特征使其在选择做运动或者金融类广告时都选择男性名人做代言，而C罗一路踢球表现出来的稳当正符合了BES银行的稳健特性，最后球又稳稳地传到经理人的手中，也符合了BES银行的稳健特性。

【例】 葡萄牙投资银行"穆里尼奥篇"

点评：作为投资银行，葡萄牙投资银行有其必然的风险因素。穆里尼奥在葡萄牙人心中或者全世界球迷的心中，都是那么值得信赖，作为神话一般的教练，对于一个足球融入生活的国家来说更是值得信赖，请最值得信赖的足球教练代言是最有力的说服。穆里尼奥作为神话一样的教练，那份踏实以及在广告中肯定的答复正反映了葡萄牙投资银行给人的信赖感。

（三）注重视觉感官体验

葡萄牙的广告，包括影视广告，非常注重视觉感官体验。下面几则广告就很好地体现了这点。

【例】 葡萄牙交通部机车骑士戴安全帽宣传片

点评：作为交通安全的宣传片，广告避开了让人厌恶的血腥场面，运用了一种轻松的格调出现在人们的眼球中，搞怪型的博士形象和最真实的模拟，给人以最直接的感官感受。这则广告之后，佩戴安全帽的问题上得到了很大程度上的解决。

用最直接露骨的对比方法，模拟出被车撞击的状态，没有戴安全帽的头骨被锤子击打后变得支离破碎，而戴了安全帽的人却安然无恙。更为有趣的是，在安全帽下不是头骨而是一个活生生的人的脑袋，给人以出乎意料的幽默感觉而又那么真实，而表现出来的晕眩感更为这则公益广告添色不少。

【例】 SEGA16位机（1）

点评：这是SEGA16位机在葡萄牙投放的长期影视广告,直接用游戏画面组合成的影视广告,视觉表现稍弱。

【例】　SEGA16位机(2)

点评：SEGA用游戏Boss的形象阐述了16位机游戏的打折促销,比起上则16位机的影视广告在画面上有了些许的改进。

【例】　SEGA土星

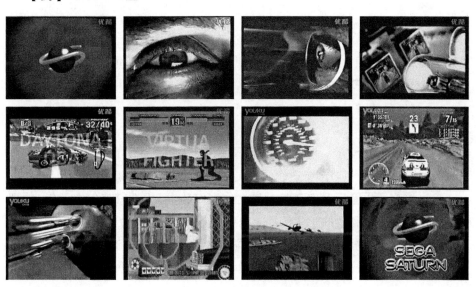

点评：这是SEGA土星于1996年在葡萄牙播放的广告，相比1994年的16位机的广告增添了一些创意，在视觉表现上更为精良，运用了人的视觉作为画面的衔接，非常直观地展现了葡萄牙影视广告创意的进步。

第六节　北欧文化与北欧影视广告创意方法研究

一、北欧概况

北欧是指安徒生笔下小美人鱼所在的丹麦、北海小英雄的发源地挪威、圣诞老人的故乡芬兰，还有诺贝尔的出生地瑞典。其中，芬兰是全球经济竞争力冠军常客，丹麦属最佳商业投资环境，挪威夺下最幸福国家冠军，瑞典有最适合人居的城市。

（一）瑞典

瑞典人文化素质较高、热情好客、纯朴诚实、谈吐文明、行为规矩、重诺守时。瑞典人十分重视环境保护，爱花、爱鸟和其他野生动物，热爱大自然；人们喜欢利用闲暇时间到野外活动，到森林和田野远足，采摘野果和蘑菇，到海滨湖泊里去游泳、泛舟、垂钓；在昼长夜短的夏季，大家纷纷去国内外旅游。瑞典已成为世界上外出旅游人数最多的国家之一。体育活动更是瑞典人的爱好。

瑞典有很多国际知名的品牌，如沃尔沃汽车、萨博汽车、爱立信通信、伊莱克斯电器、哈苏相机、宜家家具和H&M服装等。按人口比例计算，瑞典是世界上拥有跨国公司最多的国家。

（二）丹麦

丹麦是发达的西方工业国家，人均国民生产总值居世界前列。农、牧、渔业及食品加工业发达，在许多工业领域有先进的生产技术和经验。

丹麦培育了以童话闻名于世的著名作家安徒生、哲学家克尔恺郭尔、物理学家尼尔斯·玻尔和他的学生沃纳·海森堡等知名人物，后两人一起创立的著名量子力学学派就被称为"哥本哈根学派"。到目前为止共有13位丹麦人获诺贝尔奖。丹麦在生物学、环境学、气象学、免疫学等方面处于世界领先地位。奉行使每个社会成员在文化方面平等发展的文化方针,鼓励地方发展文化事业。

丹麦的银器设计也相当有名,如乔治·延森就是经典的银器艺术家。

(三) 挪威

挪威是拥有现代化工业的发达国家,也是创建现代福利国家的先驱之一。福利国家的基础是一套旨在保障社会和经济安全的经济体系。每个公民都是国家福利与劳保组织的成员,享有医疗、退休金、残废金等一整套广泛的经济资助。

在近几年,国家将重点放在改善有孩子家庭的生活水平上,除了每个家庭都可以得到儿童抚养费之外,与妇女生产有关的假期条例也订得非常宽泛。90%以上的儿童都在公立学校免费上学,规定必须接受教育的期限是9年,但每个人都有继续求学深造的权利。

跨入21世纪后,挪威经济活动的很大一部分是以利用自然资源为基础的。同时,挪威也是最依赖国际贸易的国家。为了迎接未来的挑战,企业和政府都非常重视研究与发展。

(四) 芬兰

20世纪90年代初,芬兰政府完成经济结构调整,增大知识型经济在国民经济中所占比重,重视科技投入,发展高新技术和信息技术,在宏观上继续执行紧缩财政、鼓励投资、削减社会福利、降低所得税、加快国有企业私有化进程、改善就业的政策,使经济保持稳定增长。2003年、2004年、2005年连续3年被世界经济论坛评为年度"世界最具竞争力的国家"。对外交通重海运,内陆湖区交通重要,有运河联系许多湖泊,航程达6 600多千米。旅游业发达。

芬欧汇川集团 (UPM-Kymmene) 是世界第三大纸和纸制品生产商,具有百年历史。2005年9月,芬欧汇川在江苏常熟投资兴建的第二条造纸生产线正式投产,芬兰总理万哈宁出席庆祝活动。

诺基亚集团 (Nokia) 公司成立于1865年,曾一度是世界上最大的移动电话生产商,全球领先的数字移动和固定网络供应商。

斯托拉-恩索纸业集团 (StoraEnso) 由瑞典斯托拉纸业公司和芬兰恩索纸业公司于1998年合并组建而成,为世界最大的林业生产集团之一,主要生产杂志用纸、新闻纸、包装用纸和办公用纸等。

二、北欧文化元素在影视广告创意中的运用

(一) 北欧式幽默

北欧广告最大的特点是幽默。广告创意往往出人意料。这些幽默的广告，便于让人记住。大多数人不喜欢看广告，但若广告短而精炼，并且充满幽默与风趣，那么人们也不会不喜欢了，反而会将其作为一部小作品欣赏。

【例】 保险公司的广告

点评： 广告讲述了一个平凡人在平凡的一天做着一些平凡的事情。可是，在平凡的某一天，出现了一些令人进退两难的小意外。门外失火，而身上又扎了数百根银针，此时他是跳窗还是不跳呢？很尴尬。在困窘前就该做好一切的准备，买保险就能帮你做好这些准备。广告沿袭了欧美广告幽默的特色，让尴尬成为广告的记忆点。

【例】 嘉士伯"贴标签篇"

点评：广告讲述了一男子约女友吃饭，但家中没有嘉士伯啤酒，便将嘉士伯啤酒的标签贴到了其他啤酒瓶上。历尽磨难，终于没有让女友发现标签是贴上去的。但最后女友还是因为啤酒的口感发现这不是嘉士伯，一怒之下走了。整个广告就好像一部短小的喜剧片，两位主角的表情也十分夸张。

【例】　嘉士伯"无处不在篇"

点评：整则广告就像是一部电影，丹麦、日本、巴西、纽约，最后又回到丹麦，从一个地方转换到另一个地方，从世界的这头转向世界的那一头，像是在谈判，又像是在交易，并在结局戏剧性地告诉观众，原来画面中的男性一直是开始那个出门的女性扮演的。广告中如此多的噱头只为表现嘉士伯啤酒无处不在。

【例】　麦当劳薯条广告

点评：广告讲述了一个男孩在吃薯条的时候发现了自己心仪的女孩，就上前与她并肩而行。男孩发现女孩有些冷，便将外套给她，突然发现薯条还在外套口袋里，便准备去拿，可女孩以为是要和她牵手，最后男孩便用另一只手绕到后面去拿。广告表现了不管在什么情况下，麦当劳的薯条永远是第一位。

(二) 北欧的童话

说到北欧，首先令人想到的便是从小伴随我们长大的美丽童话。丹麦有安徒生笔下的小美人鱼、挪威有北海小英雄、芬兰有世界著名的圣诞老人……

【**例**】 同性恋电影节广告

点评：这则广告运用了著名的童话人物，开场也是大家熟悉的青蛙王子的故事，但后面来了一个反转，青蛙王子变成了白雪公主。最后的画面是两位公主的接吻镜头。此时字幕"gay films"点出广告主题。用真人演绎可能会造成视觉不适，但运用童话人物可以很好地避免，并且给人留下深刻印象。

(三) 北欧的建筑文化

北欧，带着古典的浪漫。下面这则丰田 (TOYOTA) 的广告整个色调都呈现了古典韵味，高挑的美女与传统的北欧建筑完美搭配，让人仿佛置身其中。广告的前大半部分都是表现大家被美女所吸引。但后面却是美女因为被车子所吸引而撞到了电线杆。广告创意既表现了产品的魅力，又为广告增加了幽默感。

（四）北欧的体育运动

瑞典最受欢迎的两项体育活动是足球和冰球。足球明星有弗雷德里克·永贝里、亨里克·拉尔森、奥洛夫·梅尔贝里和兹拉坦·伊布拉希莫维奇。马术运动是除足球外参与人最多的项目，尤其是女子。高尔夫、田径、手球、福乐球、篮球和曲棍球也有不少爱好者。瑞典曾举办过1912年夏季奥林匹克运动会和1958年世界杯足球赛。其举办的其他重要比赛还有1992年欧洲足球锦标赛、1995年女子世界杯足球赛，以及冰球、田径、滑雪等项目的世界级比赛。很受欢迎的运动是定向越野，每年学校都会有定向越野考试。

【例】　嘉士伯"海边篇"

点评：一位老人在海边发现海上漂来的嘉士伯啤酒，非常兴奋，将它半埋在沙子中，欢快地跳起舞来，表现出对嘉士伯啤酒的无限热爱。但最后的结局却是酒瓶被掉下来的椰子给打碎了。最后的画面便是老人一脸茫然地看着碎了的酒瓶。"想喝就赶快喝吧！"广告词的出现使得整个广告十分风趣。

【例】 嘉士伯"足球比赛篇"

点评：毋庸置疑，这则广告主要是利用了明星效应，加以诙谐幽默的画面来表现。广告中以嘉士伯啤酒的瓶盖替代了平时常见的足球，表现了一场足球攻防战。比赛没有胜负，没有惩罚，只有嘉士伯啤酒，嘉士伯成了比赛的一部分，走到了比赛之前。

（五）北欧的宠物文化

瑞典人对狗十分宠爱，1948年瑞典养狗人俱乐部就被予以认可，并且每年都会举办大型的狗展。

【例】 沃尔沃"宠物狗篇"

点评：这是沃尔沃的汽车广告，主角除了男子以外便是狗了。因为男子每天给狗吃东西，所以狗便对他形影不离。广告讲的是狗的忠诚，也从侧面讲述了人对沃尔沃车子的忠诚。用狗来做演员是北欧广告中非常常见的。

（六）北欧的音乐

芬兰在地图上看来更像一个岛国，因为远离欧洲大陆显得相对比较孤立，那里到处都是茂密的森林和美丽的湖泊，孕育出了独特的北欧金属文化，芬兰的一些商业乐队非常成功，全世界的金属乐迷也因此把目光投向了芬兰。

【例】 芬兰航空公司"熊猫篇"

点评：音乐带动了广告情节的发展，讲述了一只可爱的熊猫乘坐芬兰航空的班机，得到了人性化的服务，享受了一次美好的旅程。

【例】 诺基亚"音乐铃声篇"

点评：这则广告一开始就运用了最简单的诺基亚自带的特色铃声，非常直

白！然后广告画面中出现了极限运动和舞厅DJ热闹的气氛的画面穿插,用动感和时尚音乐的结合来传递最直白的广告诉求。

三、品牌透视

(一) 诺基亚手机

诺基亚公司是一家移动通信产品跨国公司,总部位于芬兰。在移动电话产品市场上,诺基亚曾多年占据市场份额第一的位置。2005年,诺基亚公司手机发货量约2.64亿部,是位于第二名的摩托罗拉公司的1.8倍 (其发货量为1.45亿台,市场份额约17.7%),占全球市场份额的32.1%。2007年,诺基亚公司实现净销售额511亿欧元 (约合761亿美元),利润收入达72亿欧元 (约合106亿美元)。作为一家公众持股的公司,诺基亚分别在芬兰的赫尔辛基、瑞典的斯德哥尔摩、法国的巴黎、德国的法兰克福以及美国的纽约挂牌上市。

之后,诺基亚也开始了跨行业经营,2014年11月18日,诺基亚正式发布了旗下第一款Android平板电脑,并致力于移动网络基础设施软件和服务、测绘导航和智能定位、先进技术研发及授权。2015年11月诺基亚正式启动166亿美元收购阿尔卡特－朗讯。

在诺基亚集团不断发展壮大的过程中,诺基亚的影视广告也为诺基亚品牌资产的塑造和维护发挥了很大的作用。

诺基亚有一句令人印象深刻的广告语:科技以人为本。诺基亚的标志下方总是跟着一行英文:"Connecting People。"无论是中文版本还是英文版本,诺基亚清楚地向世人展现着他们的理念:人是诺基亚在行业中领跑的最大财富。

此外,诺基亚广告语言朴素平实,没有华丽的辞藻,没有煽情的语言,而很像一个人平静地述说着自己的人生经历,人们非常愿意接受。特别是广告结尾,当诺基亚以一贯的深沉、坚毅宣称:"诺基亚,科技以人为本"时,不知感动了多少人。诺基亚广告的艺术表现力,确实有知名品牌独有的风范。

采用理性诉求方式的诺基亚,在广告中重点突出的是产品的功能性和特点。通过广告对产品进行解析,向消费者和受众全面展示诺基亚产品"科技以人为本"的特点,让消费者理性地认识诺基亚产品。不管是经典的诺基亚求婚广告,还是动感十足的音乐手机广告,诺基亚都要想方设法地表现它的产品,突出它的产品功能和特点,绝对不会过多地渲染情感,滥用情调,以破坏诉求的重点和说理的要点。

下面对诺基亚影视广告的创意手法进行分析和总结。

1. 创意手法一：以故事性引导

诺基亚手机的广告语是"科技以人为本"，因此影视广告运用简单的人与人之间的故事情节来体现手机功能，使手机功能更容易让人记住，体现出以人为本的宗旨；并且用故事来感染人，增强广告本身的诉求力。

【例】 求婚篇

点评：本来求婚是一件很浪漫、感性的事情，但是在诺基亚的演绎下，却是那么冷静而理智，广告中没有旁白，没有滥用情调，只有男主人公将诺基亚拍照拼成的"Will You Marry Me"图片发给在雨天等待的女友求婚，配合夏奇拉 (Shakira) 的《你的真心》(*Underneath Your Clothes*) 作为背景音乐，感动了全球看到这个广告的人们。广告用理性引导消费，以细节表现诺基亚产品的特性，以人物间的交流体现出诺基亚的理念："Nokia, connecting people."

【例】 照片运用篇

点评：广告讲述的是用诺基亚手机拍摄各种常见的标识，然后到日本旅游时用所拍的图标询问所要寻找的地方。这则广告可以说把诺基亚手机拍照的功能发挥得淋漓尽致。

【例】 流浪汉篇

点评：以一个流浪汉捡到一部诺基亚手机为起点，当人们看到后也穿上了流浪汉的衣服，暗喻人们若得到诺基亚手机，就算是流浪汉也是时尚的焦点。

2. 创意手法二：幽默夸张

广告以夸张幽默为突破口，使沉闷的产品广告显示生机，让手机这样的科技产物显得很有生活情趣。

【例】 Bobo 组合篇

 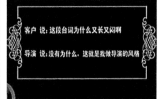 

  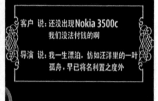

点评：运用新生偶像拍摄产品广告，带有无厘头的夸张表演，虽然产品几乎没有出现，但却让人印象深刻，使人们看到诺基亚所采取的新尝试，从而使广告更具观赏性。

【例】 浴室篇

点评：这是诺基亚较早期的广告，但是创意手法还是比较经典的。运用诺基亚照相功能制造出开会的假象而欺骗对方，具有幽默的故事情节，运用假的人物纸板拍照也是非常夸张的表现模式，从中可以看出北欧广告的搞笑风格。

3. 创意手法三：以产品功能为主

诺基亚主要以产品演绎广告意境。诺基亚手机一直致力于以人为本，不断开发新产品以求新、求变，不仅完全体现了诺基亚整体战略的高瞻远瞩，而且在一定程度上提升了自身产品的竞争力。而广告直接反映了产品功能，毫不拐弯抹角。

【例】 诺基亚3250

点评：用旋转的画面来表现，这与诺基亚手机可旋转的特性相呼应，用不断交替的画面体现出此款手机的动感十足。

【例】 诺基亚6500

点评：本片为候车大厅内的失物招领广播，当描述诺基亚6500这款手机时，所有人蜂拥而至，想要得到这款手机，直接反映出人们对这款手机的渴望程度，以此来刺激观众的购买欲望。

【例】 公车篇

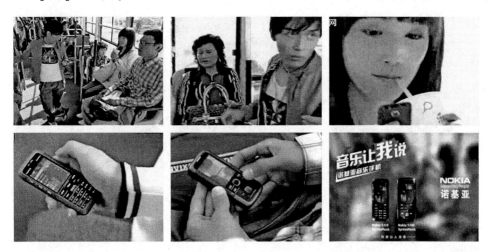

点评：公车上的男生用音乐对女生表达爱意，简单的情节突现诺基亚音乐手机强大的音乐功能。

【例】 音乐篇

点评：本片以简单的文字和音乐串联起整个广告，体现出诺基亚手机在全球的普及性。以音乐为背景，串联起各个地方的人，体现出诺基亚"科技以人为本"的宗旨。

4. 创意手法四：虚拟动画

【例】 动画篇之一

  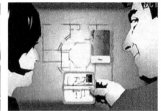

点评：虚拟的动画有时更容易展现画面的精彩，可以把很多实物所无法达到的画面轻松表达而不显得突兀，更具有现代感和时尚感。

【例】 动画篇之二

点评：此片也是用动画效果来展现手机功能，较前一则广告更具真实感，色彩也更鲜艳，视觉冲击力较强。

（二）沃尔沃汽车

沃尔沃,瑞典著名汽车品牌,在我国港台地区被译为富豪,该品牌汽车是目前世界上最安全的汽车。沃尔沃汽车公司是北欧最大的汽车企业,也是瑞典最大的工业企业集团,世界20大汽车公司之一。该品牌创立于1927年,创始人是古斯塔夫·拉尔松和阿萨尔·加布里尔松。1999年,沃尔沃集团将旗下的沃尔沃轿车业务出售给美国福特汽车公司。2010年,中国汽车企业浙江吉利控股集团从福特手中购得沃尔沃轿车业务,并获得沃尔沃轿车品牌的拥有权。

沃尔沃汽车以质量和性能优异在北欧享有很高声誉,特别是安全系统方面,沃尔沃汽车公司更有其独到之处。美国公路损失资料研究所曾评比过十种最安全的汽车,沃尔沃荣登榜首。在沃尔沃引以为豪的品质、安全和环保的三大核心价值中,安全是沃尔沃强调最多的。几十年前,人们还对一家汽车厂把安全放到头等位置,而对造型和操控不那么尽心的做法感到惊讶,但现在人们不这么看了。现代科学技术使汽车的速度越来越快,人们已经无法忍受在恶劣的环境中驾驶"漏洞"百出的汽车了,接连发生的交通惨案让人们对安全性更佳的汽车产生了憧憬,沃尔沃告诉了人们把钱花在哪里最值。

到1937年,公司汽车年产量已达1万辆。随后,它的业务逐渐向生产资料、生活资料、能源产品等多领域发展,一跃成为北欧最大的公司。

在沃尔沃的广告传播中,创意策略一直是宣传其安全性,无论是用幽默的方式还是直接用产品来表示。

1. 安全诉求

【例】 猫狗篇

点评：广告的主角是猫和狗，狗看到猫在马路对面的围墙上便准备去抓它。但在冲出去差点被车撞到的时候被主人用绳子拉了回来。随后便是"开车请系安全带"的字幕。用动物来做比喻，既幽默又让人印象深刻。

【例】 鲨鱼篇

点评：广告开始便是人在水底的笼子内，外面还有鲨鱼，通过画面的不停切换表现出紧张感。但坚固的笼子使得鲨鱼没有危害到人。此时画面中的笼子演变成了沃尔沃的车子，广告用比喻的手法，再次表现出沃尔沃汽车的安全性。

2. 动画表现

除了表现安全性以外，沃尔沃的广告还经常采用动画的形式来创作广告，这种方式不仅令人眼前一亮，制作费用也会相对减少。

【例】 眼睛篇

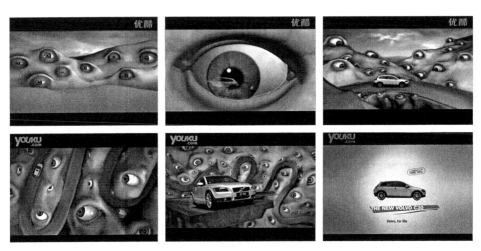

点评：这则广告一开始的画面便是动画形式的许多眼睛，其视线一直跟随着车子移动。整个画面视觉冲击力很强，强烈地表现了沃尔沃汽车备受瞩目的特点。广告虽短，但令人印象深刻。

【例】 新车上市篇

点评：这则广告的动画虽然没有前一则那么强烈，但还是充满了超现实的感觉，一幅幅画面会让你猜想接下来还会到什么地方去，让人融入整个广告，也体现了沃尔沃汽车给人们带来无限想象的空间。

3. 广告歌曲形式表现

沃尔沃还用广告歌曲的形式来表现，这种形式不仅可以让人记住广告产品，还能让观众听到歌曲便想到沃尔沃这个品牌。

【例】 广告歌曲篇

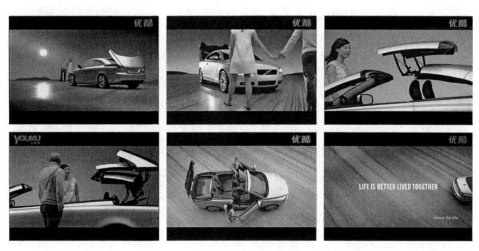

点评：整个广告以柔美的音乐为主，与柔美的画面配合得完美无缺。整个画面的节奏感也很慢，体现了在这高节奏的社会中生活是要用心品味的，就好像体验沃尔沃汽车一样。用广告歌作为广告的背景音乐，并且没有其他任何语言，可以让人真正专注这则广告。

第七节　美国文化与美国影视广告创意方法研究

一、美国影视广告简史

美国是广告大国，影视广告也非常繁荣，是全球影视广告创意水平最高的国家之一。

20世纪40年代蓬勃兴起的电视媒介，无疑寓示着它有着从根本上改变以前广告传播的整体面貌的力量。第二次世界大战后，电视事业得以飞速发展，电视很快就成为广告新宠，并从此一直占据着主力地位。

1941年，美国开办电视后，NBC电视台播出了一则电视广告。但由于早期的电视不能录播，只有现场实况直播，因此电视广告无异于加入了简单视觉材料的广播口播广告，十分简陋。

1941年，在道奇队与菲利斯队的一场棒球比赛电视直播间隙，布鲁瓦钟表公司花了9美元播放了美国历史上第一条正式的电视广告——20秒的马表画面。

1948年，幸运牌香烟用一组静止照片表现16支烟卷在谷仓里跳方块舞。Ajax，洗洁灵成为第一则有声广告。

1949年，骆驼牌香烟开始赞助新闻节目，在赞助商的要求下，播音员的桌面上摆了一个冒着烟的烟头。

20世纪50年代中期开始，录播技术得到快速发展，电影技巧引入电视，画面语言得到丰富，电视广告的视听效果也开始提高。60年代以后，影视广告从形式到内容都变得十分精彩。同时，广告影片制作业日益壮大。

1954年，帕尔·马尔作为第一个黑人出现在电视广告中。Speedy小吃广告成为第一则插播次数超过两百次的广告。

1956年，美国电视广告开始关注青少年市场，一条牙膏广告的广告语是"如果你不想把事情搞黄,请用Pepsodent牙膏刷牙"。

1958年,清洁大王的卡通广告播出后,产品销量猛增。

1963年,麦当劳的广告在全美播出。在人权组织的施压下,美国电视播放了一则表现黑人与白人孩子一起玩耍的公益广告。

1964年,一条名为"黛茜"的广告引入了政治含义,它用隐喻的方式表现了小女孩成为原子弹的牺牲品。

1967年,插播在全美橄榄球联赛首场比赛中的广告价码提到了每30秒4万美元。

1971年,美国国会下令禁止播出香烟广告,电视业因此每年损失两亿美元的广告收入。

1975年,前美式橄榄球运动员辛普森在机场为赫兹车做广告,19年后他又在高速公路上免费为福特车做了一次大广告。

1977年,美国冰球联赛的宣传广告至今令人难忘——一辆轿车之所以行驶得非常平稳,那是因为它的发动机是一只冰球。

1980年,年仅15岁的波姬小丝在为CK牛仔裤做广告时说:"在我与CK牛仔裤之间没有任何东西。"这则广告因有太多挑逗意味而被禁止播放。

1984年,迈克尔·杰克逊在为百事可乐做广告时被烧伤,送进医院。

1986年,"汉堡王"耗资4 000万美元的"瓦尔多在哪儿"的广告被认为是10年中最大的失败之笔。

1991年,一种名为"少年狂"的产品在广告中用了涅盘乐队的歌"感觉少年狂",结果该产品没卖动,涅盘乐队的磁带却被一抢而空。

1992年,锐步运动鞋在广告中下注2 500万美元,赌丹·奥布莱恩与戴夫·约翰逊在奥运会十项全能比赛中获胜。结果,奥布莱恩连入选奥运代表队的资格也没拿到。

1997年,福特汽车出资,免费让NBC有线电视的观众看《辛德勒名单》,以此来为公司打广告。结果,NBC有线电视当晚的收视率创下了最高纪录。

2007~2009年,MediaBuyerPlanner报告显示:2009年电视广告收入出现大幅下降,跌至200亿美元以下,过去的6年内,电视广告收入一直介于200亿美元至220亿美元之间。

2010~2013年,美国电视广告已经呈现从巅峰开始下滑和萎缩的迹象。虽然电视广告总收入在过去的5年内仍然保持增长,但增速开始下滑,2010年的增速还是8%,但是2013年增速只有3%。关键的是,在过去5年内,标准的30秒电

视广告的报价一直在下滑；在过去4年内，跌幅将近一成。

2012年，美国非营利机构互联网档案馆 (Internet Archive) 宣布，将把2009年以来美国所有的电视新闻送上网络。

2012年，在连续5年蝉联美国电视节目广告价值冠军宝座之后，FOX热门真人秀《美国偶像》(American Idol) 终于还是走下神坛，体育节目NBC的周日橄榄球赛 (Sunday Night Football) 成功登位。

2013年美国网络广告收入达到了创纪录的428亿美元，比2012年增长了17%。而值得注意的是，2013年的网络广告收入首次超过了传统电视广告的收入。

2014年，美国广告市场上升6.2%，达到1 494亿美元。占据50%份额的总体电视广告作为最大的广告支出收入平台上升6.6%；互联网显示广告和搜索广告增长15%。

2015年，美国广告支出达1 830亿美元，数字广告占1/3，将近600亿。在显示广告方面，最受益的5家公司分别是Facebook、Google、Yahoo、Twitter和Verizon，这五大巨头瓜分了59%的显示广告收益，份额逐年增加。2015年，游戏公司的电视广告额度惊人，有65家游戏公司在美国国家电视频道投放了总共406支广告，总的播放次数超过25万次，累计投入的广告总额高达6.29亿美元。

二、美国影视广告的发展现状

在传统媒体全面受到新媒体挤压的时候，影视广告市场也悄然发生变化。据美国福特斯2006年4月的调查显示，在全美133家约为200亿美元数额的营销商中，3/4的商家认为在过去的两年里，影视广告效果越来越不理想。分析家指出，影视广告由于效果不佳而数额增长放慢，当年美国的影视广告额增长仅能达到3%，而不是上年预期的8%。与报纸、广播、杂志和互联网预算相比，影视广告目前约占据美国媒介市场份额的44%，近乎半壁河山。

根据eMarketer的数据，2014年美国电视广告支出费用仍超过数字视频。数字视频广告支出增长41.9%，达到59.6亿美元，而美国电视广告增长3.3%，达685.4亿美元，另外，eMarketer预计到2018年前电视广告在金额增长上将持续超过数字视频。

随着网络等新媒介的发展，影视广告额增长幅度也受到挑战，这势必会影响美国整个媒介广告市场格局。由于美国媒介市场领先于世界各国，因此，这种新危机带来的新变局以及应对措施尤其值得我们关注。

(一) 来自新媒体的挑战

电视广告效果下降的原因首先是来自新媒体的挤压。由于新媒体不断从传统媒体抢夺观众,同时广告主对传统广告的效果信心减弱,传统媒体面临着广告经营的巨大压力。在美国众多的新媒体中,较为相关的是来自DVR与VOD的挑战。

VOD (Video On Demand) 为随选视讯系统,是将各种媒体如多媒体光碟 (CD-TITLE)、VCD、LD、录影带等影音资料,以数位化方式储存于伺服资料库中,经由网络,使同一资料或不同资料之间即时互动,而能同时提供给多位读者的多媒体电脑网络系统;人们不需要下载影音档案,可以依照个人喜好"随选随看",不受播放权限、时间的约束,可以省去大量广告不看。

DVR (Digital Video Recorders) 可译为闭路电视数码录影机,其录制品也具有相似的技术特征。就已有的数据来看,目前DVR已经拉开全面争夺传统电视广告市场的序幕:美国1 300万家庭目前已经拥有DVR,包括17%的数码闭路电视订户与19%的卫星电视订户。在未来的4年里,将会有50%以上的美国家庭拥有DVR。这意味着4年后将会有约一半的美国电视观众不会再看电视同步播出的广告。

VOD与DVR的出现对影视广告效果造成了巨大的冲击,使得电视广告效果在不断下降。因此,影视广告要避免或者减少这两者所带来的负面影响,必须在内容制作上多下功夫。

(二) 来自观众习惯改变的挑战

就目前的美国电视观众而言,美国的电视观众已经习惯了瞬间多媒体同时消费的方式。有调查显示,80%的北美成人电视观众边看电视边上网,或听收音机,或读报纸,或看杂志。多数人通过网络看电视或读报纸。仅有20%的电视观众能够坐在电视机旁专门看电视,而这些观众当中以老年人居多;年轻人,尤其是少年,很少坐在电视机旁老老实实看电视,他们多通过互联网、手机或其他移动新媒体看电视或者获取信息。这表明,能够坐在电视机旁边一心看电视的人会越来越少,能够接收到电视广告的观众也会越来越少。由于观众接收信息习惯的改变,影视广告正面临着前所未有的危机。

面临这样一个转变,影视广告必须适应受众的这种变化,在传播渠道上做到多元化。

(三) 来自广告商选择的挑战

电视广告面临的危机还来自广告商的日渐疏远,对于广告商来说,这种疏远的原因又来自可选择广告有效媒体的增多。

对于电视广告来说,应该有较为强烈的危机意识,一方面电视广告要吸取网络视频广告创新的表现手法,另一方面也要走与互联网相结合的路,通过对自身媒体网络视频广告的开发与创新,既可以开辟互联网广告市场,又可以与电视广告相得益彰。这样可以在与网络视频广告争夺市场时,获得较强的竞争力。

三、美国的广告管理

(一) 美国广告的管理机构

根据《联邦贸易委员会法案》成立的联邦贸易委员会,是广告限制和管理方面最活跃也是最具影响力的机构,具体执行管理广告的工作。

在美国,无论电视、广播、报纸、杂志、网络还是路牌,随时随处都能看到或听到各种商品广告。政府管理广告的主要机构是联邦贸易委员会、联邦通信委员会和美国食品与药物管理局。联邦贸易委员会享有制止不正当竞争、保护消费者的广泛权力,也是美国最具权威的综合广告管理部门。联邦通信委员会是美国另一管理广告的政府机构,有权管理广播电视广告的数量及播出时间。它有一支庞大的审查队伍,对广播电视广告进行全面审查。

(二) 对播出时间的管理

美国广告管理机构规定,电视网及电视台在黄金时段每60分钟的节目中,其广告时间不得超过9分30秒。其他时间 (非黄金时间) 每60分钟的节目中,其广告不得超过16分钟。对于电视广告的插播,其规定是:在黄金时间或主要时间,每30分钟节目内,广告插播不得超过两次;每60分钟的节目,广告插播不得超过四次;如节目时间超出60分钟的,则每增加30分钟,可增加广告插播两次。综艺节目和儿童节目中插播广告还有更详细的规定。

不论是黄金时段还是其他时间,凡节目时间在15分钟以内者,其广告插播的限度是:5分钟的节目,限插播广告一次;10分钟的节目,限插播广告二次;15分钟的节目,也限插播广告二次;在一次插播中,不得安排4则以上的广告连续播放;在两个节目之间,不得一次安排3则以上的广告。但节目如果是独家提供赞助的,为减少插播次数,可不受上述广告次数的限制。美国的电视记者对这些规定早已牢记于心,制作节目时都会按规定留出广告时间。

(三) 对广告内容的管理

美国联邦通信委员会对电视广告中哪些内容可以播放、哪些不可以播放也都有具体规定,尤其强调广告必须真实。当电视台对广告客户的信誉、商品或服务内容的真实性有充分理由表示怀疑时,应拒绝播放其广告;禁止播放具有危险性的商品广告,禁止儿童参加其广告活动;对啤酒及温和性酒类的广告,广告片中禁止出现"饮"的镜头;对用蒸馏法酿造而成的烈酒,禁止播放其广告;禁止播香烟广告;禁止播放算命、测字、摸骨、占星、看手相等广告。

美国对医药用品电视广告的规定尤其严格,首先强调药品广告关系到观众的健康,播放时必须慎之又慎。在播放医药广告中,不得使用"安全可靠""毫无危险""无副作用"等夸大医疗效用的词句。在播放药物广告时,尤其必须详细说明该药物的副作用。医药广告中如有令人厌恶的痛苦呻吟的表情、动作及声音者也禁止播放。

(四) 广告监管的重点

虚假广告是美国广告监管的重点。美国联邦贸易委员会规定,凡是"广告的表述或由于未能透露有关信息而给理智的消费者造成错误印象的,这种错误印象又关系到所宣传的产品、服务实质性特点的,均属欺骗性广告"。无论是直接表述的还是暗示信息,广告发布者都要负责。

另外,美国人的诉讼意识很强,如果有观众发现广告违规,就会到联邦通信委员会起诉,通信委员会便出面调查。该委员会有权对违规严重的任何电视台吊销执照。对于制作、发布虚假广告的经营者,美国联邦贸易委员会、通信委员会还有权要求经营者停止播放违法广告并对其处以罚款,并要求经营者作更正广告,将事实告诉消费者。

联邦贸易委员会还设立了专门的电话热线和网站,接受消费者有关虚假药品和医疗广告等的投诉。该委员会还特别重视互联网等新媒体,近年来多次组织大规模的网上打假,让消费者上网寻找并揭穿各种虚假药品和医疗广告,以此对付网络时代的虚假广告。

一旦联邦贸易委员会判定某一广告为欺骗性广告,可以要求广告发布者马上停播,并责其发布更正广告。如果广告发布者继续播出广告,将被处以高额罚款。

同时,联邦贸易委员会可以向联邦地方法院提起诉讼,法院有权冻结广告发布者的全部资产,以备将来对消费者进行赔偿。如果罪名成立,广告发布者将面临经济赔偿,甚至牢狱之灾。

四、美国文化元素在影视广告中的运用方法

美国是世界上最大的移民国家,移民们创建、繁荣、发展、壮大着美国的经济和文化。早期的移民把欧洲文化带到美国。很快,这些文化遍及美国各地。时至今日,美国已经成为世界文化的主流之一。许多美国艺术家对于发展新的风格、新的自我表现方式,甚至新的文化形式都做出了巨大的贡献。在漫长的历史中,外来文化已经和当地文化融合,形成一种新的文化,这就是美国文化。美国文化就是指多元文化。

美国文化的基本特征可以用以下9个方面共18个相对应的文化侧面来说明:宗教文化与世俗文化的结合,本土文化与外来文化的融合,主流文化与边缘文化的磨合,传统文化与现代文化的汇合,阶级文化与种族文化的组合,精英文化与大众文化的弥合,外交文化与内政文化的配合,个人主义文化与民族主义文化的联合,熔炉文化与多元文化的整合。

下面对美国影视广告中出现的文化元素进行分析:

(一) 美国西部文化

除了纵贯美国西部南北的雄奇的洛矶山脉外,西部是草原与荒漠的天下,这片欲望丛生的黑土地催生了"牛仔传奇"和纯种的美国历史与文化。美国西部开发堪称世界史上的奇迹:一个没有历史的国家因为成功开发西部而在短短的100多年内建立起世界上最强盛的国家。虽然许多"西部往事"已遭历史尘封,但显示那个时代最富冒险精神和进取意志的"淘金热"等所表现出的"西部精神"仍然深深植根于现代美国人的精神世界里。

【例】 百事可乐 "西部篇"

点评：典型的牛仔总是头戴毡帽、脚蹬马靴、腰挂匕首或短枪。今天人们只能在演出中看到这种装束，但他们的生活方式早已悄悄影响了普通民众的生活。适合牛仔劳作的粗帆布裤子，成为带有流行时尚的"牛仔裤"；牛仔帽至今仍是美国中西部农民出门的必备品；长期野外生活迫使牛仔使用简单、耐用的生活器具，如今许多旅游用品沿袭了这种设计风格。在这则百事可乐的广告中，我们可以看到丰富的西部元素。

（二）美国餐饮文化

快餐是典型的美国饮食文化，十分普及。美国快餐是工业革命的产物，是将传统饮食文化泛工业化，它是一种适应美国人高效率工作节奏需要的饮食文化，但它绝非时尚，而是"在满足基本营养供给的前提下，以最简单、快速的方式完成吃饭任务"的有效手段。美国式饮食不讲究精细，追求快捷方便，也不奢华，比较大众化。

【例】 康恩都乐(Dunkin Donuts)快餐

点评：这是美国一则快餐的广告。整个广告没有语言的强行推销，也没有产品的招摇过市，画面内容并无特殊性，但表达方式和表现形式却很有创意，让人觉得简单而有趣，接受起来就很容易。

(三) 美国可乐文化

可乐是对美国文化的一种阐述，是美国精神的一种扩张。笼统来说，作为美国文化的积淀，可口可乐孕育的可乐文化具有以下内涵和外延：可乐代表青春、活力、年轻、生命、时尚，是那些反潮流、反传统的青年人的最佳饮品。可口可乐将目标消费群定位于颠覆传统、个性张扬的青年一代，并为之而苦心经营了近百年。

可乐消费本身代表了一种时尚，一种深邃的文化内涵。对于可口可乐来说，那一种深褐色的液体已经不仅仅是一种普通的碳酸饮料。正是这种产品背后的深厚文化内涵，使得可口可乐风靡全球、百年不衰。

【例】 可口可乐"鸟人篇"

　　点评：这是一则可口可乐的广告，描述男主角与不同的人和动物一起饮用同一瓶可乐，自己的身体也结合成了不同的元素，最终变成了一只怪鸟。情节很幽默，画面很生活化，体现了美国年轻人反潮流、反现实的一面。通过男主角和群众之间的交流表达了可口可乐深受人们的欢迎。

（四）美国街头文化

　　涂鸦 (Graffiti) 即街头涂鸦，常见于美国一些住宅区的小巷道、地下道及地铁站。涂鸦少年以喷漆作画于墙上，用以表达他所想宣告的意念、想法，或帮派用以划分地盘；从20世纪60年代末发源至今，涂鸦渐渐成为一种街头艺术。

　　街舞包含了机械舞、霹雳舞等，起源于美国街头舞蹈的即兴动作。这些街头舞者以黑人或是墨西哥人为主，流行的街舞多半发源于美国纽约的布鲁克林区，一些黑人或是墨西哥人的孩子成天在街上以跳舞为乐，形成各种派系，他们所跳的舞蹈自然也发展出不一样的特征。

　　1967年，有位牙买加移民在美国纽约最早把两个唱盘及混音器摆在一起，独创"刮唱片" (Scratch) 的动作，吸引了很多人在街头欣赏。DJ作为播放唱机的操作员，从此成为流行文化的代言人。当然如果只会放CD是不够的，要有相当的音准及节奏感，才能将两首不同的歌曲漂亮地混音；更高的技巧是刮唱片，营造出尖锐的音效。

【例】 可口可乐"街头卖艺篇"

点评: 这是一则可口可乐的广告,描述了一位男士为了买可乐而去街头卖艺获取可乐的小故事,结合了美国街头文化的内涵。情节轻松幽默,简洁易懂,表达方式和表现形式非常有创意,很容易让人接受。

（五）美国节庆文化

美国的节日很多,较有代表性的有万圣节、感恩节、圣诞节、情人节、复活节等,电视广告中经常借用节日文化拉近与观众的情感距离,体现不同的节日特性,勾起观众的节日情感。

【例】 可口可乐"圣诞节篇"

　　点评：这是一则可口可乐的广告，其中运用了七个小矮人的形象来表现圣诞老人，突出了节日的氛围，拉近了与观众的情感距离。

（六）美国宗教文化

　　美国是一个典型的宗教大国，在当今西方发达国家中，美国的宗教色彩可能最为浓厚。它有30多万个基督教教堂、犹太教会堂、清真寺以及其他宗教活动场所。连美国的货币美元上也忘不了感恩"上帝"——所有美元都印有"in god we trust"的字样，足见美国宗教文化的影响力。

（七）美国的政治文化

　　2008年美国大选在电视广告上投入的资金达到8亿美元，而2004年美国大选在电视广告上的花费总额为5亿美元。对于电视业来说，这是个好消息。目前，汽车行业、房地产业和金融服务业纷纷减少在电视广告上的投放，但是美国大选将推动电视广告的发展。据实力传播集团估计，2008年花费在电视网和当地影视广告上的费用上涨了2%~3%，而有线电视广告的投放量上涨了6%。

　　美国总统竞选活动将大量的资源花在影视广告上。广告有很多用处：它们可以用来提高候选人的知名度或者改善候选人的形象；可以着眼于竞选议题，并将目标锁定为选民中的某个群体；可以用来吸引媒体的注意；也可以用来攻击候选人的对手，这一实践被称为负面广告。

【例】 美国无党派倾向的公益广告短片"不要投票篇"

点评: 这则无党派倾向的公益广告短片召集了好莱坞众多知名艺人加盟,旨在鼓励与启发美国青少年投票,并参与和关心即将到来的美国总统大选。在短片中,明星们纷纷利用反语以及反问的形式,提及了目前美国社会的诸多社会热点问题,如全球变暖、恐怖主义、医疗保障、枪支控制、女权、民权、油价上涨、社会安全、战争、福利、薪水微薄、经济危机、同性恋权力、堕胎权力、孩子教育、精神病患者管理等,目的在于激发当代青少年关心国事、关心国家的未来、积极参加投票竞选活动。

(八) 美国感恩文化

每年11月的第四个星期四是感恩节。感恩节是美国人民独创的一个古老节日,也是美国人合家欢聚的节日,因此美国人提起感恩节总是倍感亲切。每逢感恩节这一天，美国举国上下热闹非常，人们按照习俗前往教堂做感恩祈祷，城乡市镇到处都有化装游行、戏剧表演或体育比赛等。工作了一年的亲人们也会从天南海北归来，一家人团团圆圆，品尝美味的感恩节火鸡。多少年来，庆祝感恩节的习俗代代相传，无论在岩石嶙峋的西海岸还是在风光旖旎的夏威夷，人们几乎在以同样的方式欢度感恩节，感恩节是不论何种信仰、何种民族的美国人都庆祝的传统节日。

【例】　必胜客比萨"大鸟篇"

点评：这是一则必胜客的广告。画面正处于过节的气氛，在电梯里分别出现了人们拿着火鸡的镜头。当一次次人们进入电梯，火鸡的个头也一而再地增长，体现了必胜客无比大鸟比萨是选用了世界上最大鸟类鸵鸟肉作为食材，味道鲜美，结合了美国人感恩节要吃火鸡这一传统风俗。

（九）美国礼让文化

"礼让"这个词表达了双重的意思：礼貌和避让。美国人的礼貌体现在日常生活的各个方面：在小区里见面，不管认识与否，必打招呼；打电话和见面时总是甜蜜地寒暄；在公共活动中相遇至少要点头致意；与他人说话时，要尽可能专注地注视对方；等等。这种礼貌一般要通过语言表达出来，仅仅通过微笑示意是不行的。

与礼貌对应的是美国人相互礼让的日常生活习惯。在超市里人们总是自觉地不挡住别人的路，如果有人要从你身边走过的话，他几乎必定要说"对不起"(Excuse me)。不说任何话而硬从他人身边走过会被视为极不文明的举动。礼让文化最多地体现在路上：行人与机动车互不相让的情况在美国很少看到。

礼让意味着对他人的尊重，是对他人权利的承认，也是自己成长为个体的标志——意味着你已经有对他人负责的能力。个体的权利意识和责任意识是礼让文化的基础，也是美国人现代意识的核心。它造就的是每个人的生活空间都得到尊重的公共文化。这种礼让精神是大多数中国人所不具有的，所以在足够深的层次上理解美国的礼让文化对中国的现代化大有裨益。

五、品牌透视：李维斯牛仔裤

李维斯 (Levis) 是来自美国西部最闻名的名字之一，它也是世界第一条牛仔裤的发明人李维斯·史特劳斯 (Levi Strauss) 的名字。他于1847年17岁时从德意志帝国移民至美国纽约。1853年加州淘金热的消息使年轻的史特劳斯相当入迷，于是搭船航行到旧金山。他带了数卷营帐及蓬车用的帆布，准备卖给不断涌入的淘金者。但他发现帆布有更好的用途，因为有一名年长的淘金人表示他应该卖的是能承受挖金磨损的长裤。于是他把卖不完的帆布送到裁缝匠处，订制了第一件李维斯牛仔裤。就在那一天，李维斯牛仔裤的传奇诞生了。不久后他便在旧金山开了第一间店，生产许多齐腰的紧身裤。过后，他放弃帆布，改用斜纹粗棉布，那是一种在法国纺织、以不变色靛蓝染料织成的强韧棉布。

史特劳斯从1860至1940年间对设计进行了不少改良，包括铆钉、拱形的双马保证皮标以及后袋小旗标，如今这些都是世界著名的正宗李维斯牛仔裤标志。

李维斯·史特劳斯公司的确已成美国传统，对全世界的人来说，它代表的是西部的拓荒力量和精神。

下面结合美国电视广告的创意特色对李维斯广告进行分析和总结。

(一) 创意手法之一：体现价值

人性就是指人所具有的正常的感情和理性，感性诉求广告的目标受众是消费者，以人为主体的世界丰富多彩，人性是一个内涵丰富的主题，生命的新陈代谢、人的喜怒哀乐、感情的相互交流以及对生活的追求等都构成了生活中极为广泛的题材。

李维斯电视广告善于挖掘人性的心灵深处，满足人们心灵深处的渴求与祈

盼,对人的价值肯定、对和平安宁和幸福美满的憧憬等都成了广告表现的新主题,它是显示人类自身价值的一种诉求。

【例】　牛仔篇

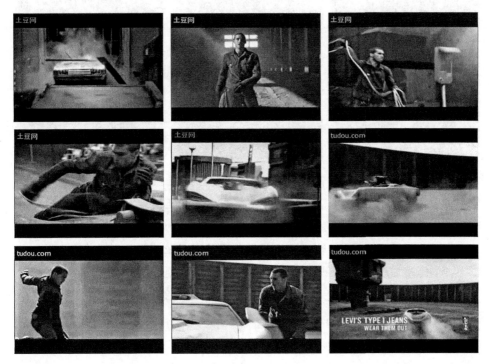

点评:这则广告充分体现了李维斯作为美国西部品牌的特质,将跑车比喻成脱缰的马,而自己成了正在奔跑的牛仔,去征服、驾驭,体现了西部牛仔的开拓力量和精神。李维斯牛仔裤的价值所在,也是李维斯做为一个西部品牌给人的最直观的感受。此刻,它不仅代表一个品牌,而且代表一种西部精神。

【例】　狗狗篇

点评：广告以故事情节的形式出现，连贯呼应性强，片中讲述女主角走出家门后被狗狗追赶而狂奔，体现了奔放和美感。直至女主角爬上树，狗狗仍不肯放过，还是拖走了女主角的李维斯牛仔裤。镜头切换，狗狗走进了女主角走出的那个门，而此时男主角正不知所措地寻找着什么，看见狗狗拿回的裤子，豁然开朗，这不免让人联想。然后，女主角再次出现，相视甜蜜一笑，电视广告中出现了标志性的红色字母"Levis"。无论视角怎样切换，主体永远是李维斯牛仔裤，逃跑，被狗追，仅仅是为了一条牛仔裤，体现了李维斯牛仔裤的价值。

(二) 创意手法之二：自然浪漫

19世纪，浪漫主义者将大自然的景色带入了他们的作品，雄伟的高山、辽阔的大海、纯朴恬静的田园风光、异域他乡的奇特情调等。大自然的壮丽风景在浪漫主义者的手中得到了尽情的描绘和展示。

为了舒缓疲惫的身心、躲避城市的喧嚣和污染，越来越多的都市人希望能逃离城市，投入大自然的怀抱，实现现代人的"逍遥梦"，而正因这样，它成了感性诉求式广告的一个切入点。李维斯广告针对这一需求，再现大自然各种美景，渲染一种轻松欢快的浪漫气氛，使消费者为之心动，从而达到广告的目的。

【例】 探矿者篇

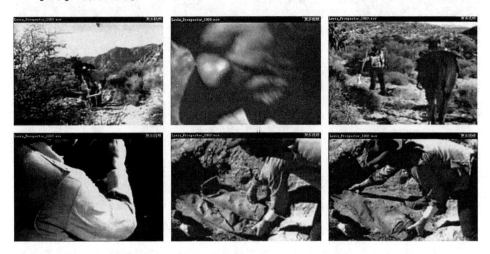

点评：在西部美丽的风光下，一名挖矿者为自己心爱的李维斯牛仔裤挖掘属于它的墓地，画面感人。

(三) 创意手法之三：情调设计

所谓情调，即广告作品基于一种主题意念而表现出来的浓郁的感情色彩和审美抒情，将审美抒情性融于创意表现之中。情调设计经常用说故事的方式来表达信息与人的关系，以卓越的创意、动人的形象、诱人的情趣、变换多样的艺术处理手法表达广告内容，从而使消费者产生身临其境并与之心灵对话的境界，进而唤起消费者潜意识的欲求。

李维斯影视广告以情动人，运用情调设计来揭示广告主题，拨动人的心弦，并且使人回味无穷，情系于怀。

【例】 仿制篇

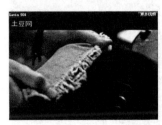

点评：美国品牌广告一直延续着美式的幽默，广告中，男主人公精心为女友打造了一条牛仔裤，当送到女友手中时，女友万分感动，给人以温馨的浪漫。但当男主角坐上离开的公车，脱下自己的外裤，展现出自己的李维斯牛仔裤时，体现了该牛仔裤在自己心目中的地位之高。万分的精心打造仅仅只是为了保住自己身上的李维斯。

【例】 干洗篇

点评：这则广告不免让人遥想自己呼唤情侣的方式，而作为美国的品牌一再延续了美式的幽默。深夜，拿石头丢房子，想唤醒的不是自己的情侣而仅仅是洗衣店的管理员，为的是拿回自己的李维斯牛仔裤。巧妙的构思、浪漫的情调、拨动人的心弦，让人回味无穷。

（四）创意手法之四：激情诱惑

激情及其令人震惊的诱惑对每个人来说都是无法抵挡的，它可以满足存在于人类意识深处的需要和欲望。性感就是美，就是激情，就是性格的表现。"自然界中任何东西都比不上人体更有性格，人体由于它的力或者美，可以唤起种种不同的意象。"这就是罗丹关于人体美的深情描绘。

李维斯广告就运用了这种激情的诱惑而达到广告的目的。

【例】　激情篇

点评：李维斯作为以性感为诉求点的品牌，在这则广告中表现得淋漓尽致，性感就是美，就是渴望，就是激情。广告中运用了暗喻的手法，对于李维斯牛仔裤的渴望，用男女之情的形式体现，让人无法抗拒。

以上是对李维斯牛仔裤影视广告创意表现手法的简略分析，李维斯牛仔裤展现的不仅仅是性感和解放，还代表着西部的拓荒力量和精神。它在广告的表现与品牌的理念上不断创新，使之成为一个传统的美国品牌。

本 章 小 结

    欧美国家的经济发展水平较高,孕育了众多的世界顶级品牌;欧美国家的广告创意水平也较高,优秀的影视广告影响着全球;欧美国家的文化特色也非常鲜明,比如英国、法国、德国、西班牙、葡萄牙、挪威、瑞典、芬兰、丹麦以及美国。本章旨在分析这些国家的文化特色和影视广告创意特点,及其典型品牌的影视广告创意,由此来开阔我国广告创意人的思路,丰富我国广告创意的经验,提升我国影视广告的创意水平。

第八章
中外影视植入式广告创意比较研究

第一节　植入式广告的概念和类型

影视作品中的广告按其表现的方式一般分为显性广告和隐性广告两类。显性广告主要以影视节目中的插播广告为主,而隐性广告则以影视节目中的植入式广告为主。

一、植入式广告的概念

植入式广告被引入中国是在1990年前后,随着中国影视节目的发展而被社会大众所熟知,尤其在2000后,中国的植入式广告更是得到了长足的发展,各种产品或品牌标识纷纷被搬到银幕上。

植入式广告,是相对于那些有专门的发布空间和时间的广告而言的。它是指隐身在电影、电视剧、游戏、大型活动或晚会、某些商业会议或政府活动、音乐等场合之中的广告。由于这种隐身的特点,植入式广告又称嵌入式广告、置入式广告、隐性广告。由于本书的研究范围主要是影视广告,因此本章的植入式广告主要是指隐含在电影作品和电视节目中的广告。

例如,《少林足球》中有三菱车出现;在刘德华主演的《无间道》中,有VISA、东芝电视、摩托罗拉、凌志等品牌现身;在葛优主演的《手机》热播时,大街上人们的手机铃声都和片中摩托罗拉手机的一模一样；在《2046》片尾，LG的标志长时间地出现；在《龙虎门》中，诺基亚也是出尽了风头；在《爱情呼叫转移》中，龙小虾玩的"飞信聊天"一时间成为青年人心中的时尚。总之，植入式广告正以锐不可当之势"日渐新其貌"。

二、植入式广告的隐身技巧

在一个广告信息铺天盖地的时代，只有把广告做得不像广告，让受众在没有任何戒备心理的情况下悄然接受，才能取得较好的效果。一般来说，广告在影视传播中有以下几种隐身技巧：

（一）隐身于背景画面中

广告以背景画面的形式出现在影视节目当中，即在人物活动的场景中，布置可以展示产品或品牌信息的实物。这种宣传方式更为隐蔽，产品的宣传海报或宣传的产品会直接出现在画面中，而不需要影视作品中的人物用语言来点破它。在影视剧中，广告信息本身就是影片的内容，通过对它们进行反复特写展示，以此来加强消费者对品牌的认知和记忆。由于这种广告宣传形式可以使广告信息得到最高程度和最多次数的曝光，因此这种形式的广告也被许多产品生产商、赞助商所青睐。如电影《手机》中一个很生活化的场景：伍月看严守一主持的节目，电影中的电视上则播放着中国移动"沟通从心开始"的广告，这种将商品直接置入影片并融入剧情之中，广告元素与传播载体完美结合，给观众留下了深刻的印象。在电影《天下无贼》中，动感地带的巨幅海报总出现在如火车站等主要场景的背景处，其形象代言人周杰伦在海报上的神情，在画面中清晰可辨。

（二）隐身于台词中

产品名称直接出现在影片的台词中，也是常见的植入式广告手段之一。广告以台词的形式出现在人物的对白或主持词中，即在台词中强调产品或品牌的优点。《阿甘正传》里有一句经典台词："见美国总统最美的几件事之一是可以喝足'彭泉'牌饮料。"有时候，电影中甚至会出现真正的产品广告。比如在《少数派报告》的开头，街头的大屏幕上就完整地播放完了一段"凌志"广告。《天下无贼》里实在没有什么情节能够让刘德华像《我，机器人》里的威尔·史密斯一样大声地说："我只穿2004年产的匡威鞋"，就只好让刘德华逼着傅彪写了一个宝马转让书，大声地把"宝马汽车"念了一遍。

再如电影《没完没了》中"路易十三"的那场戏：大伟喝醉了，抱着"路易十三"连睡觉都不放，大伟的哥们看他喝多了，问道："大伟想吐吗？"大伟抱着酒瓶说："想，那我也不吐，我舍不得，十三，路易的。"这段对白不仅诙谐幽默，而且还巧妙地为"路易十三"这种酒做了宣传。

（三）隐身于电影人物经常使用的生活必需品中

广告信息以剧中人物经常使用的生活必需品来展示，通过画面的反复出现来强调传递某一产品，即产品直接作为角色的道具或用具出现在影视节目中，借助角色的不凡身手展示产品的十足美感和卓越性能。通俗地说，影视剧中人物吃的、穿的、用的，都是隐性的广告产品。冯小刚导演的贺岁片《手机》是经典的案例：片中演员使用的全部是摩托罗拉手机，被安排了多个特写镜头的男主角严守一的摩托罗拉新款商务手机出尽了风头，俨然成了第二主角。电影《天下无贼》也不例外：片中演员使用的手机一律是其赞助商诺基亚的产品。令人记忆更为深刻的是，男主角偷了一大堆手机，其旅行袋一被打开，特写镜头马上拉到了一部又一部的诺基亚手机上。

以下图片展示的是好莱坞商业电影中出现的大量隐性广告。

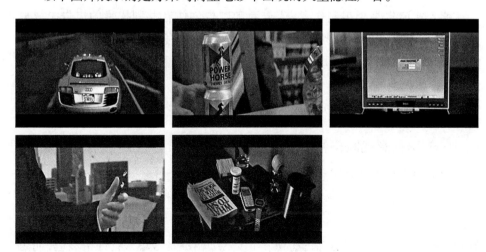

(四) 隐身于品牌广告的特定音效或旋律中

广告通过特定的音效或音乐旋律的暗示,引导受众联想到特定的品牌。例如各大品牌的手机都有其特定的几种铃音和短信提示音,在影视作品中,观众即使不能清楚地看到手机上的品牌标志,也可以通过熟悉的铃音或是短信提示音联想到手机的品牌。相信看过《手机》的朋友们,无不对严守一使用的摩托罗拉E380铃声"you have an incoming call"印象深刻。还有,现在很多品牌都有自己的品牌主题曲,一听到主题曲,就能使受众联想到品牌。诸如此类,都是以声音传递一种产品或品牌信息。

(五) 隐身于节目冠名中

这种方式在电视节目中经常会出现,比如说某栏目或者某电视剧由某公司赞助播出,有的还会出现某某剧场、某某在线、某某直播等形式。这种模式比较直白,但是又不同于纯粹的广告推销,相对比较隐性。

当然隐性广告的形式多种多样,这里只是列出了几种常见的形式。其他的比如节目本身就是一个广告,这在一些服务类、科技类节目中经常出现,节目本身就是介绍某种新产品、新技术、新方法等,也就是在为这种产品、技术或者方法做宣传。

三、植入式广告的优点

植入式广告是影视制作者、广告商和广告创作者共同探索的广告投放形式。它的出现,一方面为影视制作减轻了筹集资金的压力,另一方面也为广告投放开辟了新的投放空间和投放方式。如果执行得当,植入式广告将会实现影视制作和广告投放的双赢。

隐形于影视作品中的植入式广告,与"显性广告"相比,具有以下几大优点:

(一) 降低影视制作者的制作成本和运营风险

在影视作品中的植入式广告,广告赞助商需要为此提供费用、场地或者商品,这样可以帮助影视制作者缓解资金压力,降低制作成本,并分担运营风险。因此,植入式广告的加入,对于制作方来讲,是一件大有裨益的事情,正因如此,好莱坞某些编剧才发出这样的感慨:如今的编剧不是考虑人物性格塑造,而是考虑怎么在电影中塞进更多的广告。[①]

(二) 拓展了广告投放空间,丰富了广告的发布形式

一般的影视广告通常以插播的形式发布在广告时段上,比如插播在节目中或者节目与节目之间;而植入式广告则在影视节目中间寻找投放空间,巧妙地将广告信息置入影视节目的情节中,让观众在欣赏影片和节目过程之中接收到广告信息,植入式广告不需要专门开辟刊播广告的时段,这既拓展了广告空间,也丰富了广告的发布形式。

(三) 借助影视团队的实力

为了提高商业影片的票房和电视剧的收视率,有实力、有影响的制作团队是不可缺少的,其中不乏大牌明星和知名导演。在这类影视节目中置入广告,以较低的价格就可以让众多明星为自己的产品和品牌服务,比在常规广告中请明星代言要经济划算得多。

(四) 潜移默化的广告渗透效果

植入式广告通常以巧妙的形式置入影视节目中,经常作为影视节目的组成部分之一展现在观众面前,观众正精神高度集中地欣赏影片或节目,在没有任何戒备心理的情况下不知不觉接受了广告信息的刺激,这种潜移默化的渗透效果是常规插播广告所不能比的。

(五) 强制性接收,广告到达率高

观众在观看常规插播广告的时候,往往有很大的自主选择性,比如可以调换电视频道,可以凭经验估算广告插播时间趁机去做其他事情等。然而植入式广告是嵌入整个影视节目之中的,即便观众意识到了其存在也没有办法将其从中剥离出来,只要选择了收看就必须强制性地接受广告信息,广告到达率较高。

---

① 马戎戎:"电影隐性广告的'双赢'效益",http://media.news.hexun.com.

四、植入式广告的缺点

植入式广告是把双刃剑,除了拥有以上优势之外,植入式广告不可避免地也有一些缺点:

(一) 广告商的风险较高

在这种广告投放方式中,广告主把广告赞助费用集中投资给一部影片、一部电视剧或者一档电视节目,这种把所有鸡蛋放在一个篮子里的做法显然是有较高风险的,因此植入式广告的效果受制于影片或节目的上座率和收视率,一旦其票房或收视率不佳,植入式广告的效果就很难实现。

(二) 影响观众对影视作品的欣赏

如前所述,植入式广告是将广告信息直接"嵌入"影视作品中,广告符号与其他符号的界限是模糊的,隐性广告除了传播广告信息之外还必须承担部分叙事功能。假如将广告镜头从影片或节目当中剥离出来,影片的时间和空间逻辑便会丧失完整性而支离破碎,因此隐性广告作为影视作品的一部分,如果处理不当将会影响观众对作品的欣赏。比如一些突兀、蹩脚的植入式广告会破坏整个节目的艺术性,干扰观众的欣赏情绪,特别是当影视作品或电视节目被认定失败时,植入式广告很容易被指责为"罪魁祸首"。

(三) 影响广告主的品牌形象

并非每支植入式广告都能按照企业的愿望实现潜移默化的传播效果,设计失当的植入式广告往往会影响广告主的品牌形象。比如《天下无贼》中,骗到宝马车的男贼王薄质问小区保安:"开好车的就一定是好人吗?"《天下无贼》中虽然给了宝马车很明显的镜头,但是结合整部电影的情节和角色定位来看,这种"曝光"对于宝马的品牌形象未必会产生正面作用,因为这句对白给观众的感觉是"有些宝马车的车主品质不太好",还有"开宝马车的未必就是好人"。

除此之外,影视节目当中如果产品或品牌的镜头过于生硬、频繁,其产生的刺激超过了观众的承受程度,观众对植入式广告品牌的印象也不太好。

第二节　我国贺岁电影中植入式广告创意方法研究

目前,我国植入式广告正处在一个上升发展阶段,其发展速度、发展潜力受到业内人士的广泛肯定,其间也不乏优秀的植入式广告案例,但大部分植入式广告在运作水准、创意表现、整合营销等方面表现得不尽如人意。

一、植入式广告创作中存在的问题

(一) 传播方式种类少,表现形式太过单一

在植入式广告中,我们看到的最多的传播方式是直冲式和道具式。所谓直冲式,是指产品信息一般出现在影片最醒目的位置,给几个特写镜头。例如,在影片《爱情呼叫转移》中,徐郎和龙小虾从迪厅里面出来,在驱车准备回家的路上,龙小虾在车里玩起了手机,说是在"飞信聊天",徐朗好奇地接过她的手机看,这时,镜头就对着手机上的标志来了近三秒钟的特写。道具式是把产品作为影片中演员使用的工具,由此起到一种意见领袖的作用。在《天下无贼》中,刘德华偷拍刘若英色诱傅彪用的是佳能摄像机,他俩发短信用的手机是诺基亚,便衣警察张涵予给火车乘警看罪犯资料用的是惠普笔记本。对于这两种传播方式而言,它们有着先天的优势——在一定程度上能够和剧情联系在一起,因而,众多的制作人纷纷采用这两种方式,导致千篇一律,没有融入新的元素。当观众不断地被动接受这类信息时,他们对这两种传播方式显然是越来越排斥的。

(二) 创作形式过于生硬、僵化,缺乏与故事情节的结合

在植入式广告的创作过程中,产品信息往往是被置入电影中的,但中国的制作者对所谓的"置入"还没有领悟其精髓,停留在一个表象的、肤浅的认知程度上,因而就造成了相当多的电影隐性广告显得过于"暴露",甚至与影片情节不和谐。如果产品定位不能恰到好处地融入故事中,就会造成观众只关注故事内容而忽视产品信息,从而使传播效果大打折扣。

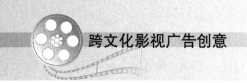

（三）不能正确地体现产品内涵

植入式广告中大多数产品信息的出现是根据剧情的发展而出现的，但对产品的特写时间短，观众在这么短的时间里只可能对出现的产品有一个大致的印象，没法对产品的具体功能和特性有全面详细的了解。例如，在《门徒》中有一段跟踪出租车的戏：两车一前一后地在马路上飞奔，突然，两车中间出现了一辆面包车，车身被涂上了广告，镜头不停地锁在面包车的尾部，定眼一看，原来是"某某绿茶"的特写。最后在面包车即将离去的时候，镜头也不忘对准车身前面的"某某绿茶"再来一个特写。可能在观众的记忆里也会有一个叫某某品牌的绿茶，但根本没法弄清楚这种绿茶是什么口感、对身体有什么功效、代表什么独特的内涵等相关理性信息。那么，即使消费者对该商品有潜在的购买欲望，也无法转化成现实的购买行为。

（四）知名品牌一统天下，中小品牌参与乏力

我们在探究植入式广告的赞助品牌时，会发现知名品牌占了半壁江山，而中低档品牌鲜少参与。例如，《手机》的主要合作品牌是摩托罗拉、宝马、中国移动，《天下无贼》的主要合作品牌是宝马、诺基亚、惠普，《爱情呼叫转移》的主要赞助品牌是中国移动、诺基亚、爱国者。毋庸置疑，知名品牌对植入式广告的产生与发展有着不可磨灭的贡献，但知名品牌是不足以支撑整个植入式广告发展壮大的。因此，植入式广告想要永续发展，就必须在保住知名品牌这块大蛋糕的同时，积极争取中低档品牌的参与热情。

二、我国贺岁电影中的植入式广告创作分析

所谓贺岁电影，是指在元旦、春节期间上映的电影。"贺岁电影"这一概念最早成型于我国香港。香港每逢过年过节，都会公映一些情节轻松、明星大腕云集的电影，如《家有喜事》《八星报喜》之类。寻求欢乐和放松是观众在逢年过节，尤其是春节期间普遍的心理需求，这就决定了贺岁电影的风格：轻松，幽默，具有强烈的观赏性和娱乐性。因此，贺岁电影的题材多与百姓节日期间喜庆、祝福的生活与习俗相关，娱乐性、消遣性较强。

我国内地的电影人中，第一个"吃螃蟹"的当属冯小刚。现在一提到冯小刚的名字，许多人还会不由自主地将他和"贺岁片"联系在一起。1998年冯小刚

的《甲方乙方》不但开创了贺岁电影的先河，更使得"贺岁片"这个概念真正意义上广泛流传起来。

我国贺岁片发展至今已有十余个年头，从过去冯氏电影一枝独秀逐渐演变成了如今百花争鸣、百家齐放的局面。在如今电影业较为萎靡的内地，许多电影发行商都期望乘着贺岁档期的黄金势头，好好地赚一笔，因此众多商业片及喜剧片便会安排在这一档期公映。可以这么说，在这一档期公映的我国电影是最有商业味的，对于植入式广告来说也是最具代表性的，因此下面将对我国贺岁电影中的植入式广告进行分析。

（一）我国贺岁电影植入式广告的发展情况

为了更好地研究中国贺岁电影植入式广告的发展情况，这里先把1998~2006年所有公映过的我国本土贺岁电影总结一下，如表8-1所示。

表8-1　1998~2009年我国本土贺岁电影

年份	贺岁电影名称				
1998	《甲方乙方》				
1999	《不见不散》	《好汉三条半》	《男妇女主任》	《没事偷着乐》	
2000	《没完没了》				
2001	《一声叹息》	《防守反击》	《幸福时光》	《美丽的家》	《考试一家亲》	《大惊小怪》
2002	《大腕》	《绝对情感》	《一见钟情》	《致命的一击》	
2003	《我的美丽乡愁》	《英雄》	《周渔的火车》		
2004	《手机》	《玉观音》	《我和爸爸》		
2005	《天下无贼》				
2006	《千里走单骑》	《夜宴》	《无极》		
2007	《门》	《落叶归根》	《满城尽带黄金甲》	《大电影之数百亿》	
2008	《命运呼叫转移》	《大电影2.0》	《我叫刘跃进》	《苹果》	《集结号》
2009	《非诚勿扰》	《桃花运》	《爱情左灯右行》	《疯狂的赛车》	《梅艳芳》

注：表格中标有阴影的影片为有植入式广告的电影，没标阴影的影片为没有植入式广告的电影。

由表8-1可知,除了2003年和2006年以外,几乎每年的贺岁档都会至少有一部电影中有植入式广告。而植入式广告缺席的那几年,也有着各自的原因:

2003年,一方面,由于《英雄》这部商业大片做得非常成功,给后面的电影人带来了压力;另一方面,有资格能够和张艺谋叫板的冯小刚意外缺席,使得这一年的贺岁片市场波澜不惊,几乎没有植入式广告。

2006年,首先是张艺谋的回归之作《千里走单骑》既不叫好也不叫座,而剩下的两部古装大片《夜宴》与《无极》的市场表现更是平淡无奇。因此,2006年本土贺岁电影中的植入式广告平淡无奇。

正如表8-1所示,从1998年至2007年(除2003年和2006年),每年都仅有一部含有植入式广告的贺岁电影公映,但从2008年开始,这种一枝独秀的状况就发生了改变,2008年不但有《命运呼叫转移》这样含有大量植入式广告的影片公映,更有《大电影2.0》的问世。虽然《大电影2.0》中的植入式广告并不多,却为下一年本土电影植入式广告的井喷状态打下了一个良好的基础。

于是,在2009年贺岁档,除《梅艳芳》由于题材限制无法植入广告之外,其他的几部贺岁电影无一例外或多或少地含有植入性广告。在这四部电影中,除了《桃花运》的隐性广告较为含蓄之外,其余三部电影都不遗余力地将植入式"进行到底"。首先,《非诚勿扰》作为冯小刚再一次回归贺岁市场的力作,自然颇受广告商的青睐;另外,《疯狂的赛车》和《爱情左灯右行》分别有其成功的前作《疯狂的石头》与《爱情呼叫转移》作为铺垫,而这两部前作电影也有许多成功的植入式广告先例,这同样能够吸引不少广告商驻足。于是便造就了2009年中国本土贺岁电影植入式广告井喷状态。

在表8-1的基础上,以下筛选出含有植入式广告的14部本土贺岁电影,对其进行深入研究,它们分别是:《甲方乙方》《不见不散》《没完没了》《一声叹息》《大腕》《手机》《天下无贼》《门》《命运呼叫转移》《大电影2.0》《非诚勿扰》《桃花运》《爱情左右》和《疯狂的赛车》。

(二) 14部中国贺岁电影中的植入式广告类型统计分析

对以上14部电影样本,按照形象植入、对白植入、场景植入、广告植入和情节植入的分类(参考本章第三节中植入式广告的类型)进行分析统计,研究结果见图8-1~图8-14。

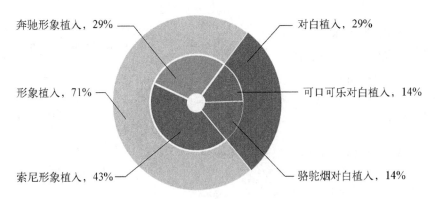

图8-1　1998年《甲方乙方》植入式广告统计

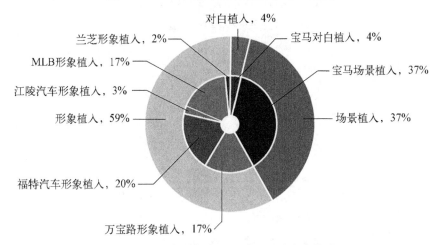

图8-2　1999年《不见不散》植入式广告统计

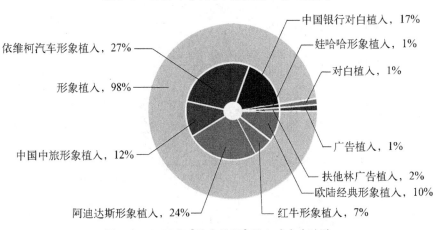

图8-3　2000年《没完没了》植入式广告统计

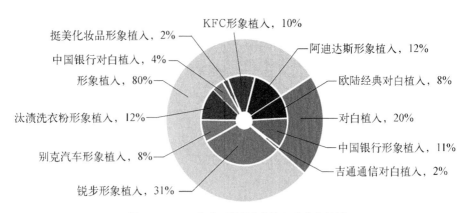

图8-4 2001年《一声叹息》植入式广告统计

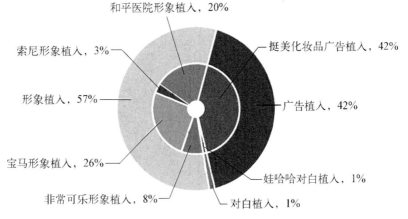

图8-5 2002年《大腕》植入式广告统计

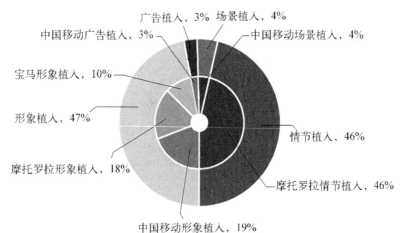

图8-6 2004年《手机》植入式广告统计

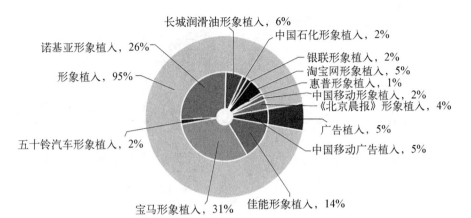

图8-7 2005年《天下无贼》植入式广告统计

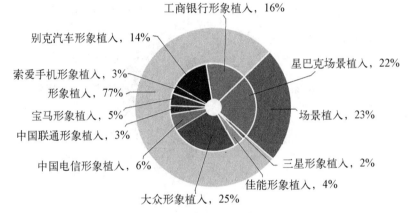

图8-8 2007年《门》隐性广告统计

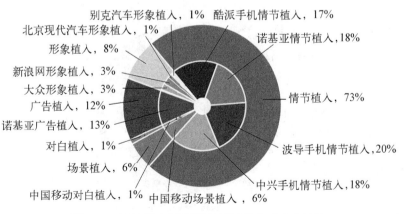

图8-9 2008年《命运呼叫转移》植入式广告统计

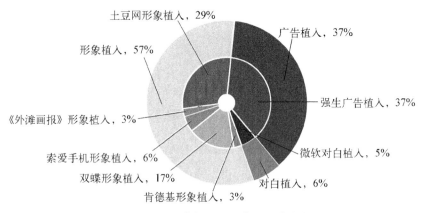

图8-10　2008年《大电影2.0》植入式广告统计

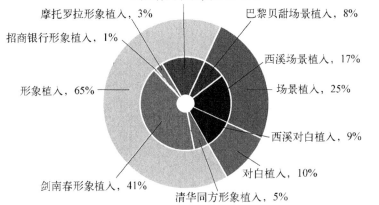

图8-11　2009年《非诚勿扰》植入式广告统计

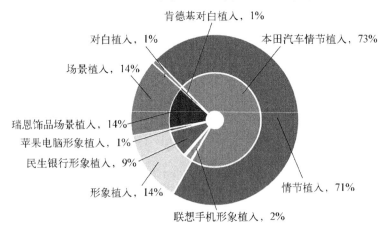

图8-12　2009年《爱情左灯右行》植入式广告统计

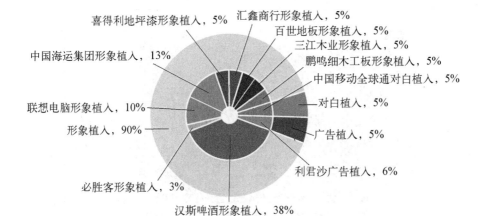

图8-13 2009年《桃花运》植入式广告统计

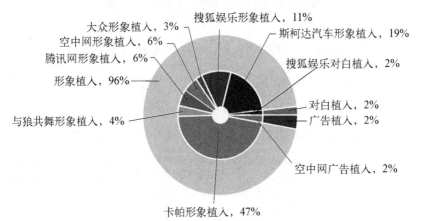

图8-14 2009年《疯狂的赛车》植入式广告统计

正如图8-1至图8-14所示,形象植入永远是植入式广告不可或缺的一种植入类型,在中国电影植入式广告发展的短短十余年间,每年都会有形象植入的广告出现。但从以上列图也不难看出,形象植入的植入式广告在近几年有渐渐减少的趋势。例如,2008年的《命运呼叫转移》和2009年的《爱情左灯右行》,其形象植入广告分别只占植入式广告总量的8%和14%。

通过以上对各部电影的统计分析,我们可以得出如图8-15中的数据。由图8-15不难看出,植入式广告类型正向多样化发展。在1998~2002年间,一部电影仅有两种类型的植入式广告,而自2004年开始,所用到的植入式广告的类型开始增多,而2008年和2009年间,可谓将植入式广告运用得淋漓尽致,这两年间的贺岁电影都集齐了5种植入式广告的类型。

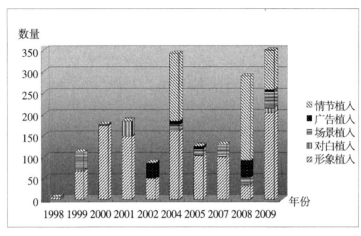

图8-15   1998~2009年中国贺岁电影植入式广告类别统计汇总

(三) 14部中国贺岁电影中的植入式广告发展走势研究

对上述14部电影样本进行深入研究分析后,可得出以下图表 (见表8-2、图8-16、图8-17)。

表8-2   1998~2009年中国贺岁电影植入式广告明细汇总

年份	电 影	电影总长 (秒)	植入种类	品牌数	品类数	广告总时间 (秒)	植入广告率 (%)
1998	《甲方乙方》	4 955	2	4	4	7	0.141 3%
1999	《不见不散》	5 829	3	6	4	111	1.904 3%
2000	《没完没了》	5 140	3	8	8	229	4.455 3%
2001	《一声叹息》	6 522	2	9	8	184	2.821 2%
2002	《大腕》	6 012	2	6	5	86	1.430 5%
2004	《手机》	5 989	4	3	3	341	5.693 8%
2005	《天下无贼》	7 005	3	12	11	125	1.784 4%
2007	《门》	5 302	2	10	7	129	2.433 0%
2008	《命运呼叫转移》	6 388	4	11	5	541	8.469 0%
	《大电影2.0》	5 605	3	5	5	35	0.624 4%

（续表）

年份	电 影	电影总长（秒）	植入种类	品牌数	品类数	广告总时间（秒）	植入广告率（%）
2009	《非诚勿扰》	6 948	4	6	6	501	7.210 7%
	《桃花运》	6 287	3	11	8	78	1.240 7%
	《爱情左右》	6 213	4	8	8	556	8.949 0%
	《疯狂的赛车》	5 963	3	7	4	357	5.986 9%

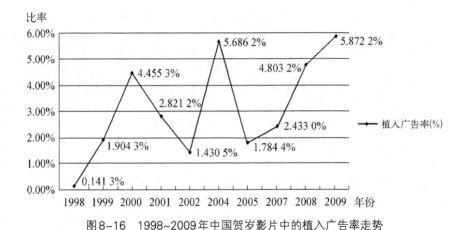

图8-16　1998~2009年中国贺岁影片中的植入广告率走势

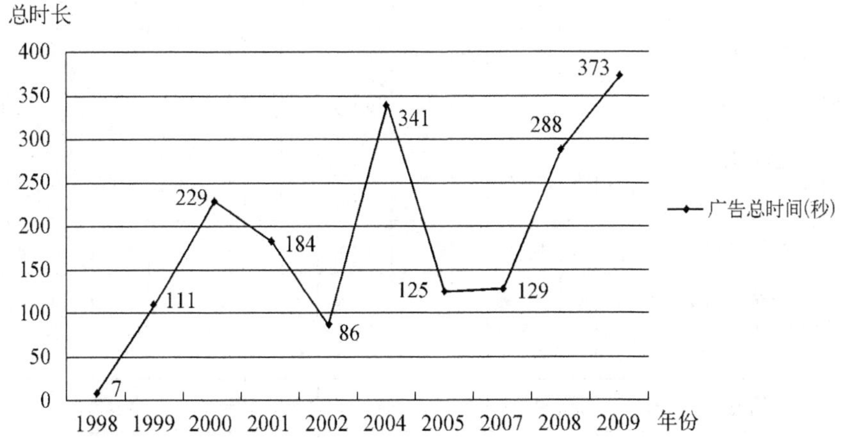

图8-17　1998~2009年中国贺岁影片中的植入广告总时间走势

由图8-16和图8-17来看,虽然植入式广告比率和植入广告的总时长在1998年至2009年期间起起伏伏,但明显可以看出缓慢的上升态势。而自2005年以来,更是保持着飞速上升的势头,并在2009年异军突起,远远超过了原先的数据,达到了一个新的高点。

(四) 14部中国贺岁电影植入式广告的品类研究

根据植入的品牌进行分类,共分为17个主要的品类,而剩下的无法归类的品牌则归入"其他",统计详见表8-3和图8-18 (其中,白色五角星代表没有该品类的广告,黑色五角星代表出现了该品类的广告)。

表8-3 14部贺岁电影植入式广告品类统计分析

公映年份	电影	日用品	服装	汽车	手机	电脑	网站	其他电子产品	通信产品	饮料	食品	烟草	银行	药品及医疗产品	护肤品	旅游景点	地产	传统媒体	其他
1998	《甲方乙方》	☆	☆	★	☆	☆	☆	★	☆	☆	★	★	☆	☆	☆	☆	☆	☆	☆
1999	《不见不散》	☆	★	★	☆	☆	☆	☆	☆	☆	☆	☆	☆	☆	★	☆	★	★	☆
2000	《没完没了》	☆	★	★	☆	☆	☆	☆	☆	☆	☆	☆	☆	★	☆	★	★	★	☆
2001	《一声叹息》	★	★	☆	☆	☆	☆	☆	★	☆	★	☆	☆	☆	☆	★	☆	☆	☆
2002	《大腕》	☆	☆	★	☆	☆	☆	★	☆	☆	☆	☆	☆	★	★	☆	☆	★	☆
2004	《手机》	☆	☆	★	★	☆	☆	☆	★	☆	★	☆	☆	☆	☆	☆	☆	★	☆
2005	《天下无贼》	☆	☆	★	★	★	★	☆	★	★	☆	☆	☆	☆	☆	★	☆	★	★
2007	《门》	☆	☆	★	★	☆	☆	★	☆	★	☆	☆	★	☆	☆	☆	☆	☆	☆
2008	《命运呼叫转移》	☆	☆	★	★	★	☆	★	★	★	☆	☆	☆	☆	☆	★	☆	☆	☆
2008	《大电影2.0》	☆	☆	☆	★	★	★	☆	★	☆	☆	☆	☆	☆	☆	☆	★	★	★
2009	《非诚勿扰》	☆	☆	★	★	☆	★	★	★	☆	☆	☆	☆	☆	★	★	★	★	☆
2009	《桃花运》	☆	☆	★	☆	☆	☆	☆	☆	☆	☆	☆	☆	★	★	☆	☆	★	☆
2009	《爱情左右》	★	★	★	★	☆	★	☆	☆	☆	☆	☆	☆	☆	☆	☆	☆	★	★
2009	《疯狂的赛车》	☆	★	★	☆	☆	☆	★	★	☆	☆	☆	☆	☆	☆	☆	☆	☆	☆

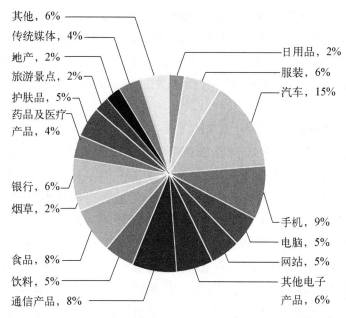

图8-18 1998~2009年中国贺岁电影植入式广告品类分布

1. 无论在过去还是将来，电影植入式广告都将是汽车类品牌的"宠儿"

由图8-18不难看出，汽车类广告占所有品类的15%，远远超出位居第二的手机类广告。而从表8-3可知，汽车类广告几乎每年都会出现在大屏幕中，与观众见面。汽车类广告明显更青睐于植入式广告，也许与汽车这一品类的产品特性密不可分。人们往往会为了买一辆车而花费半年的时间研究各种品牌及型号之间的优劣，而这些往往都不是15~30秒的电视广告或呆板的平面广告所能展示的。虽然现今许多车子都喜好在自己的品牌上灌输概念，希望通过这些概念与消费者产生共鸣，但事实上，消费者并不会仅仅因为一辆车子的定位与自己的理念一致便心甘情愿地掏腰包，反而更多地关注车子的外形和性能。而电影却是展示车子性能平台的最佳途径，只要剧情需要，车子可以不受时间限制地在大屏幕上狂奔，甚至还能做出诸如漂移、飞车之类惊险的动作，这些无疑都是传统广告所不能表现的。因此汽车类品牌经历十几年仍然是植入式广告的常客。

2. 由2004年开始，手机渐渐成为电影植入式广告的常客

由表8-3可知，自2004年电影《手机》一炮而红之后，手机的植入式广告在

每年的贺岁电影中都可看到。2003~2004年正是彩屏手机普及的阶段，也正是这段时间，手机渐渐普及到了"人手一部"的状态。手机不但成为人们生活中不可或缺的一部分，并且渐渐成为一种时尚消耗品，一个人平均2~3年就会更换一部手机。而电影中与明星形影不离的手机则更容易成为消费者争相购买和追捧的目标。

3. 自2005年开始，网站也渐渐瞄上了电影植入式广告市场

由表8-3可知，自2005年至2009年，几乎每年至少会有一部贺岁电影中出现网站的广告。而这些网站，无论是淘宝网、搜狐娱乐、土豆网还是新浪网，几乎都已经成为众多网民所熟知的网站。这一现象其实也很自然，由于Web2.0的到来，网络已渐渐成为人们工作生活中不可或缺的一部分；加上一些网站崛起之后不满足仅仅在网络上做宣传，由此可见，电影植入式广告的魅力无穷。而另一方面，网站和电影更能形成一个良好的立体营销网，那些有名的网站可以在电影拍摄期间以及电影放映期间对电影起到一个预热和宣传的作用，而电影公映之后，又能向观众宣传网站，这可谓是一笔双赢的买卖。由此趋势不难看出，随着今后网络日新月异的发展，网站会更多涉足广告市场。

(五) 14部中国贺岁电影植入式广告的创意研究

1. 植入式广告又有新形式

过去的植入式广告形式通常局限于在电影中插入品牌的电视广告、平面广告或广告语，而2008年的电影《命运呼叫转移》却尝试了另一种不同于以往的植入方式，并且起到了一定的效果，至少让所有人都记住了诺基亚的经典铃声。《命运呼叫转移》在演绎第二个故事"生之欢歌"时，在短短的几十分钟内，虽然没有很明显地出现诺基亚的标志，但出现了不下二十次的诺基亚经典铃声，似乎在提醒着观众："这里有诺基亚的植入式广告！"通常人的听觉记忆相较于视觉记忆来得更为长久，也更能给人留下印象。因此在整个电影落幕之后，只要那经典铃声一响起，人们马上便会联想到诺基亚这一品牌。

2. 植入式广告不再由一个品类的单一品牌贯穿整部戏

过去的贺岁电影中，通常同一品类只会出现一个品牌，如《手机》中的摩托罗拉手机或《天下无贼》中的诺基亚手机。即使一个品类出现了两三

个品牌,不同品牌之间出现的频次也会略有不同,到最后你能记住的,往往也只有一个品牌。而在2008年的《命运呼叫转移》中却打破了这一定势。《命运呼叫转移》由四个故事组成,分别为:"误会""生之欢歌""山区""山难"。每个故事中,手机都起到了推动剧情的作用,但不同于以往的是,不同的故事中植入广告的手机品牌也不同。"误会"中的手机为酷派最新商务型手机,"生之欢歌"中的手机为诺基亚5310音乐手机,"山区"中用的是波导手机,"山难"中用的则是中兴商务手机。可以说,这四种品牌的手机在电影中处于同样重要的地位,并且这四种品牌手机的定位很好地契合了电影中角色的身份。"误会"和"山难"的主角,不是商人、心理医生就是黑心药商,他们使用的清一色是定位较高的商务手机;而"生之欢歌"的主角是中国电信移动营业厅的一个小职员,她所用的手机是面向中低端市场的诺基亚5310音乐手机;"山区"中的主人公是生长在偏远山区中的农民,他使用的则是偏低端的波导手机。

3. 植入式广告正向立体植入式广告营销发展

过去的植入式广告仅仅停留在产品本身、广告语或是品牌标识的植入上,而在2008年的《命运呼叫转移》中却连同品牌的代言人一起植入电影中。该影片第三个故事"山区"中,男主角是由葛优扮演的一位憨厚淳朴的农民,当然,葛优同时又是中国移动神州行卡的代言人。在神州行广告中,葛优也正是以一个憨憨的农民形象示人。电影中葛优憨笑着说出来的台词"我看行",正好与神州行的广告语"神州行,我看行"产生了共鸣,而葛优在说这句台词时,无论从声音、语调还是从表情,都和神州行广告中的表现如出一辙,使人们产生了自然的联想,巧妙地将神州行的广告与整个故事相互补充、相互融合,让人们在会心一笑的同时,对神州行的印象更深了一步。

4. 植入式广告在电影剧情发展中起到了一定的推动作用

随着植入式广告的发展,植入的产品已不再是可有可无的道具,而渐渐成了剧情发展的关键。早在2004年,《手机》便首先将产品名作为电影的名字,并使得摩托罗拉手机成了推动剧情发展并带给男主角悲剧命运的关键;2008年的《命运呼叫转移》中,四个风格迥异的小故事都是围绕着手机而展开的;而2009年的《爱情左灯右行》,则将产品作为剧情发展的关键,更有喧宾夺主之嫌。影片中天使将一辆本田"飞度"交到女主角的手中,说这辆车可以让女主角邂逅12位男子,而在整部影片的最后,女主角拥有的红色"飞度"和男主角拥有的蓝

等。正是因为这些品牌是我们所熟知的,我们才会在沉浸于电影剧情的同时能够很轻松地识别出这些品牌名称和信息。

(二) 对白植入

对白植入,就是在电影中巧妙地将品牌植入人物对话中,使之成为自然而连贯的交谈内容之一。比如,威尔·史密斯在《我,机器人》中跺跺脚上的鞋,大声地说:"我只穿2004年产的匡威鞋。"这句台词很明显地表达了威尔·史密斯对于匡威这个品牌的喜爱之情。电影又经由故事情节所表现出来的主人公的勇敢正直的性格和个人喜好影响到观众对匡威这个品牌的认知。

(三) 情节植入

情节植入,是指某一品牌的商品成为推动整个故事情节的有机组成部分,品牌或商品不仅仅在生活场景或人物对白中出现,而且几乎贯穿于整个故事或成为故事某个情节起伏的原因和线索。例如,《手机》中的中国移动和摩托罗拉手机几乎成了电影的两位隐身主角。当然,冯小刚的这部影片也因此颇遭非议,观众指责他的这部影片"几乎是摩托罗拉手机的品牌秀场"。原因是这种纯粹的情节植入忽略了电影情节与品牌形象内在的契合性,虽然增加了产品品牌的暴露度,但无助于品牌形象的提升。

(四) 形象植入

形象植入,是指根据品牌所具有的符号意义,将某一品牌的商品或服务植入电影中,成为故事主人公个性和内涵的外在表现形式,同时通过故事情节演绎品牌原有的意义,丰富品牌内涵,增强品牌的个性,进一步提升品牌形象。

例如,电影《穿普拉达的女王》中,女主角虽然苛刻、不通人情、刻薄,是外人眼中公认的女魔头,但是她对于时尚的敏感和独到见解、在时尚界的地位与身份,都与其所表现出来的品牌相一致,而片名植入了品牌名称普拉达,更使主人公与品牌的形象相呼应。片中她只喝热的星巴克咖啡,只使用苹果电脑等,使这些品牌的形象和个性都得到了强化。

以上四种是电影中植入式广告的主要方式。除此之外,还有一种植入方式叫广告植入,即把影视广告融入剧情中播放。最常见的例子是,在剧情播放时出现剧中人物在看电视,而电视中播放的正是某品牌的广告。

由于本节选取的电影样本中未出现广告植入,所以下面以四种基本植入方式为分类标准进行样本统计和分析。

三、中、美6部电影中的植入式广告数据统计

在对中、美6部电影进行反复观看和分析后,按照场景植入、对白植入、情节植入和形象植入四种植入式广告的分类标准,分别对其中的植入式广告进行鉴别和分类,制作了下面这份数据统计表(见表8-5)。

表8-5 中、美6部电影植入式广告数据统计

电影名称	产品品牌	广告植入类型及次数			
		场景植入	对白植入	情节植入	形象植入
《天下无贼》	佳能	7	0	0	0
	宝马	4	1	1	0
	诺基亚	5	0	1	0
	长城润滑油	3	0	0	0
	淘宝网	2	0	0	0
	《北京晨报》	1	0	0	0
	惠普电脑	1	0	0	0
《如果·爱》	易趣	3	0	0	0
	松下随身听	5	0	1	0
	凯高影碟机	3	0	0	0
	威神(Vision)	1	0	0	0
	茵宝(UMBRO)	2	0	0	0
	勿忘我	>9	0	0	0
	中国邮政	1	0	0	0
	巴士电车	2	0	0	0

(续表)

电影名称	产品品牌	广告植入类型及次数			
		场景植入	对白植入	情节植入	形象植入
《爱情呼叫转移》	诺基亚	6	3	0	0
	爱国者	2	1	1	1
	中国移动	1	2	0	1
	魔兽世界	3	0	0	1
	CCTV5	5	0	1	0
	康佳	8	0	0	0
	Esprit	1	0	0	0
	ONLY	1	0	0	0
	LACOSTE	1	0	0	0
	合丰日膳	1	1	0	1
《阿甘正传》	耐克	7	0	1	1
	可口可乐	2	0	0	0
	七喜	2	0	0	0
	胡椒博士汽水	2	1	0	0
	《花花公子》杂志	1	0	0	0
	百威	3	0	0	0
	大门酒店	1	0	0	0
	艾波酒点	0	1	0	0
	苹果	1	0	0	0
《穿普拉达的女王》	奔驰	2	0	0	1
	喜力啤酒	4	0	0	0
	星巴克	>5	0	0	1
	圣罗兰 (YSL)	0	1	0	1

(续表)

电影名称	产品品牌	广告植入类型及次数			
		场景植入	对白植入	情节植入	形象植入
《穿普拉达的女王》	D&G	0	1	0	1
	吉米朱	0	2	0	1
	香奈儿	1	3	0	1
	植村秀	0	1	0	1
	Bany & Olufsen	1	1	0	1
	梅森·皮尔森	1	1	0	1
	马可	1	1	0	1
	《哈利·波特》	0	6	1	0
	迪奥	0	1	0	1
	华伦天奴	1	1	0	1
	芬迪	0	1	0	1
	苹果电脑	1	0	0	1
	阿莎罗	1	0	0	1
	LYMIP	1	0	0	1
《变形金刚》	惠普笔记本	3	0	0	0
	易趣	1	6	1	0
	松下	2	0	0	0
	汉堡王	1	0	0	0
	万维网	0	1	0	0
	苹果电脑	1	0	0	0
	诺基亚	0	1	0	0
	劲量电池	0	1	0	0
	雪佛莱	>17	0	1	1
	GMC	>2	0	1	1

中都出现了场景植入这一基本形式；同样，情节植入也都或多或少被使用在所有电影中；对白植入这一类型在中国电影植入式广告中也占有一席之地；形象植入的方式使用概率较低。

下面分析3部美国电影中的植入式广告类型（见图8-25~图8-27）。

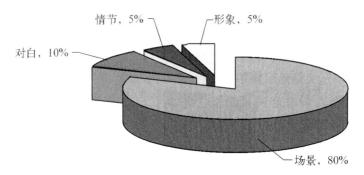

图8-25 《阿甘正传》植入式广告类型分布

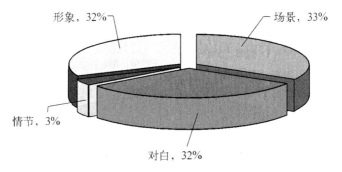

图8-26 《穿普拉达的女王》植入式广告类型分布

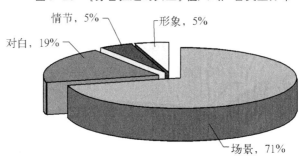

图8-27 《变形金刚》植入式广告类型分布

从对以上3部美国电影中的植入式广告所做的数据统计和分析可以发现，场景植入被大量使用，对白植入成为第二大被使用的植入式广告类型，形象植入位于第三,情节植入使用的情况平均占4.33%左右。这样看来,美国电影在使用植入式广告时会较多地考虑广告品牌形象与电影人物形象是否统一的问题,而形象植入广告的使用不仅使产品品牌在影片中有一定的曝光次数,在品牌形象的提升上也有一定的作用。

五、中、美电影植入式广告创意对比分析

(一) 场景植入式广告的创意对比

在场景植入式广告中,中、美电影植入式广告的创意差异不大,主要是以产品实物作为道具出现在影片中,而作为影片环境场景的植入相对来说使用率低很多。

比如中国电影《爱情呼叫转移》中作为场景出现的ONLY和LACOSTE等服装品牌,都是以专卖店的背景场景出现;而美国电影《变形金刚》中汉堡王也是作为一个背景环境出现在女主角的身后。

(二) 对白植入式广告的创意对比

对白植入式广告中,美国电影主要使用人物对白植入,而中国电影植入式广告除此之外还根据剧情将广告融入影片主人公的生活中,成为电影广告中的广告。

根据对这6部电影植入式广告的统计数据分析,美国电影植入式广告在对白模式上仍主要将广告植入主人公的对白中。比如《变形金刚》中几次被提及的"ebay"就是以这一形式出现。而中国影片《手机》则采用了第三方的语言,在主人公看电视的时候,由电视内传出广告语,不仅使故事更贴近生活,也达到了让观众"会心一笑"的传播效果。

(三) 情节植入式广告的创意对比

在情节植入式广告的运用方面,中、美电影的差异不大。

情节植入的方式使用得较少,在创意上也没有太大的不同,仍是由某件产品所引申出的部分情节使电影故事内容更完整、人物形象更丰满,同时达到产品宣传的软广告作用。

《如果·爱》中的松下随身听,不仅是一种场景植入,也是推动电影故事发展的一个线索,并且成为见证男主人公心灵情感转变和男女主人公交流的道具,

是影片故事中不可缺少的一个环节,使影片情节更流畅、人物情感更连贯。《穿普拉达的女王》中多次出现的《哈利·波特》手稿成为上司对女主人公刁难与考验的重要环节,也成为故事情节起伏的一部分,不仅推动了影片故事的后续发展,也使女主角的形象更丰满。

(四) 形象植入式广告的创意对比

在形象植入式广告的使用上,中、美电影植入式广告的表现情况也相近。

从样本中使用形象植入式广告的情况来看,美国影片《阿甘正传》中的耐克,《爱情呼叫转移》中的爱国者MP3,都符合产品与主人公之间的形象联系。可见在这一点上,中、美电影植入式广告的形象植入方式差异不大。

六、结语

通过对中、美6部电影中使用的植入式广告的对比分析,我们可以得出以下结论:

第一,中国电影植入式广告处于初级发展阶段,美国电影植入式广告已处于较成熟的发展状态。

中国电影植入式广告的发展仍处于初级阶段,越来越多的电影工作者和品牌公司虽然已经意识到了植入式广告的使用可以带来双赢,但是由于使用经验方面的不足,大多采取最简便的场景植入方式,或电影方一味地引入广告,或商业公司一味地在电影中给产品做广告,在产品品牌与电影的互动和相辅相成方面处理得不太成熟。

而美国电影植入式广告经过了长时间的发展,已经有了比较成熟的市场状态,不少品牌在使用场景植入的同时已经考虑品牌与电影人物的形象是否相符。让电影与产品更好地结合在一起,不仅可以使电影中的人物更加贴近观众的生活,而且使品牌的形象得到强化或提升,进而引起品牌的热卖或追捧。

第二,场景植入方式使用最频繁且最简便,但对于产品和品牌本身的认知度要求较高。

场景植入作为电影植入式广告中最常见的类型,也是广告商将产品植入电影中最易使用的方法。正因如此,中国电影植入式广告才会在并不成熟的发展阶段下大量采用这一方式。虽说这种方式最为简便,但它对于产品品牌本身的认知度要求也比较高,因为作为一种"消极"的广告植入形式,产品和品牌都只能以增加曝光率作为将广告植入电影的目的。

第三,对白植入方式"积极主动",但可能会引起观众的反感。

对白植入相比场景植入更"积极"和"主动"。它成为影片中对白或声音组成的一部分,借演员之口说出对白。广告使用观众的听觉这一渠道,所得到的注意力不容小窥。当然,这种方式也有它的弊端,当同样的内容被反复"刻意"播放后,很有可能引起观众的厌烦感。

第四,情节植入与形象植入较难被使用,但效果比较好。

情节植入与形象植入对于电影与产品品牌的关系要求更加严格、具体。情节植入需要有产品的辅助,需要产品与故事情节恰到好处的融合。形象植入则需要品牌的形象与电影中人物的形象相一致,才能够达到互助互利的效果。人物通过品牌表现其性格特征和社会地位,品牌则通过人物树立和强化其品牌形象。但是使用这两种植入方式的广告往往能更自然、更深刻地侵入观众的心中,不仅能让观众自然而然地接受,而且还能够达到相比前两种更长久、更深刻的影响。

第四节　中、美电视综艺节目中植入式广告创意方法研究

近年来,影视节目中的植入式广告发展迅速。据统计,美国的各类电视节目中,植入式广告数量最多的是真人秀节目,其次是电视剧;而在我国,植入式广告主要在综艺选秀节目和电视剧中运作得较为成熟。鉴于此,以下将对综艺节目中的植入式广告进行专题探讨。

一、综艺节目中植入式广告迅猛发展的原因

近年来,在美国植入式广告发展迅速,来自美国PQ media公司的数据显示:1974年,美国的植入式广告业务价值为1 740万美元;2004年美国电视植入式广告收入达到18.7亿美元;2006年增至35亿美元;2009年,该数字可能

达到近70亿美元。近几年，我国植入式广告的发展也异常迅速，来自央视—索福瑞的报告，仅2006年，中国综艺娱乐节目中植入式广告的产值已近10亿元。如果加上网络游戏、电视剧、电影等载体中的植入式广告，这个数字会更加惊人。

在我国，经国家广播电影电视总局于2009年8月27日局务会议审议通过、自2010年1月1日起施行的《广播电视广告播出管理办法》(国家广播电影电视总局61号令) 出台，它对我国电视台播出电视广告进行了相关的规定，其中第十四条规定："广播电视广告播出不得影响广播电视节目的完整性。除在节目自然段的间歇外，不得随意插播广告。"第十五条规定："播出机构每套节目每小时商业广告播出时长不得超过12分钟。其中，广播电台在11:00~13:00、电视台在19:00~21:00，商业广告播出总时长不得超过18分钟。"61号令下，各电视台面临的形势更加严峻，只有开发新的广告投放方式，才能为电视台开拓新的广告盈利模式，因此植入式广告备受关注。

要在同质化严重的市场中生存下去，个性化品牌塑造已经成为大多数企业的追求和目标。为此，各企业都想方设法地从战略和战术的角度上探索品牌塑造和维护策略，以塑造独特而有个性的品牌。植入式广告作为一种新兴的广告方式，在独特的广告投放策略中，吸引了越来越多的广告商的注意。对于传统电视广告形式而言，插播广告的超长播出、形式上的雷同性等因素会导致观众通过手中的遥控器换台，广告收视率实际不到节目收视率的一半。而植入式广告则巧妙地避开了这个惊险环节，展示"润物细无声"的功力。这也是众多广告商快速接受植入式广告这一新形式的主要原因。

二、电视综艺节目中植入式广告的研究方法

为了深入分析电视综艺节目中的植入式广告，本文选取综艺节目比较繁荣的中、美两国作为研究对象。鉴于中美综艺节目的类别和数量比较多，本项研究将以抽样调查法和内容分析法为主要的研究方法，首先选取9档典型的中、美综艺节目，然后以随机抽样的方法，每档节目随机选取3期作为研究样本，这样就形成了27期节目。再运用内容分析法对这27期综艺节目中的植入式广告进行深入分析。

（一）抽样调查法

为了研究电视综艺节目中的植入广告,本文从中、美综艺节目中挑选出知名度较高、影响力较大的9档电视综艺节目作为研究对象。这9档综艺节目分别为中国的《星光大道》《非常6+1》《天天向上》《我爱记歌词》《天下收藏》,美国的《老大哥》《美国偶像》《决战伸展台》《舞林争霸》。选择这9档综艺节目作为研究对象,一是体现了典型性,所选节目多于当地黄金时段播出,收视率较高(例如,《老大哥》是美国真人秀节目的鼻祖,至今收视率仍高居不下;《美国偶像》自开播至今一直是美国Neilson收视率排行榜第一名;我国的《天天向上》几度获得全国收视冠军),是广告商争抢的沃土,因而节目制作方对于节目中植入式广告的选择与投放形式会有较为周密的考虑;二是体现了代表性,所选节目类型各异,囊括"真人秀""脱口秀""舞蹈歌唱竞技",甚至包括"古董鉴赏"等传统综艺节目类型,观众群广泛。

由于这9档综艺节目的期数较多,所以这里运用随机抽样法在每档节目中随机挑选3期,共计27期节目。分别为:

《星光大道》(2009年9月20日、2009年9月27日、2009年10月10日);

《非常6+1》(2009年8月15日、2009年8月22日、2009年8月29日);

《天天向上》(2009年9月18日、2009年9月25日、2009年10月9日);

《我爱记歌词》(2009年8月17日、2009年9月11日、2009年10月16日);

《天下收藏》(2009年1月25日、2009年6月14日、2009年8月23日);

《老大哥》(2009年7月15日、2009年8月20日、2009年9月23日);

《美国偶像》(2009年5月6日、2009年5月13日、2009年5月20日);

《决战伸展台》(2009年7月8日、2009年7月26日、2009年8月4日);

《舞林争霸》(2009年9月6日、2009年9月13日、2009年9月26日)。

（二）内容分析法

该项研究将采用内容分析法,对以上27期综艺节目的植入广告进行深入分析。

在深入分析样本之前,需要明确分析标准。目前,电视综艺节目中常见的植入式广告的类型同样可分为如前所述的4种类型,即场景植入、对白植入、情节植入和形象植入。

表8-6　中、美9档电视综艺节目的基本情况

节目名称	投放频道	主持人	节目内容	节目特点	观众群
《星光大道》	CCTV-3	毕福剑	以唱歌为主，接受多种表演形式，以擂台赛的形式依次决出周冠军、月冠军和年度总冠军的综艺节目	表演不受年龄、唱法、职业的限制，参赛者只要有一技之长即可	有明星梦的各年龄段的人士
《非常6+1》	CCTV-3	李咏	通过参加专业培训实现普通人明星梦想的娱乐性综艺节目	全民参与	各年龄段的人士，大多以家庭为单位收看
《天天向上》	湖南卫视	天天兄弟	以礼仪公德为主题的娱乐性脱口秀	多人主持，风格幽默，注重与观众互动。节目的主题固定为世界礼仪知识，具公益性、教育性、知识性	以学生群体、年轻白领、中年妇女为主
《我爱记歌词》	安徽卫视	华少、朱丹	竞赛记忆歌词能力的全民互动音乐节目	观众零门槛报名，较其他竞技比赛形式更为随意，整个节目偏娱乐化	以热爱唱歌、有表现欲的年轻人和30岁左右的中青年为主，尤其是有"老歌情结"的观众
《天下收藏》	北京卫视	王刚	通过鉴宝传扬中国传统工艺文化，普及简单文物收藏知识	用现代化的传播方式及国际化的视角系统地诠释中国古代艺术品的精湛与美艳，通过"去伪存真"的节目宗旨，通过"签订生死文书"和"仿品必砸"彰显出与众不同的温情与威严	以对宝物有一定研究、鉴定能力和收藏兴趣的中年人士为主，兼顾对鉴宝方法感兴趣的普通观众
《老大哥》(Big Brother)	CBS	陈莱莉	6男6女在一座装满摄像机的房子里共同生活88天，每周固定时举行房主争夺赛，最后决出冠军，赢得50万美元的奖金	房客生活全过程直播，参加者可以采取除采手段等手段以外的各种方法	多为中青年，上班族与家庭主妇居多
《美国偶像》(American Idol)	FOX	瑞安·西克莱斯特(Ryan Seacrest)	以竞技唱歌为主的真人秀娱乐节目	偏娱乐性，强调观众互动	以追星族，有梦想但心智还不够成熟的年轻人为主
《决战伸展台》(Project Runway)	Bravo	海蒂·克鲁姆(Heidi Klum)	以竞技服装设计为主的真人秀娱乐节目	每期挑战活动形式多样且有创意，记录选手整个比赛过程中真实的心态和操作方式	以对设计领域感兴趣的人士、关注时尚和年轻人为主
《舞林争霸》(So You Think You Can Dance)	FOX	克特·迪利(Cat Deeley)	以竞技跳舞为主的真人秀娱乐节目	以民众参与为主，类似超女的选秀活动，以专业舞蹈技艺为主，观众投票为辅	以热爱舞蹈的年轻人为主

针对这种分类标准,以下将对每档节目中的植入式广告的数量、类型、植入的品牌和行业属性等进行分析。

三、中、美电视综艺节目中植入式广告的类型和创意表现

(一) 中、美综艺节目中植入式广告数据统计

针对上述中、美27期综艺节目,对其中的植入式广告进行辨别、归类、统计和分析,基本情况如表8-7和表8-8所示。

(二) 中美综艺节目植入式广告的类型及其创意

1. 中国综艺节目中植入式广告的类型及其创意

在中国综艺节目中,植入式广告最多的类型是场景植入,占46%,几乎占植入式广告总量的一半;对白植入和形象植入数量相当,分别为27%和24%;数量最少的为情节植入,仅占3%(如图8-28所示)。

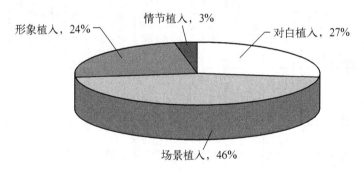

图8-28　中国综艺节目植入式广告类型分布

当前中国综艺节目中植入式广告的表现形式还比较浅显,简单的场景植入式广告较多,广告味太过明显,因此在植入式广告的创作中应该注意:将产品对象的广告语或口号加入对白时切忌生硬。

植入式广告可以巧妙运用嘉宾。如果说主持人是赞助商的托儿的话,那嘉宾多多少少都带有一定的偶然性,他们的服装、配饰、手提包等都是很好的隐性广告平台。

植入式广告可以通过巧妙的布置淡化广告植入的痕迹。例如,《天天向上》的舞台背景可以运用红白两色与"X"字样结合,以避免赤裸裸的特步场景植入。

表8-7 中国综艺节目中的植入式广告统计

节目名称(频道)	播放日期	每期时长	品牌数	品类数	产品品牌	广告植入类型&次数				植入种类	广告时长	广告比率
						场景植入	对白植入	情节植入	形象植入			
《星光大道》(CCTV-3)	2009.09.20	4 800秒	1	1	金至尊(珠宝)	1	1	0	0	2	4秒	0.083%
	2009.09.27	4 800秒	1	1	金至尊	1	1	0	0	2	4秒	0.083%
	2009.10.10	4 800秒	1	1	金至尊	1	1	0	0	2	4秒	0.083%
《非常6+1》(CCTV-3)	2009.08.15	4 899秒	1	1	伊贝诗(化妆品)	0	2	0	2	2	10秒	0.204%
	2009.08.22	4 358秒	1	1	伊贝诗	0	2	0	2	2	10秒	0.229%
	2009.08.29	4 355秒	1	1	伊贝诗	0	2	0	2	2	10秒	0.230%
《天天向上》(湖南卫视)	2009.10.09	6 223秒	2	1	X特步	2	0	0	0	2	17秒	0.273%
					美特斯邦威	0	0	0	1			
	2009.09.18	7 095秒	2	1	X特步	2	0	0	0	2	16秒	0.226%
					美特斯邦威	0	0	0	1			
	2009.09.25	6 464秒	2	1	X特步	2	0	0	0	2	21秒	0.325%
					美特斯邦威	0	0	0	1			
《我爱记歌词》(安徽卫视)	2009.08.17	6 278秒	4	3	摇摇变	3	1	0	0	2	58秒	0.924%
					新浪网	1	0	0	0			
					《悦己SELF》	1	0	0	0			
					森马服饰	0	0	0	2			

(续表)

| 节目名称(频道) | 播放日期 | 每期时长 | 品牌数 | 品类数 | 产品品牌 | 广告植入类型&次数 | | | | 植入种类 | 广告时长 | 广告比率 |
						场景植入	对白植入	情节植入	形象植入			
《我爱记歌词》(安徽卫视)	2009.09.11	13 415秒	3	3	森马服饰	0	0	0	2	4	63秒	0.470%
					明基	1	0	1	0			
					巧乐滋	4	2	1	0			
	2009.10.16	4 571秒	2	2	香飘飘	4	2	0	0	3	44秒	0.963%
					森马服饰	0	0	0	2			
《天下收藏》(北京卫视)	2009.08.23	2 700秒	1	1	中国银行	2	1	0	0	2	6秒	0.222%
	2009.06.14	2 644秒	1	1	中国银行	2	1	0	0	2	9秒	0.340%
	2009.01.25	2 696秒	1	1	中国银行	2	1	0	0	2	11秒	0.408%

表8-8　美国综艺节目中的植入式广告统计

| 节目名称(频道) | 播放日期 | 每期时长 | 品牌数 | 品类数 | 产品品牌 | 广告植入类型&次数 | | | | 植入种类 | 广告时长 | 广告比率 |
						场景植入	对白植入	情节植入	形象植入			
《老大哥》(CBS)	2009.07.15	2 419秒	3	2	Chex (麦片)	0	0	0	1	2	8秒	0.33%
					Raisin Bran (麦片)	0	0	0	1			
					索尼	0	0	1	0			

(续表)

节目名称(频道)	播放日期	每期时长	品牌数	品类数	产品品牌	场景植入	对白植入	情节植入	形象植入	植入种类	广告时长	广告比率
《老大哥》(CBS)	2009.08.20	2 425秒	2	2	品客(薯片)	0	0	5	0	1	17秒	0.70%
					索尼	0	0	2	0			
	2009.09.23	2 390秒	1	1	索尼	0	0	6	0	1	8秒	0.33%
《美国偶像》(FOX)	2009.05.20	2 615秒	3	3	可口可乐	1	0	0	1	3	512秒	19.58%
					AT&T	0	0	0	1			
					Ituness网站	0	2	0	0			
	2009.05.13	2 454秒	1	1	可口可乐	0	0	0	1	1	143秒	5.83%
	2009.05.06	2 498秒	1	1	可口可乐	0	0	0	1	1	125秒	5.00%
	2009.07.08	2 630秒	2	2	芭比娃娃	0	7	1	10	3	653秒	24.83%
					Elle杂志	0	1	0	0			
《决战伸展台》(Bravo)	2009.07.26	2 821秒	2	2	Elle杂志	0	1	0	0	3	110秒	3.89%
					mood布店	0	1	1	1			
	2009.08.04	2 354秒	2	2	Elle杂志	0	1	0	0	3	78秒	3.31%
					Icehouse溜冰场	0	1	1	1			
《舞林争霸》(FOX)	2009.09.06	2 578秒	1	1	ALCS(电子品牌)	0	0	0	1	1	8秒	0.31%
	2009.09.13	2 581秒	1	1	ALCS	0	0	0	1		6秒	0.23%
	2009.09.26	2 610秒	1	1	ALCS	0	0	0	1		8秒	0.31%

2. 美国综艺节目中植入式广告的类型及其创意

而在美国综艺节目中,植入式广告占比最高的是形象植入,占40%;其次是情节植入,占32%;最少的是场景植入,仅占2%。这一比率分布 (详见图8-29) 与中国的情况有明显的不同。

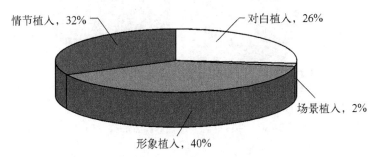

情节植入, 32%　　　　对白植入, 26%

场景植入, 2%

形象植入, 40%

图8-29　美国综艺节目植入式广告类型分布

目前,美国综艺节目中的植入式广告"隐形指数"不一。例如,所选样本《美国偶像》节目中,可口可乐的品牌标识粘贴在录制现场的各种道具上,而且节目的一些重要时段或关键场景被冠以"可口可乐时间""可口可乐红色小屋"等称号;而《老大哥》中各产品均融于节目情节发展,无一特别强调。

对白植入更巧妙,以避免令观众产生厌恶心理。如《决战伸展台》2009年7月的一期中,比赛主题定为要求参赛选手为芭比娃娃设计服装,一切对白围绕芭比娃娃展开,令人乐于接受。

(三) 中、美综艺节目植入式广告的品类统计分析

1. 中国综艺节目植入式广告的品类统计

分析中国综艺节目中广告植入的品牌和品类,服饰和食品类产品最多,均占26%,这两类总和占广告总和的一半以上;其他品类,如珠宝、化妆品、电子产品、银行、传统媒体和网站均占8%,分布比较平均 (如图8-30所示)。

2. 美国综艺节目植入式广告的品类统计

而分析美国综艺节目中植入式广告的品类,食品类的植入率遥遥领先,占35%;其次是电子产品,占17%;其他,如专业产品、娱乐场所、网站、传统媒体、时尚玩具、通信产品等各占8%,分布较为平均 (如图8-31所示)。

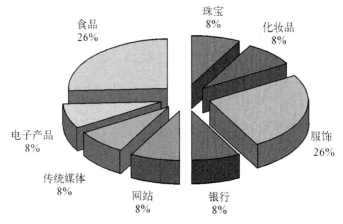

图8-30　中国综艺节目植入广告品类分布

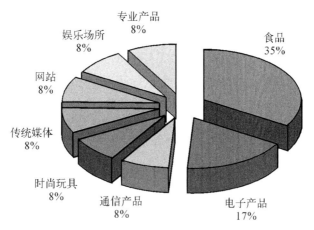

图8-31　美国综艺节目植入广告品类分布

(四) 中、美综艺节目中植入式广告发展现状

　　中国综艺节目中植入式广告的普遍出现已经成为国内各台不成文的风格之一,以至于观众已经把大部分的植入式广告当作习惯和节目的一部分,甚至有的"隐形广告"可以当作"显性广告"来看;节目定位与广告内容、主旨的切合不紧密,较难引起观众对"隐形广告"的注意和共鸣;喜欢在节目开头或者结尾运用对白植入冠名赞助品牌的广告,以增强观众对产品的记忆力。

　　中、美综艺节目中植入式广告的比率如图8-32所示,总体来看,美国综艺节目中的植入式广告的比率较高,创意表现形式也更趋成熟。

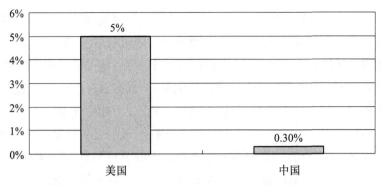

图8-32　中、美两国综艺节目中植入式广告的比率对比

　　总之，与传统广告相比，植入式广告有其独特的优势：它是一种主动、深入、灵活、渗透式的营销方式，能较快提升品牌的知名度和品牌价值，迅速传达产品核心功能且节目几乎没有受到干扰，广告味淡化，易于让观众接受。

　　相对电影业而言，电视业较短的生产周期有着非常明显的优势，一个品牌整合的创意出现于电影中所需要的周期通常是18个月左右，而电视只需几周或者一两个月的时间。另外，电视综艺节目能够产生上百万的忠实观众，一个产品的大卖可以持续整个季度，这也是电影无法做到的。以前植入式广告较多地出现于电影屏幕中，但是近年来，电视已经取代了电影成为植入式广告传播的主要媒体。

　　由此可见，综艺节目中的植入式广告将不断改进和完善，并成为综艺节目中广告形式的主流。

四、电视综艺节目中植入式广告的运作事项

　　当前，我国综艺节目中的植入式广告在广大观众中的好感度并不高，根据对中、美9档综艺节目中植入式广告的对比分析，可以发现：从植入式广告的使用总量来看，中国的植入式广告比率并不高，只占0.3%，而美国的植入式广告占5%。

　　分析当前我国综艺节目中植入式广告的传播效果，最根本的问题是植入式广告的运用方式不恰当。为了提高综艺节目中植入式广告的传播效果，就需要研究如何更好地运用植入式广告。

（一）要纳入企业的整合营销策略体系

　　植入式广告不是独立于企业的整合营销策略之外的，作为企业营销策略的

一种,植入式广告应该以企业的营销计划为出发点。因此,植入式广告的运用,要纳入企业的整合营销策略,要吻合企业整合营销的策略思想,要和品牌精神保持一致。比如某品牌在综艺节目中做的植入式广告,要与该品牌的品牌精神保持一致,同时要与其他的商业推广活动保持形象统一,甚至要在企业的其他营销活动中有意识地放大植入式广告的影响,扩大植入式广告的传播效果。同时,在植入式广告的运作当中,植入式广告本身也要进行整合,要注意整体效应和系统效应。在选择运用植入式广告之后,还要对植入式广告的节目类型、形式和时间等进行综合权衡,建立一个有效的整合系统,以便把植入式广告的效果发挥到最佳。

比起电视剧植入式广告的制作资金和专业班底的高门槛,植入式广告在综艺节目中具有更强的操作性,能够被更多电视媒体所尝试。自2005年《蒙牛酸酸乳之超级女生》这档节目开始,湖南卫视这一王牌综艺在品牌合作、植入广告以及互动营销等方面进行积极、有效的尝试,并取得了令人瞩目的成绩,依托湖南卫视平台,超女和快男成了整合营销的典范和众多商家青睐的合作伙伴。湖南卫视的成功激发了多家卫视对综艺节目植入广告的大力投入,看到商机的广告客户和各式品牌也迅速在各大卫视开花。

到2009年,浙江卫视晚间综艺栏目对植入式广告给予重视并将其纳入整体资源规划范畴。周一至周日的《爽食赢天下》《冲关我最棒》《越跳越美丽》《谁笑到最后》《我爱记歌词》《麦霸英雄汇》《爱唱才会赢》综艺通栏已全线开展植入广告合作形式,有主持人口播、节目场景或舞美植入和麦标等形式。2009年4~9月,《爽食赢天下》和可口可乐进行深度合作,以不同城市、不同特色的美食路线主题,通过谜题、找寻、欣赏、品尝、胜利等关键词,将可口可乐的美味营销和广告植入做得淋漓尽致,同时实现了可口可乐网络营销与电视推广的完美结合。同时段省级卫视前三位的收视成绩可以说是这次合作的量化指标。浙江卫视的王牌综艺栏目《我爱记歌词》的最大亮点是推陈出新。除了明星阵容人气爆棚外,草根领唱不断发光、发亮,同时积累了越来越多的粉丝。将选秀过渡为"爱唱"的生活理念,这是《我爱记歌词》发掘大众动力的关键。香飘飘也随着《我爱记歌词》的"麦霸总动员""全杭州一起唱""中国蓝歌会""全国麦霸城市对决""全国麦霸英雄汇""超级领唱全国争霸"以及各场人山人海的路演等形式,飘向千家万户。而《爱唱才会赢》合作的品牌银鹭,除了充分挖掘现场的植入方式外,还在梦想公益金环节上设置了高潮迭起的互动,使品牌得到更多、更深入的植入,也更好地传达了节目的公益性的同时让银鹭的品牌理念得到更丰富、更高层次的提升。这是节目、商家和公益事业三方共赢的一次创举。《爱唱才会赢》因此体现了一个特别之处：越来越多的明星主动要求加盟，为了银鹭梦想公益金不断挑战自我，在群情激昂的现场和所有观众心中都留下了难忘的印象。

（二）要注意广告植入方式的创新

分析我国植入式广告的运用方式时可以发现，总体来看，被生硬地植入节目中的广告较多，广告与节目的关联度不高，因此，观众在观看综艺节目的时候，明显地感到了植入式广告的存在，这样，植入就不再是植入，而变成插播了。

因此，在做植入式广告的时候，一定要注意植入方式的创新，要研究如何把广告巧妙地隐身于节目当中。让观众一眼就看出来的植入式广告，并不见得是好广告，这种广告轻易地被识别，甚至打扰了观众的观看，给观众留下赤裸裸的商业广告印象，因此这种广告的好感度不高，甚至会影响到综艺节目的好感度。

（三）植入的品牌要与节目有关联性

做植入式广告的品牌，一定要选择与其有关联性的综艺节目。植入品牌与综艺节目的关联性越高，植入式广告的传播效果越好；相反，植入式广告的效果越差。

企业在选择植入式广告时，首先要考虑综艺节目的特点和风格，品牌形象要与综艺节目的特点相一致，只有二者的风格吻合，才能取到预期的广告效果；其次，还要考察综艺节目的观众群，分析观众群的各项指标，如年龄、性别、收入、价值观、地域等，对观众群了解得越清楚，就越能准确地判断出这些观众群是不是植入品牌的目标消费者，这样才能提高植入式广告的效果。

第五节　中外电视剧中植入式
广告创意方法研究

一、电视剧植入式广告发展迅速的原因

如前所述，近年来，在美国植入式广告发展迅速。美国CBS电视网主席曾预言："美国主要电视网的电视剧将有75%的资金来源于植入式广告。"近几年，我国植入式广告的发展也异常迅速。单看我国电视剧中的植入式广告，它的发

(续表)

电视剧名称	植入品牌	场景植入	对白植入	情节植入	形象植入	植入广告时间比例
《珠光宝气》	Shahtoosh、倩碧、兰博基尼、奔驰、万宝龙、MaBelle、浦东上海菜馆	10	3	2	3	0.27%
《我的野蛮婆婆2》	索爱、三星、Lane Benford泳衣、Swan 07限量版手包、Banban限量版眼镜、奔驰	7	3	1	2	0.20%
《火花游戏》(韩国)	KIA卡车、三星Anycall手机、奥迪汽车、韩国饮料(啤酒)、菲诗小铺(THE FACE SHOP)化妆品	19	2	2	4	0.15%
《爱情洗牌》(日本)	尼康相机、丰田汽车、Bronco啤酒、可口可乐、花王	11	1	1	1	0.17%
《绯闻女孩》(美国)	LG手机、摩托罗拉手机	7	0	0	0	0.12%

（一）植入品牌的行业类别分布

分析样本中国内电视剧中植入广告品牌的行业情况，总体来看，食品类、饮料类、汽车类的品牌较多。具体如下（见图8-33）：第一位，食品类，占23%；第

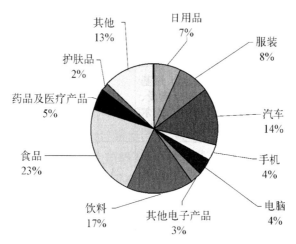

图8-33　我国电视剧植入品牌类别分布

二位,饮料类,占17%;第三位,汽车类,占14%;第四位,服装类,占8%;第五位,日用品,占7%。

内地电视剧中植入广告的合资品牌与国有品牌兼具,产品种类较广,广告植入时间长且密;而港台剧中植入广告的则是国外知名品牌居多,产品档次较高,种类以服饰饰品、汽车电子类为主,广告植入时间较短。

分析国外电视剧中植入品牌的行业情况,总体来看,汽车类、手机类和饮料品牌较多。具体如下(见图8-34):第一位,汽车类,占30%;第二位,手机类,占27%;第三位,饮料类,占19%;第四位,其他电子产品,占5%;第五位,日用品,占3%。

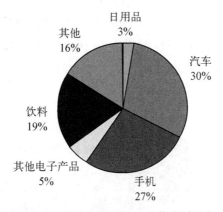

图8-34 国外电视剧植入品牌类别分布

日本电视剧中植入广告的品牌以日本本土品牌居多,产品种类以饮料、汽车、电子产品居多,广告植入时间较短;韩国电视剧中植入广告品牌以汽车、手机、化妆品居多,广告植入时间较短;而美国电视剧中植入广告的产品种类较少,以手机植入式广告居多,广告植入时间短。

(二)植入广告的类型分布

从植入的方式来看,电视剧中的植入广告大致有四种类型,分别是场景植入、对白植入、情节植入和形象植入。

场景植入:拍摄过程中的大型建筑物、户外广告、外墙及室内大背景广告等,属于场景植入。比如外景中驶过一辆有大幅某品牌标识的车辆,或者剧中人背后的墙上展现清晰的某产品广告。

对白植入:电视剧或节目中角色提及产品或品牌,并用行动及语言暗示烘托。比如剧中人问朋友："你的MP3是XX牌子的吗？"或者是"我一直用XX牌子的洗发水，头发当然很飘逸。"

情节植入：电视剧剧情涉及产品，产品是一段情节的中心。比如，男主角选购一新款手表，要在特殊节日送给女朋友，围绕这一产品设计一个有些出人意料的特别环节，让产品深入人心从而获取好感。

形象植入：剧中角色表现剧情时使用或展现某一品牌的形象。例如，演员拿着手机打电话，能清晰地看到手机的标识；或者喝牛奶时特意晃一晃并特写包装盒使观众看清产品品牌。

1. 我国电视剧植入式广告的类型分布

对我国内地及港台的5部电视剧的样本进行分析，总体来看，各植入式广告的类型占比分别为（见图8-35）：场景植入101条，占59%；对白植入32条，占19%；形象植入20条，占12%；情节植入17条，占10%。

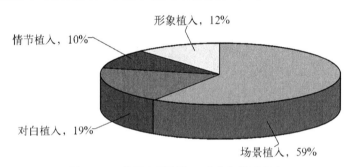

图8-35 我国电视剧植入式广告类型分布

2. 国外电视剧植入式广告的类型分布

对韩国、日本及美国的3部电视剧样本进行统计分析，总体来看，各植入式广告的类型占比分别为（见图8-36）：场景植入37条，占78%；形象植入5条，占10%；对白植入3条，占6%；情节植入3条，占6%。

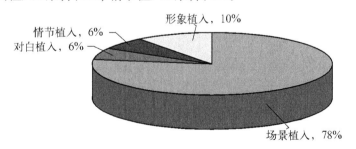

图8-36 国外电视剧植入式广告类型分布

通过对国内外植入式广告类型的分析，可以发现：无论是我国还是国外，场景植入式广告的比例最高，原因是这类广告的设计和运用最简单；而在对白植入和形象植入方面，我国电视剧中的运用比例也较高，这一点胜于国外电视剧。

（三）我国电视剧植入式广告的发展现状

从制作方来看，目前内地尝试电视剧植入广告运作的有湖南、上海等地电视台，以湖南卫视为标杆代表。这无疑与各电视台的自制经验、专业团队和平台实力紧密关联。

从剧目题材看，主要是青春偶像剧和家庭伦理剧。纪实、警匪剧、悬疑剧等题材都未见尝试，这多少也与此类题材剧的观众群体总量有关系。

在植入类型中，上述8部电视剧的统计结果为，场景植入多达138次，占总植入次数近60%。目前这一类型也是电视剧植入广告的常用手法。对情节植入类型运用得较多的是《丑女无敌》。其中让人印象深刻的是多芬品牌的表现。

从植入式广告时间比例来看，按限播令规定，以60分钟一部剧的两个广告段共5分钟来算，硬广告广告播出时间比是8%。从以上植入广告的时间比数据来看，在保证收视环境的前提下植入广告的操作空间还有很大。植入广告时间比例最高的《丑女无敌》也只有1.73%。

从植入品牌来看，基本上是外资或国内知名品牌，几乎没有新品牌。维护和提高成熟品牌的知名度和美誉度，是广告商对植入广告运作的共识。

以《丑女无敌》为例：联合利华旗下三大品牌的标识、产品、包装，每隔几分钟就有一次植入广告。这次大张旗鼓的植入活动引起了观众、媒体和广告主三方的不同声音，对于褒贬不一的争议，《丑女无敌》第一季以全国22点档节目中9%的最高市场份额交给联合利华公司这次"全球范围内最大一笔广告投入"一份满意的答卷（见图8—37）。

三、电视剧中植入式广告的运用原则

为了提高电视剧中植入式广告的效果，在植入式广告的操作中应该把握注意以下原则：

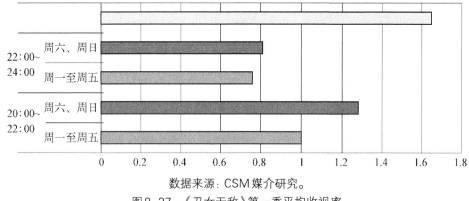

数据来源：CSM媒介研究。

图8-37 《丑女无敌》第一季平均收视率

（一）品牌精神与电视剧定位匹配原则

品牌和节目门不当户不对，绝对不可能是一次成功的营销"婚姻"。高端品牌与大众题材联手，实际是对自己的消费群"暗送秋波"，推广费用花在错位的观众群身上。从以往不少实例中都能找到这样的失误。

（二）品牌消费群与电视剧观众群匹配原则

"角色—行为—观众"模式让我们知道，当观众希望展现出与角色一样的特质时，就会通过寻求相关物来满足自己的渴望，如佩戴与角色相同品牌的墨镜。也就是说，被植入的品牌成为观众满足渴望的替代物，或者说是消费者的参照对象。

（三）品牌植入以多形式、视听觉相结合的方式进行

植入的品牌通过情节及道具设计让品牌自然进入观众的意识，从而全面接触品牌形象。一些成功的案例显示：通过视觉和听觉两种感觉器官进行诉求，全方位地向观众呈现品牌的信息的植入式广告，其传播效果较好。

（四）品牌植入频次要把握好"度"

把好观众的"潜意识之门"，品牌植入方式在观众的无意识域内效果最佳，植入频次不超过观众的忍受限度。一旦观众明显觉察并引起反感，所有的曝光长度和频次都付之东流。西方的经典"潜意识广告"就是在电影中高频次地闪

现"请喝可口可乐"及"请吃爆米花"字幕,为产品现场销售带来近40%的增幅。但这种直接利用观众潜意识指挥消费行为的"策略"很快引来观众投诉。

(五) 同一部电视剧中,避免出现同行业的竞争品牌

这应该是媒体和广告主的共识。为了保障客户的利益,同一部电视剧中尽量避免出现同一行业的竞争品牌。如果违反了这个原则,植入式广告的效果将大打折扣。

四、电视剧中植入式广告的价值评估体系

从心理机制来看,电视剧中植入式广告确实比硬性插播广告更为有效。但是,要把这种广告投放形式标准化并最终形成有生命力的产业,整个媒体行业就必须拿出自己的价值评估体系以及收费标准。

(一) 电视剧植入式广告的价值评估体系

目前电视剧植入式广告的价值评估基准是以剧中所涉及的全部植入式广告的曝光时长,还有与成熟的硬广告的比较来进行评估,并确立收费基准。这是由CTR市场研究媒介智讯、湖南卫视以及传立传媒三方联手建设的定量方面的价值评估体系,包含了CTR的PVI-Model软件监测部分以及广告认知的有效度两大部分。

PVI-Model软件对节目内各种品牌或实物的曝光类型、起始时间、曝光时长等指标予以监测。据CTR数据,《丑女无敌》1~5集中,多芬和立顿的曝光总时长分别为184秒和165秒,共接近6分钟。

CTR使用PVI-Model对《莱卡我型我秀》和《海飞丝中国超级模特大赛》等节目的植入式广告进行评估尝试后发现,"由于植入式广告的渗入性特点,致使广告信息不能像传统广告一样通过常规监测手段获得。除了要结合常规的节目基础数据、收视数据之外,还必须通过对植入式广告视觉、听觉、情景效果等方面的评定指标来反映广告植入情况和效果,这样才能有效解释植入式广告的'广告投资回报'和'品牌影响力回报'"。

植入式广告的有效度的计算公式是"同时段、等长植入广告记忆度÷同时段、等长标准广告记忆度",测试结果表明"植入式电视广告有效度的值域为

25%~300%",这是不同的植入形式带来的巨大差异。实际上,剧中插播广告的收视率最高也只有节目收视率的2/3至1/3。

另外,优质剧本、成熟专业的制作团队、强势播出平台、宣传力度以及电视剧热点题材或节目重大性是逐步确立起来的定性方面的考核。

在《丑女无敌》第一季结束时,对联合利华的调查发现,多芬产品的目标客户中未经提醒就能想起该品牌的人增加了44%,而在看过《丑女无敌》的电视观众中,知晓多芬品牌的人比原来增加了2倍多。《丑女无敌》第一季播出完的2008年11月份,多芬沐浴乳的内部发货量较上年同期增加了21%。据传立传媒估计,《丑女无敌》第一季给联合利华的广告效果是它将同样的钱用在传统广告形式上所取得成效的4倍。

(二) 电视剧中植入式广告的收费标准探索

电视剧中植入式广告的收费标准,可以参考电影中植入式广告的一些做法。首先确定植入式广告的效果级别,结合植入式广告涉及的其他关键因素诸如品牌曝光时长、影片的受众数量,就可以较为清晰、明确地计算媒体价值。无论是电影还是电视,植入式广告定量和定性两方面的综合价值评估将对其收费体系产生决定作用。

目前,各大电视台也在尝试各种形式的植入广告,植入广告同时也影响着电视节目的新发展。应该说,较之电影或网络等其他电子媒体,电视媒体拥有成熟的产业化程度和广告代理制,建立起植入式电视广告的评价标准应有其优势及责任。另外,我们清楚收费电视成为主流是植入式电视广告的最大机遇,那么数字电视的技术角度使得精准性成为可能。收费电视的开户资料比网民的资料更为可信;节目定制使得广告监测(尤其是测量仪)工作更为简单;手机电视和MP4电视会是所有媒体中观众最为精准的平台。

继《丑女无敌》之后,2009年湖南卫视《一起去看流星雨》决意进行"植入广告+资源整合"的实践。首先是实施频道冠名、特约宣传片、硬广告、其他品牌栏目和活动打通的全线操作策略。其次给《一起去看流星雨》植入广告方式分级:A级为"理念植入+代言植入+情节植入+背景植入";B级为"代言植入+情节植入+背景植入";C级为"情节植入+背景植入";D级为"背景植入";T级为"虚实结合的互动植入",作为A级客户的增值服务。沿袭价值评价体系,收费标准中定量指标配合定性系数,可以说,湖南卫视的尝试客观、全面地涵盖该剧植入式广告的综合价值,非常值得借鉴。

可见,媒体平台的大小有不同的加权系数,各类型节目会日渐宣布各自的类型系数,是否独播剧也要乘以一个合适的特别系数等,这些都是植入式电视广告市场日渐成熟中需要考虑的因素。

就完整个案来看,湖南卫视《丑女无敌》植入式电视广告的综合性价比如图8-38所示,22点档的该节目获得最高市场份额,植入式广告收入不低于500万,为湖南卫视收获了1个亿的插播广告收入,占同时期20:00~24:00时段广告收入的43%。正如CTR市场研究副总裁田涛所说:"在多元信息时代,植入式广告无疑是广告运作的一项重大突破。但只有建立一套完善的评估体系,才能够为进一步准确观察、衡量植入式广告的效果及其产业链提供基础,促使植入式营销进入良性循环、健康发展。"

很明显,该不该发展植入广告已不是问题,重点是如何发展植入广告。

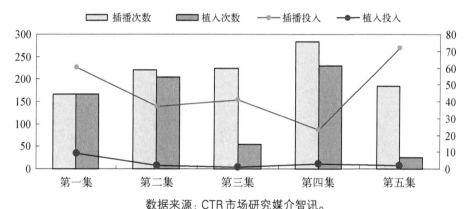

数据来源:CTR市场研究媒介智讯。

图8-38　《丑女无敌》1~5集插播广告与植入广告对比图

综上所述,在电视剧中植入广告,无论对于电视台、企业,还是电视剧制作方,都能够带来最直观的收益,因此赢得了各方的重视,并把电视剧中植入广告的发展推向了一个新阶段。

同时,在植入式广告发展迅猛的今天,不可避免地出现了一些滥用植入的方式,这不仅影响到了观众的收看利益,同时也让广告主和媒体的美誉度大大降低。因此,如何更有效地运用这种广告植入方式来提高植入式广告的效果,将是各方所面临的迫切问题。正是基于这种背景,本章通过定量和定性的分析,试图真实、客观地展现电视剧中植入式广告发展的现状,为植入式广告的发展提供一

些理性的参考意见。

本 章 小 结

　　近年来,影视节目中的植入式广告发展迅猛。无论是中国还是其他国家,植入式广告都成为一种重要的广告投放形式,占据了相当大的广告份额,因此植入式广告的创意和传播效果问题成为企业和广告公司非常关注的现实问题。从总体来看,当前植入式广告的创意还比较欠缺,简单且生硬的场景植入和对白较多,还需要从形象植入和情节植入上多加训练,增强植入式广告创意的巧妙性。

第九章
影视广告创意与受众的互动研究

借助电影和电视媒介，影视广告走进了广大受众的生活。影视广告是一种特殊的影视节目形式，既保持着固有的商业属性，又具有引人注目的娱乐性，同时作为大众媒介上的播放内容对社会也具有广泛的影响，所以必须接受法律和广大消费者的监督，保持正确的社会导向。

影视广告在人们的生活中已经成为不可或缺的内容，既能够给消费者提供购物指南，又能够发挥社会作用，对受众的生活形态和价值观念产生着重要的影响。

本章将从影视广告中的人物及其生活形态入手，分析影视广告对受众的社会认知、生活形态和价值观念的影响。

第一节　影视广告中的人物及其表现

在大众媒介效果理论的研究中，培养分析理论 (Cultivation Analysis Theory) 是20世纪60年代后期出现的效果论，该理论研究缘起于美国政府对暴力起因和防范的关注，并专门成立了"暴力起因与防范委员会"来解决这个问题，该项研究由格伯纳主持。[1]

关于该理论的研究，主要有两个着眼点：一是分析电视画面上的凶杀和暴

---

① 郭庆光：《传播学教程》，中国人民大学出版社2001年版。

力内容与社会犯罪之间的关系;二是考察这些内容对人们认识社会现实的影响。研究结果显示:电视节目中充斥的暴力内容影响着人们对现实社会环境的危险程度(遭遇犯罪和暴力侵害的概率)的判断,而且电视媒介接触量越大的人,这种社会不安全感就越强。

电视节目对于人们认知的影响具有非常明显的作用。伯格纳等人对于美国黄金时段的电视剧进行了内容分析研究,结果表明:美国电视剧出场人物中男女比例为3∶1,在社会总人口中仅占1%的律师、法官和警察在电视剧中却占了20%。培养分析理论认为:一般受众不可能对这种虚构做出明确的判断,这种虚构潜移默化地影响着人们的社会观。

因此,电视节目尤其是"描述现实生活"的电视剧包含着大量的虚构因素,一般受众很难将这些虚构与现实区别开来,而容易把虚构当作现实来接受。影视广告作为大众媒介上的内容之一,作为一种影视节目形式,影视广告中的人物及其表现也对受众认知社会产生着"培养分析"的作用。

为了更好地分析影视广告对受众的影响,下面对影视广告中出现的人物及其表现进行分析。影视广告作为一种商业推销的手段,目的是向具有购买力的潜在消费群体传达商品和企业信息,因此,影视广告中出现的人物的年龄结构、收入结构等指导着企业的广告目标选择行为。在影视广告中,年轻人和中年人出现的比重较多,这是因为年轻人和中年人是构成社会消费的中坚力量;影视广告中收入中等偏上的人占的比重较多,因为收入是购买力的保证,也是影视广告取得销售效果的保证。

下面对影视广告中出现的几种人物及其特征进行分析。

一、影视广告中的女性形象

在影视广告中,有三种表现符号最受观众的喜欢,这就是经常被称为"3B"的Beauty(美女)、Baby(儿童)和Beast(动物),因此影视广告中女性形象的比重非常高。文化人类学者克劳德·列维·斯特劳斯指出:"人类社会有三种交换过程:信息、女人和商品。"现代广告则融合了这三种过程。性别意识形态和商业价值意识形态塑造了女性广告,其中的女性形象成为最重要的广告诉求方式之一,甚至有人认为:广告=商品+女人。

影视广告对女性形象的运用,出于女性形象在广告表现中具有以下几个主要优势:(1) 女性形象具有视觉方面的吸引力,女性赏心悦目的外形容易吸引观众的视线,可以提高广告的关注度;(2) 女性形象具有亲和力,女性通常温柔、甜美,固有的亲和力能够增加观众对商品和品牌的好感度;(3) 在现实社会中,女性消费者充当购买角色进行购买消费的比重大,尤其是日用品的消费,大多是由女性消费者来完成,因此广告中使用女性形象作为购物代言人和消费向导,可以有效地带动商品消费,具有更强的说服力和促销力。正是出于女性形象在广告中的各种传播优势,影视广告将女性形象作为重要的表现符号和载体。

(一) 影视广告中常见的女性形象类别

1. 温柔的贤妻良母形象

影视广告中经常出现的女性角色,比如在客厅、厨房、卫生间出现的女性形象,往往是以温柔的贤妻良母形象出现。这些女性形象以家务料理者的身份出现,向受众推荐一些家居用品。

2. 年轻美丽的女士形象

影视广告中出现频率很高的还有众多年轻貌美的女性形象,她们或者代言女性用品,向受众展示使用商品后带来的女性魅力,比如化妆品、洗发水、香水、女性内衣广告等,或者在汽车广告、商务用品广告中出现,增加受众对广告的关注。

比如在玉兰油莹采精华眼霜的广告中,宋慧乔在图书馆中眨着一双大大的电眼,吸引着一位没有露脸的男士;章子怡为维萨卡 (VISA) 代言广告,在国外的餐厅里,章子怡变为一名侠女,跟十几名壮汉搏斗,最后轻松甩出一张维萨卡;台湾第一美女林志玲出演了美胸瘦身店的广告,广告中林志玲穿着性感的内衣,展露自己的好身材。

3. 男人社会的附属角色

有些广告中的女性形象,还经常充当着男性社会的附属角色,比如商务场合中的女秘书、女助手等形象。这类女性形象作为男性商务社会的点缀,在广告中更多的是用来吸引观众的视线。如在韩国帅哥李俊基代言的石榴汁的广告中,李俊基坐在钢琴前弹奏音乐,钢琴上放着一罐石榴汁,身旁围着多达数十位的美女,李俊基不断地唱着美女爱石榴的歌曲,身边美女都对李俊基充满仰慕和依赖之情。整支广告画面以男性形象为中心,而数十位女性模特作为陪衬来突出男主角的形象。

4. 独立自信的职业女性形象

随着女性社会地位的不断提高,职业女性的数量也不断增多,成功的职业女性也得到了社会的认可。职业女性作为社会活动的重要参与者和建设者,她们的独立、自信和智慧也为社会树立了榜样,这种现象在影视广告中也得到了一定的体现。在这种女性形象身上,我们看到了女性的内在创造力、丰厚内涵、潜在才能等优秀品质,广告中的女性形象定位也朝着时代性、健康性、公平性的方向发展。

比如在台湾一则麦斯威尔随身包的影视广告中,一位女性主管在工作中碰到了不愉快,她把自己关在办公室痛痛快快地哭了一场,然后坚强地擦干眼泪,整理好情绪走出办公室面对众多同事,一句"随时随地再开始"的广告口号道出了一个职业白领女性坚强的内心。

影视广告中的女性形象当然不止这几种类别,以上只是对其进行粗略的归纳和介绍。分析影视广告中的女性形象类别,目的在于探讨影视广告中的女性形象对于社会的影响。影视广告中女性形象的角色和类别影响着受众对女性的认知和判断,比如,影视广告总是利用社会中的优势意识形态来构建性别意义和模式,这种对规范、角色、等级的制约常常内化为受众期望,如果影视广告不断传播女性从属和依附的思想意识,就会助长男性的优越感,这对培养青少年一代价值观的影响巨大。

影视广告中对"美女"形象的不恰当表现和误导,使商业文化从满足男性感官需要出发来界定女性美,并利用这种"美"吸引消费者,影响女性大众。影视广告中,女性形象在某种意义上是通过作为主体的男性目光的凝视而凸显的,女性成为被凝视的客体,在某种程度上讲,这是一种女性歧视。

虚幻的女性审美标准误导女性消费,女性根据广告中的审美标准去化妆、美容、丰乳,甚至使得整容手术之风盛行。在女性失去金钱的同时,也失去了自信和判断力,女性开始按照一个所谓公认的标准来塑造自我。影视广告对女性美的界定,让女性偏离女性美的真正含义,忽视了女性美的内涵,是一种不健康的文化导向。

随着女性意识的觉醒,以及社会对女性社会地位的关注,一个全新的女性话语世界即将构建,这并不是在倡导女权主义,这是一种中庸的完善女性话语世界的新的思想体系。从当前影视广告中不断丰富的女性形象类别中我们可以看到这种良性的发展趋势。女性自然具有外在美,但实际生活中,女性走出家庭之后,参与社会工作和社会活动,表现出来的智慧、能力、自信等内在美也应该在影视广告创意中得以表现,并且全面体现女性美、完善女性内涵的新形象,引导社会对女性形象的全面认识。

（二）影视广告中运用女性形象的创意方法

人类学家海伦·费希认为，女性将是21世纪的"第一性"，随着新女性时代的到来，一个全新的女性话语世界即将构建。

1. 视觉享受、心理冲击

唯美的画面、漂亮的演员，除了视觉会被吸引，观众也会对广告中的语言或者声效特别留意。例如，许舜英为中兴百货塑造的经典文案就备受女性，尤其受知性、优雅的女性挚爱和推崇："有了胸部之后，你还需要什么？脑袋。到服装店培养气质，到书店展示服装。"读到或听到这么棒的文案时，总会有春风拂面的快感。一旦广告采用了合适对象的语境，就很容易与消费者进行沟通。

下面这则韩国茶饮料的广告，也充分调动了观众的视觉想象。广告将女性肢体运动的性感与茶的流动相结合，充分展现了女性的肢体美、女性的妩媚和柔软，将女性的身体线条表现得淋漓尽致。该广告在韩国投放后非常受关注，此款饮料的销量也节节上升。

2. 浪漫情境、童话梦想

广告的本质是具有鲜明竞争风格的说服策略，目的是架起品牌与消费者之间沟通的桥梁。因此就必须了解目标人群的感受和喜好，有相当一部分观众是非常喜欢幻想的，深信童话，具有无法泯灭的浪漫情结。浪漫的情景和戏剧性的效果，都会牵动观众蠢蠢欲动的心，哪怕自己此刻只是灰姑娘，也会期待自己成为令人瞩目的公主。有些广告就利用这一心理，成功地演绎了令人神往的意境。"钻石恒久远，一颗永流传"是不是有童话中"王子和公主从此幸福生活到永远"

的意境呢?

在下面这则伊卡璐洗发水的广告中,把大家熟悉的童话故事和童话场景制作成广告,这样的广告看一遍就令人记忆深刻,达到了很好的传播目的。

3. 巧妙创意、点中心思

一个富有想象力的创意总是会带给消费者丰富的联想或者愉悦,并且从精神、文化层面上引导消费者产生大量积极、正面的品牌联想。会讲故事的广告才会讨好观众,通过新颖、形象的创意思路,通过丰富多彩、生动有趣的执行手段,来演绎品牌的风格,表达品牌的主张,充分达到与消费者沟通的目的,从而促使消费者接受品牌所传递的信息,并产生消费的引力。生动的创意令广告不再枯燥无味,彻底改变了品牌原本可能的严肃、呆板、凝重的一面,产生足够强的感染力,从而达到传播品牌的目的,其目的就在于让消费者乐在其中、顺理成章、快快乐乐地成为品牌的忠实顾客。下面这则由韩国演员全智贤代言的一款相机的"我的数码故事"广告就是一例。

二、影视广告中的儿童形象

在影视广告中，还有一类人物形象备受商家和观众的喜爱，这就是儿童。儿童的天真、可爱和无邪，让观众在商业味道浓郁的影视广告中感受到一股纯净的气息，降低了对广告推销的戒备心理，从而增强了观众对品牌的好感。

(一) 儿童广告形象特点分析

1. 童言无忌

有些广告中的某些情景，如果换成大人来演的话，显得颇为做作，而如果让儿童来演的话，则显得自然很多，让人感觉到儿童的"百无禁忌"的纯净。

下面这则广告中，宝宝看到妈妈流泪，想到给妈妈纸巾，然而纸巾用完了，所以宝宝脱下自己的纸尿裤给妈妈擦眼泪。如果这则广告换成成人来做的话，就不合逻辑，但是宝宝的表演却让人倍感可爱和天真无邪。

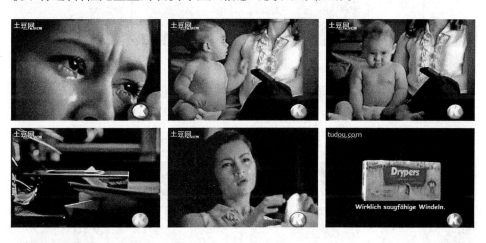

2. 儿童可爱形象特写

在影视广告中，为了吸引观众的注意和好感，还经常用到儿童的特写画面。比如下面这则强生的广告就是一例。广告运用宝宝的形象，更具亲和力。

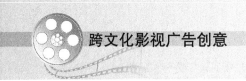

同样,以下这则马自达汽车的广告也运用了婴儿这个纯净、可爱的元素,增加了柔和感,令人印象深刻。

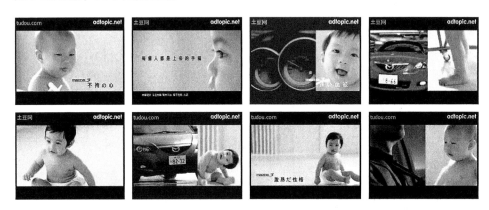

3. 公益广告中的儿童形象

公益广告中运用儿童形象不仅能够吸引观众的注意,还能激发观众的同情心,从而发挥公益广告的作用。下面这则公益广告中引入儿童形象,通过天真的儿童形象与残酷的现实之间的对比,给人更强的心理震撼。

(二) 影视广告中儿童形象的类别

影视广告中儿童形象的类别大致有以下几种情况:

1. 儿童商品广告中的儿童形象

使用儿童形象最多的是儿童商品的影视广告,比如婴幼儿食品、药品、婴儿纸尿裤、儿童玩具、儿童服装等商品的广告。为了更好地展现商品的特点和功效,广告通过儿童形象进行现身说法,体现出商品给儿童带来的健康和乐趣,从而促使儿童商品的购买者,主要是儿童的父母家人来购买商品。

儿童商品广告中的儿童多为健康、聪明、快乐的形象,这正是儿童父母所期待和希望的孩子形象,所以用儿童来代言儿童商品的效果很好。

2. 女性用品广告中的儿童形象

由于女性和儿童在消费特点和消费习惯上的某些相似性,再加上女性的母性意识,对儿童有一种天生的喜爱之情,因此在一些女性商品的广告中我们常常看到一些儿童形象。比如在女性洗发水的广告中,女性柔顺飘逸的长发上伸过一双稚嫩的儿童的小手;女性护肤品的广告中,女性光洁的皮肤上衬托着婴儿的脸蛋……女性用品广告中的儿童形象大多活泼、漂亮、干净,深得女性消费者的好感和喜爱。

3. 老年人用品中的儿童形象

随着中国人口老龄化问题的不断突出,老年人在总体人口中所占的比重逐渐增加,老年消费群体也是很多企业的营销重点。专为老年人设计生产的保健品、药品、服装、食品等越来越多,在这些商品的广告中,我们除了能看到鹤发童颜、健康硬朗的老年人形象之外,也能看到活泼、可爱、乖巧的儿童形象。

老年人用品的广告中运用儿童形象,目的是利用中国人,尤其是老年人"爱幼"的心理,用活泼、健康、可爱的儿童形象来吸引老年人对该广告的关注,从而引发其对广告信息的注意和记忆,以达到广告目的。

4. 家居用品类广告中的儿童形象

儿童是家庭中的重要成员,在中国家庭中尤其如此,对于家庭的关心和爱护更多出于对孩子的关心和爱护,因此一些家居用品的广告中经常出现儿童形象,比如碧丽珠地板蜡的广告中光着小脚在洁净的木地板上学走路的儿童;老蔡酱油中健康、可爱、胃口好的儿童等。

家居用品广告中运用健康、可爱、活泼的儿童形象,更易于塑造一种和睦、幸福、融洽的家庭氛围,从而体现出家居用品给家庭带来的美好享受。

5. 品牌形象类广告中的儿童形象

在一些品牌形象广告的创意和表现中,我们经常看到健康、快乐的儿童形

分析影视广告中出现的男性形象,大致有以下几种类型:

(一) 事业成功的角色

在影视广告中,经常看到一些气宇非凡、西装革履的男性形象,他们通常代表各行各业事业成功者的角色,自信、有能力且多金,是很多商品的目标消费群体,比如在电子通信等商务用品、保健品、高档酒类、高级服装等商品的影视广告中我们经常看到这样的形象。

广告中运用事业成功的男性角色推销商品,目的是与商品的目标消费群体保持一致,更有效地为商家服务。从汽车到高科技产品均为男性的专利,广告所安排的这种角色与产品的关系,代表的是传统的职业刻板印象与社会生活中男性的主导者地位,男性忙于事业、渴望挑战、追求地位和成功。的确,广告中的男性几乎无一例外地都成功了,成功的标志就是拥有名牌服装、名表、名车、花园别墅等,因此男性稳稳占据着这些产品广告的主人公地位。成功人士与广告商品在这里互为印证、互为专用。

这类广告在其视觉化过程中同样表现出鲜明的"男性话语"模式。

在背景选择上,所选取的大多是硬朗、强劲、富有动感和张力的景色。广袤的平原、旷野、雪域、太空、群山、海洋、摩天大楼……空间上的无限扩张与延伸,给人以强烈的视觉冲击。在男性形象活动场景、行为与表情的选择上,都以表现男性的性格代码为标志。场景是他们征服世界的象征性图式,并通过许多象征性的情景、道具、行动、表情来显示。悬崖、峭壁、铁锤、锁链、黑暗中的火把、豆大的汗珠、坚毅的脸、艰难的攀缘等,这一切在广告中经常可见。与男子汉伟岸的形象相匹配,广告还创造了一些具有象征与诠释意义的雄性形象,如剽悍勇武的骏马(伊力特曲)、勇猛无畏的狼(七匹狼男士夹克)、凌空搏击的鹰(鹰牌洋参丸)、彪悍无敌的虎豹(春兰虎豹摩托)。而在更多的作品中,则直接让男主角或面对天空或面对大海,做出"天高任鸟飞,海阔凭鱼跃"的逆风飞翔状、搏击长空状,不是雄鹰胜似雄鹰(如商务通广告中的濮存昕形象)。这一切表明,广告创意人员有意识地在寻求着一种能表现男性性格、气质、心理机制的载体,以唤起人们对品牌内涵的想象和联想。如以下这则枝江白酒的广告中,用孙红雷的男人形象来表现"有朋友才够戏,有枝江朋友才够味"的内涵。

（二）帅哥形象

帅哥形象在影视广告中出现的频率也很高，比如口香糖、洗发水、休闲零食、休闲服装等商品的广告中，我们都能看到健康、帅气、年轻男子的身影。广告中利用帅哥形象，目的是借用帅哥的青春活力和俊朗的外表吸引观众的视线，增加观众对帅哥代言的商品的关注。

（三）性感形象

近年来，男性性感形象在一些商品的影视广告中也开始出现，比如男性内衣广告、男性保健品广告、健身器材广告。男性性感形象的出现一方面反映了观众对于广告审美标准的放宽，另一方面也从一个侧面反映了广告中开始追求男女平等的意识。男性性感形象的运用目的是为了展现商品的特点和功效，同时也借用男性性感、健康的形象增加观众对广告商品的关注。

（四）专家形象

在一些推荐式广告中，我们还经常看到各类专家站在科学、客观的立场上向消费者推荐某种产品、传播某种观念。在这些专家中，有相当一部分是由男性来担当的，比如IT产品广告中的专家形象、药品广告中的专家形象、发型设计专家等。广告中运用男性专家形象，目的是让广告中的商品信息更有说服力，从而增强广告的推销效果。

（五）一家之主的角色

男性还会出现在影视广告中的家庭场景中，他们往往扮演着一家之主的角色,承担养家的责任,有着家长的威严,比如昂立多邦的广告中关于"养家的男人很辛苦"的表述;白兰氏鸡精广告中用枝繁叶茂的大树比作一家顶梁支柱的父亲。男性在家庭中的地位和权威、责任和义务,被很多广告引用,为推广男性用品服务。

比如,万基洋参丸的系列广告,不仅让男性对广告词所描述的"每天压力这么大""加班加点,活儿干不完,心有余而力不足"的疲惫状态感同身受,而且让男性在家中备受宠爱。下班回家,男主人公往沙发上一躺,善解人意的妻子立刻关照女儿"快去给爸爸买点洋参丸补补身体",女儿心领神会从书包里拿出一盒东西。"顾家的男人才是成功的男人"——这种对男性家庭形象重塑的趋向,不仅代表广告诉求角度的转换,更传达出对一种新的家庭观念的呼唤。

(六) 喜剧丑星形象

在影视广告中还有一类男性形象备受青睐,这就是丑星形象。利用丑星形象出演的影视广告往往幽默有趣,具有很强的娱乐趣味,所以深得观众的喜爱。比如葛优、潘长江、赵本山、范伟等都曾为不同的商品做广告代言,出演了一些幽默有趣的广告。

男性的社会形象、性格形象、家庭形象共同构成了广告中男性形象的整体。广告中的男性形象既是现在式的,契合了现代人的认知,又是积淀式的,有着根深蒂固的积淀,这是一种历史与现实结合的产物。

众多的广告实质上并没有摆脱以男子为核心的传统文化的负累,仍未走出男权中心话语的樊篱,因此,无论是男性的哪一类角色形象,最终都不可避免地被文化抽象为一种角色符号,并同时拥有稳定的文化内涵。

无论是广告中男性的社会形象、家庭形象,还是性格形象,都潜在地包含着的男性的雄心和梦想,以及广泛的社会期待。广告作为一种文化传播,它与当代社会文化的大系统有着千丝万缕的联系,其传播的过程就是与社会外在文化环境不断交流、沟通的过程,也是相互作用、相互渗透的过程,因此,它的内容和表现呈现出与社会文化理念、社会大众现实认识的同步性。

四、影视广告中的老年人形象

随着社会上老年人口增多,老年消费群体不断壮大,老年用品也不断增多,

因此运用老年人形象的影视广告也越来越多。分析影视广告中老年人形象的特点,大致可总结为以下几点:

(一) 健康、硬朗的形象

影视广告中的老年人形象往往身体健康、硬朗,向观众展示他们的好气色、好身体。这类老年人通常为老年保健品、老年食品等出演广告,通过自身健康、硬朗的外形表现商品的功效,这是非常具有说服力的一种方法,如昂立养身酒广告中的两位老人,曾是椰岛鹿龟酒的广告代言人,从茶馆、酒肆里精彩的产品效果攀比,到渲染亲情、孝心的节日礼品广告,从影视广告画面到户外的巨幅广告,椰岛鹿龟酒花在这两位品牌形象代言人身上的品牌投资是十分巨大的。可是,由于市场求新、求异的需求,椰岛鹿龟酒弃用了这一形象代言体系,但是没有封存,于是这一巨大资源被昂立信手拈来。可以说昂立重新启用这两位形象代言人,勾起了许多消费者的回忆,为昂立养身酒快速传播产品概念添上了精彩的一笔。

(二) 开朗、洒脱的形象

随着老年人在物质生活方面的丰富和体质上的增强,老年人在精神上也开朗、洒脱、积极、乐观。广告中运用这类老年人形象,目的是用这种积极乐观的生活态度和价值观念影响老年观众,重视自身的价值和生活质量的提高,比如一些摄像机的影视广告会表现精神抖擞、开朗洒脱的老年人在旅游中享受生活,用摄像机记录旅游生活中的点点滴滴。

(三) 慈祥、有爱心的形象

慈祥、有爱心是老年人的另一个优秀品质,无论是作为家中的长辈,还是社会中的长者,老年人都是饱经风霜但又对生命充满感恩之心的。因此,慈祥、有爱心的老年人形象也是广告中出现得较多的角色,比如佳洁士牙膏广告中在海边和孙女一起玩耍的慈祥的爷爷就是这样的形象。

(四) 孤独、体弱,需要帮助的形象

毕竟老年人由于在年龄上处于劣势,生理上和心理上也就变得脆弱起来,因此广告中还经常出现一些孤独、体弱、需要帮助的老年人形象。广告中运用这

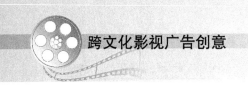

类老年人形象的目的是提出一种帮助老年人的方法,也就是使用广告中的商品。

(五) 老年明星

明星代言是十分普遍的现象,利用明星的公众形象和强大的号召力,可以建立良好的品牌形象,促进产品的销售。风华绝代的美丽女性可以代言女性美容用品,动感活力的帅气男性可以代言运动品牌,当明星步入老年的时候,他们身上同时增加了公信力,更经得起观众的考验,因此老年明星的代言机会也更多了。比如德国多芬化妆品公司曾在英国刊登广告招聘"真人"女模特,要求是年逾花甲的老人。消息传出后,立刻引起巨大轰动,报名者十分踊跃。来自伦敦的96岁的艾琳被该公司一眼看中,从百名候选人中脱颖而出。此后,艾琳与另外5位风格迥异的"真人"女模特合作,为多芬最新推出的化妆品进行广告宣传,成为该公司的超级女模特,这是一个百岁老人青春永驻的"鲜活"例子。艾琳本人说:"在这个全球性的广告宣传中,我想成为老年人的形象大使,让人们相信我们老年人依然魅力不减当年。在过去的一个世纪里,我不是一个如花似玉的美丽女人,但现在我感觉自己很美,女人真的是越老越美丽。"

中国是一个人口大国,随着老龄化问题的日益明显,老年人也成为这个社会重要的消费力量,因此老年人形象在影视广告中出现的频率也越来越高,所占比重也越来越大。

影视广告对老年人形象的定位和界定,也影响着社会对老年人的观点和看法。在当今的影视广告中,老年人形象非常多样,基本上反映了老年人社会的全貌。在这些老年人形象中,基本上是以健康、开朗、慈祥而有爱心的形象为主,这对于引导社会对老年人的看法有着重要的作用,同时也激励老年人自信、自强,主动寻找自己在社会中的定位和合适的生活方式,并且能动地发挥其在社会中的作用。

第二节　影视广告中的生活形态

这里首先从麦斯威尔咖啡的一则影视广告说起:在明快而时尚的背景音乐下,三三两两的年轻人,青春、活力而又个性张扬,画面上淡入淡出的是几句经典的广告文案:"我不交朋友/只交死党/我不追流行/叫流行来追我/我不要两人世界／我要整个世界。"

麦斯威尔的这则形象广告，得到了年轻消费者极大的认同，这种对于友情、流行和人生价值观的独到理解和体会，让他们心中原本模糊的人生理念变得清晰起来。于是，在有效价值沟通的基础上，情感的共鸣就产生了，随之带来了巨大的品牌认同。

麦斯威尔咖啡广告之所以获得如此好评，关键在于它对广告诉求对象的生活形态的准确把握，它选择了准确的切入点来表达广告的创意理念，尤其是，它在某种程度上明晰了广告诉求对象的人生价值理念，引领了流行的生活形态。[①]

一、广告，回归生活

广告，究竟是科学，还是艺术？关于这个问题的讨论，一直延续至今。

然而，随着广告的全面发展和日益成熟，单纯的科学或者艺术，都无法涵盖广告的全部；相反，在广告全面普及并不断深入消费者生活的情况下，广告应该更加贴近生活、回归生活，却成了一个不争的事实。

商业竞争中的广告，除了要完成它固有的销售功能之外，还必须承担树立品牌形象的任务，由此，广告就必须能够引发消费者的好感，累积消费者的信任，以便实现在消费者心中的占位，进而建立品牌形象。

怎样做才能让消费者对品牌产生好感呢？有这样一种说法："人们对没有感觉的东西往往不会感动，而没有感动就没有互动。"塑造品牌，建立企业与消费者之间的关系亦是如此。因此，在广告的创意和表现上，就要努力去寻找让消费者有感觉的东西。正是在这种找寻的过程中，贴近生活和回归生活作为一种趋势，在广告的创意和表现领域内不仅萌芽，而且蓬勃发展起来。

优秀的广告创意人只有具有深厚的人文知识，懂得体察人生，有好奇心，有感受性，才能创作出让消费者有感觉的作品来。例如，百丽女鞋曾经投放过这样一则广告，广告以年轻自信的广告模特展现着漂亮的百丽鞋子为主要画面，并配以这样的女声独白："从今以后／我再也不会害怕／不害怕陌生／不害怕受伤／不害怕改变／我知道只有迈出一步／才会有更美丽的世界／我是百丽／百变所以美丽。"百丽鞋子主要是以年轻女性为目标消费对象，广告正是在深入了解年轻女

---

① 聂艳梅："广告：引领生活形态"，《品牌真言》2003年第12期。

性心理的基础上,领会到年轻女性这种对未来既充满自信同时又不可避免地带有胆怯情绪的心理。通过对这种情绪的细腻刻画,这则广告成功地打动了目标消费者。

广告就是这样说了消费者想说的话,描绘了消费者的行为方式和生活方式,同时也给予令消费者感动的关怀和希望,从而实现了与消费者之间的情感共鸣。

二、广告,深化生活

回归生活的广告,并非只限于就事论事,它还对生活哲理予以提高,不断地深化人们对于生活的理解,在价值观层面上让消费者产生认同心理,认同企业的品牌文化理念,从而对企业的品牌形象产生好感。

央视曾经做过这样一则宣传片,广告以一个不停舞蹈的女孩为主角,女孩先是衣着朴素地在农村的舞台上表演,然后场景在变,她的打扮和气质也在不停地变化,最后终于在北京的一个大型舞台上表演了,片末的广告语进行了总结和提升:"心有多大,舞台就有多大!"简单的广告语却道出了生活的真谛。环视我们的周围,在同样的起点和同样的条件下,经过十几年或者几十年的发展,有的人能够不停地进步,他的舞台也在不停地升级,而有的人却几十年如一日地在不变的舞台上重复,其实这两种人的智商和条件并没有根本的差别,唯一不同的是,成功的人拥有描绘梦想的能力和努力向前的韧性,而那些永远没有办法登上更高层面舞台的人则安于现状、丧失了想象力。

这就不仅仅是一则广告了,它把原本简单的生活进行了深化,而这种深化也非常符合央视节目的特点,节目不是对生活的简单再现和重复,而是对生活进行深层次的挖掘和引导。与那些哗众取宠、喧嚣纷乱的广告相比,对生活进行简单而巧妙提升的广告,更能够引发受众的共鸣和情感认同。

另外要注意的是,在广告中提炼生活哲理,一定要自然、贴切,切忌带有说教的色彩,广告毕竟就是广告,它不是宣教片,不是哲理诗,而只是在广告商品的同时,不留痕迹地广告一下生活理念,而这种生活理念的加入是为了提升广告的内涵和气质,迎合广告受众的欣赏品味,而绝不是喧宾夺主,去抢广告本身的风头。

就像健力士啤酒的一则品牌形象广告,在传播啤酒本身的特点之余,广告语 "Not everything in black and white makes sense" 也给我们留下了非常深刻的印象。的确,在这个世界上,并不是任何事情都是黑白分明的。色泽金黄澄碧的健力士啤酒不是黑白分明的,而我们经历过的事情也并非都是黑白分明的,有些事情不用去探究对错,因为生活本身就是如此。我想,那些在酒吧里喝健力士啤酒的人,或许能从这则广告中悟出点什么,尤其是那些心情不爽的人,对这则广告更应该深有感触吧! 广告、产品、生活和消费者,就这样被巧妙地联系在一起!

三、广告,引领流行

拥有广阔前景的中国市场吸引了众多中外品牌的关注,而活跃在中国市场上的年轻人,更成为商家们虎视眈眈的目标。据有关资料显示:中国年轻消费者的人数比北美、俄罗斯和澳大利亚三个国家的总人数还要多。由此可见,研究中国年轻消费者的心态应该成为相关产业的重要任务。

鉴于广告在建立企业和消费者关系方面的独特优势,在广告创作上更应该把握年轻消费者的心理,掌握最新的流行态势,了解年轻人的语言特征和交流习惯,争取能在相同的层面上与他们交流。比如中国移动动感地带的广告,就非常敏锐地抓住了年轻人的兴趣爱好,并且在广告中加以渲染,强调这种年轻人的生活形态和价值观念,从而以这种生活形态引领流行。

这就是能够给消费者带来感觉的广告,它们贴近生活,却又不拘泥于简单的生活再现,力求在思想的层面上提升生活;它们深化生活,却又不是单纯的说教,而是站在流行的思想前沿上引领生活新形态。

广告与生活的界限,就是这样潜移默化地交融在一起。

第三节　影视广告对受众的深层影响

大众传播对社会的影响历来就得到传播学界的重视。按照李普曼的观点,在大众传播的影响下,人们对社会的认知会出现两种情况:一种是现实环境,就是人们通过自己的各种感觉器官对周围环境的认知和判断;另一种是虚拟环境,即人们通过大众媒介上的信息对周围环境形势或者自己不能到达的环境情况的判断。虚拟环境和现实环境之间的差距,就是由大众传播引起的,因此大众传播影响着人们对环境的认知和判断。

影视广告作为大众传播的一种形式,除了为受众的商品消费提供指南之外,还对受众产生着更深层的影响,发挥着影视广告的社会功能和影响。下面将从社会认知、价值观、生活形态三个方面来分析影视广告对受众的影响。

一、影视广告对受众社会认知的影响

影视广告通过人物、场景、情节等要素来传达商品和企业的信息,进行商品的推广和企业形象的传播,从而实现广告的商业目标。然而,在影视广告实现其商业目标的过程中,影视广告信息也对受众认识和判断周围的社会环境起着重要的引导作用。

(一) 影视广告中的人物特点影响着受众对现实社会的判断

商品虽然是影视广告的主角,但商品的表现离不开广告人物的展示,因为人物也是影视广告的重要组成要素,准确地选择广告人物是影视广告成功的原因之一,有吸引力的广告人物不仅可以提升广告本身的注目率,还能够借助对广告人物的好感度影响观众的消费态度和消费观点。

由于广告中的人物经由影视媒介传播出去,因此广告人物的社会影响问题也需要重视。比如广告中经常把女性形象塑造为贤妻良母的家庭型角色、男权社会的辅助角色,久而久之观众对待女性的态度和观点就受广告影响,有些观众就会以广告中的女性形象来界定生活中女性的社会地位和社会角色;再如广告中经常把男性形象塑造为事业成功人士、家庭的主要经济支柱,观众也受其潜移默化的影响,认为男人理应就是成功人士,从而使现实中的男性不断抱怨"压力太大";另外,影视广告中的人物形象大多是年轻人,这种形势也会误导受众错误地判断现实消费者的年龄结构。

(二) 影视广告中的消费场景和情节影响着受众对社会现实情况的判断

影视广告的主要目的是为了促进商品的销售,因此广告中往往设置一些高档的消费场景、时尚的消费情节,这种传播内容往往给受众一种假象,高估社会的平均消费能力和消费水平,消费欲望被刺激,于是做出一些超出支付能力的消费。

为了刺激消费，影视广告还着力提倡讲究生活质量和生活品位，并大力描绘高档商品给消费者带来的好处，让受众在观看广告的同时，对自己的生存现状产生不平衡的心理。

二、影视广告对受众价值观的影响

影视广告通过人物和情节设置来宣传商品和推广企业形象，在信息的传播过程中，不可避免地带着一些品牌主张和态度，鉴于影视广告大众传播的属性，这些品牌主张和态度对受众产生着潜移默化的影响。

(一) 对女性审美标准和男士成功标准的影响

影视广告出于商业需要，对有视觉吸引力的年轻女性、有购买力的成功男性过多关注和使用，无形之中影响着受众对女性审美标准以及男性成功标准的判断，误导受众把外表美作为评价女性美丽的主要指标，把金钱多少作为衡量男性成功的主要指标。

(二) 对人生价值观的影响

大众媒介上的影视广告对社会有着深远的影响，尤其是对那些正处于成长过程中的儿童和青少年有很大的影响。广告过多地渲染不断丰富的物质、奢侈的生活享受，从而刺激了受众对物欲和享受的追求。这对受众，尤其是儿童和青少年树立正确全面的人生价值观来讲，是一个不良的影响。

在影视广告中也有一些品牌非常重视对受众的人生态度和价值观的正确引导，这些广告通过对品牌理念和品牌价值观的塑造，向受众传播一种积极进取的人生态度、价值观以及对社会的责任感，从而对受众的人生价值观产生着深远的影响。比如一些运动品牌的影视广告就做到了这一点，阿迪达斯广告中对于"Impossible is nothing"的渲染、Nike广告中的"Just do it"的品牌理念，都给受众深刻的启发。

三、影视广告对受众的生活形态的影响

为了更好地推销商品，影视广告往往从宣传生活形态入手，勾画商品在新

的生活形态中的地位和作用。这种宣传方式正是为了暗示受众：要想获得崭新的生活形态，就需要购买广告中的商品。因此，影视广告在塑造生活形态、引导受众建立新的生活形态方面还产生着重要影响。

（一）塑造新的生活形态

在新产品上市的时候，为了宣传产品新的特点和功能，引导目标消费者购买新产品，这时的影视广告往往通过对新的生活形态和生活方式的宣传，吸引受众的关注，然后介绍新产品在这种生活形态和生活方式中的作用。

比如，速溶咖啡刚刚上市的时候，主妇们对这种"偷懒、对客人不热情"的冲泡方式无法接受，仍然热衷于现磨咖啡，因此影视广告就着重宣传这种便捷的、方便的生活形态和生活方式可以让主妇们从烦琐的磨泡咖啡的方式中解放出来，渐渐地，速溶咖啡就打开了市场，进入了人们的生活。再如，瓶装茶饮料刚上市的时候，也面临着消费者不接受的考验，毕竟瓶装茶饮料的出现是对中国悠久的泡茶、品茶历史的挑战，因此在瓶装茶饮料的影视广告中，我们看到的是年轻人的一种更新潮、现代、便捷的饮茶方式：方便、快捷、随时随地品茶享受。越来越多的瓶装茶饮料品牌的出现、越来越大的消费者群体，都反映了受众对这种新的生活形态的接受程度。

（二）引领新的生活形态

影视广告通过对新的生活形态和生活方式的宣传和推广，不仅吸引着观众对这种生活形态和生活方式的关注，同时又对这种生活形态产生羡慕、效仿和跟随的心态，于是影视广告在更深一个层面上起作用了：引领受众建立新的生活形态。

芝华士的影视广告中对阿拉斯加冰钓生活的描绘和渲染，让无数的观众为之眼热，畅饮芝华士以及到阿拉斯加冰钓成为许多受众梦寐以求的生活，而拥有这种消费能力的受众则尝试去亲身感受；左岸咖啡的影视广告通过对巴黎塞纳河左岸的一个咖啡馆的描述，向我们传达了一种浪漫的、有情调的、高雅的生活方式和情感体验，消费者与其说是在品尝左岸咖啡，不如说是在体验一种新的浪漫的生活方式。下面就以左岸咖啡的影视广告为例，深入介绍影视广告在引领生活形态方面的影响。

案例：左岸咖啡影视广告创意策略分析

台湾统一集团的乳类食品都是以"统一"牌子出售，在市场上长期以来无法突破二三线商品的形象。究其原因，是其他商品也以"统一"为牌子，也就是说，这个牌子不仅包括饮食类产品，还有保险甚至娱乐场在用，从而导致形象混淆。"统一"的乳类食品亟须一个新鲜和专业的清晰形象。为此，统一集团希望它的乳类食品建立一个新品牌，并利用其在台湾具有竞争力的冷冻设施及分配系统。

而当时台湾市面上，以利乐包装 (Tetra Pak) 的饮料，不论是高价的咖啡还是低价的豆奶，价钱总是10~15元新台币，罐头包装饮料则卖20元新台币，市场竞争非常激烈。"统一"集团希望能将同样类别、相同容量的饮料卖到25元新台币。为此，他们开发了一种白色塑料杯，它看起来像一般麦当劳外卖咖啡的杯子。这个没有真空密闭的杯子只有在5℃的冷藏柜内才能让内容物保存一段短暂的时间。这本应是一个缺点，但反过来看问题，这也是一个机会：保存期短使消费者相信物料新鲜。而一杯新鲜的饮品自然比其他饮品要贵些。

在这个杯子里放进什么商品才能卖到最高价，以确保能创造出一个高级品牌？在考虑过很多商品譬如葡萄汁、果汁、牛奶等之后，企业最后选取了咖啡。因为咖啡不易变质，被认为是高质饮品，并因牛奶成分而得到优惠税率。

策 略 思 考

经过分析尝试，人们觉得来自左岸咖啡馆的咖啡价值最高，他们愿为此支付高价。但是风险仍然存在，用利乐包装的咖啡只卖15元，谁会再高出10元买一杯？新饮品在推出3个月内如果达不到高营业额就会被撤走。一些消费者会出于品牌的创意而购买这个新牌子，但仅有好奇心并不能形成固定的消费群，还需要赋予品牌以个性和意念，并编造一些动人的故事。

左 岸 的 由 来

巴黎有条美丽的塞纳河，穿过巴黎市中心，河以北被称为右岸，以南则称为左岸。右岸有许多驰名的地方，处处映射出法兰西文化的精髓。左岸虽然远远落后于右岸，但聚集了画家、诗人、哲学家、电影艺术家，左岸是人文荟萃、文化沉淀深厚的拉丁区，集中了众多的咖啡馆、书店、画廊、美术馆和博物馆。

　　"统一"集团在推出冷藏杯装咖啡时,曾翻阅法国针对160个美国观光客的调查:什么是巴黎最迷人的东西?答案竟是巴黎的咖啡馆。据此,企业锁定富有人文气息的"巴黎咖啡馆",并以此为中心,其中又因塞纳河左岸为文人雅士聚集之处,遂以"左岸"作为品牌名称。左岸咖啡馆,这个来自法国塞纳河边的神秘、幽远的艺术圣地,带着咖啡芬芳,给人一种全新感觉:到处充满了一种浪漫的气息,一种抛弃了过去宫廷浮华、发自于内的清新气质。左岸咖啡馆代表一种深沉自内心的人文气质。巴黎人喝咖啡,品尝物质以外的愉悦,也变成一种时尚的流行。这样的流行令喝咖啡成了时尚,也暗示着人们想从咖啡里寻找心灵的缺口,一块会满足精神与自我的缺口。咖啡是实质的形体,但是咖啡隐含的精神,无形却铿锵有力。一杯朴实、单纯的咖啡,不用昂贵,不用过分讲究,但一定要有人文气质的氛围,要有文学艺术的印记。它可以是一杯左岸咖啡,形式简单却内涵深远;一杯可以让你在下午三点的办公室享受的人文咖啡,解放的不只是感官,更深及大脑皮层思考。

消费者定位

　　"统一"企业选择17~22岁的年轻女士为目标对象。目标消费者的生活状态设定为:讲究生活品位,注重精神需求,对工作、对生活质量的要求都很高,生活、工作状态投入。

　　消费者的心理价值——对品牌忠诚、多愁善感、喜爱文学艺术、生活经验不多、不太成熟、喜欢跟着感觉走,追捧村上春树式的文字风格和法国左岸的生活氛围。

　　消费者的心理期待——生活越来越紧张,工作、生活都100%投入,难得有一个放松自己心灵的空间,曾经的浪漫情结都被深藏在心底。

　　对台湾17~22岁的年轻女士做调查,左岸咖啡馆的广告视觉应该非常法国化,"让我们忘记是在为包装饮料做广告,假想是在为一家远在法国的咖啡馆做广告!"策划师如此告诉自己。他们从法国收集来许多咖啡馆的资料,包括图片甚至菜单。策划人员进一步想道:既然品牌是咖啡馆,那么它不仅可以卖咖啡,还可以延伸到咖啡馆餐单上的所有东西。因此,现在台湾人从便利店的冷藏柜里,还能找到左岸咖啡馆牌子的奶茶、牛奶冻和其他法式甜品。

　　左岸咖啡之所以如此打动和吸引消费者,可以说它已经通过自己的核心价值主张"追求一种宁静,追求一种心灵"与消费者建立了一种亲密关系,这是一个品牌和一个消费者的良好关系的基础。

为使消费者相信咖啡馆的存在,策划人员又计划了一连串节目让幻想变成现实。在法国咖啡馆摄影展期间,台湾最豪华的书店外布置着左岸咖啡馆,还制作了15分钟题为"左岸咖啡馆之旅"的有线电视节目,介绍塞纳河左岸20家咖啡馆。法国国庆期间,左岸咖啡馆是庆宴和法国电影节的赞助商之一。与雷诺、标致、香奈儿、迪奥等法国品牌同在赞助商之列。左岸咖啡馆的电视广告有一种愉快的孤独感,八成被访者相信有左岸咖啡馆的存在,其中一位说"宁愿相信有"。

左岸咖啡用自己独特的价值主张"追求一种宁静,追求一种心灵"锁定消费者,与目标消费者进行直面陈述式的一对一沟通:"我是这个样子的,是你所要的吗?"让消费者感觉到人生路上不孤独,引起消费者的强烈共鸣。也就是说,品牌用自己的核心价值主张来赢取尊重、信任、亲和力和爱意。这正是成就一个品牌不断完善的技术操作的基础和核心!从这个意义上说,左岸咖啡广告创意不仅仅是在传播咖啡,还在向消费者传达:喝左岸咖啡,让你享受一下心灵的宁静。

解 构 广 告

广告应促使消费者在脑海里建造一个咖啡馆。左岸咖啡馆有能力刺激消费者在他们的想象中产生一种反应,它能够满足自己随时可能冒出的一点精神欲望。

左岸咖啡1996年影视广告以漫步在巴黎塞纳河畔独自享受咖啡的女孩为主题,仿佛在叙说一段故事,"统一"设计的"左岸咖啡馆"犹如旋风般刮过宝岛。左岸咖啡是一种情绪,一种感觉,一种诉说不尽的风情。它是艺术的、文化的、浪漫的、不羁的,不断刺激着消费者内心欲望的"精神鸦片"。

左岸咖啡馆广告如一阵旋风刮过台湾,在一批年轻女士的心中产生很大反响,她们说:"广告太棒了,我们去买吧!"头一年,左岸咖啡馆就有400万美元的销售额,品牌继续得到巩固。此后每年都保持着持续稳定的增长,今天,左岸咖啡馆已成为名副其实的强势品牌。

左岸咖啡馆品牌的诞生即是由这份对人文思潮的渴求促成。人文精神汇聚并非局限于某一家咖啡馆,而是来自整个塞纳河左岸的荟萃,思想与艺术丰沛的强度更随着河左岸而蔓延世人。左岸成为一个无可取代的形

容词,代表了丰沛人文思想的形容词。

身为一杯富有人文特质的咖啡,左岸咖啡馆对咖啡本身有艺术家的要求,呈现纯粹又执着完美;对于咖啡意境,有哲学家的思考,追求真理又不失浪漫。品尝的人喜欢它体现的意境,追求它法兰西的质感。其杯装站立在冷藏柜的前面就展现了越洋的气质,不同于罐装的保守风格。它纯正的取材,更贴近现煮的原味,满足对饮料有要求的一群人。

对于一杯咖啡,左岸咖啡馆所倾注的不只是250公克的黑色液体,而是一份数百年来对人文思想的尊敬。这样的尊敬,被现代的我们所珍藏着。左岸咖啡馆想带给每一位消费者的是一个文学大梦,咖啡杯里隐藏的是一份浓烈的艺术气质;于是,"左岸"开始成为一个形容词,在坊间流传,而我们都深深地迷恋上了左岸咖啡馆……

左岸咖啡影视广告作品

故事情节:通过巴黎浪漫的外景和极富异域风情的咖啡馆,描述了一个浪漫的女孩在巴黎的心情和感受……

● 春天篇

我在这里找到一个角落

一个上午,一杯café aulait

café aulait,一如记忆里的模糊地带

这是春天的最后一天

我在左岸咖啡馆

● 下雨篇

我喜欢雨天

雨天没有人

整个巴黎都是我的

这是五月的下雨天

我在左岸咖啡馆

● 巴黎车站篇

一杯café aulait

自己替自己送行

这是在巴黎的最后一天

我在左岸咖啡馆

● 肖邦与莫奈篇

一样的位子

一样的光线

一样的咖啡

我在左岸咖啡馆

● 抓住刹那篇

在巴黎

懂得抓住刹那

就懂得享受卡布奇诺

我在左岸咖啡馆

本 章 小 结

影视广告是企业创建品牌的重要方式,同时,作为大众传媒的重要内容之一,影视广告也影响着受众的社会认知和价值形态。因此广告创作者要有社会责任感,在运用广告创意表现符号、设定广告情节以及把握广告的主题时,都要谨记广告人的社会责任和职业道德。

后　记

在媒体形式推陈出新的今天,影视广告仍然是最有渲染力的广告类型。视听结合声画并茂的影视广告在诠释故事情节、展现动态效果、烘托幽默氛围等方面独具优势,这不仅可以增强广告的注意力和记忆度,还能提升品牌的文化内涵,赋予品牌以独特的文化识别性。

随着世界市场的一体化,跨国品牌在全球范围内进行市场拓展,广告作为开发市场以及与消费者沟通的重要手段,成为品牌竞争的制胜法宝。然而,由于不同国家的文化背景和价值观不同,不可避免地产生了很多文化冲突和广告误解问题。

正是带着这些问题,在十多年来讲授"影视广告"和"跨文化传播"这两门课程的过程中,我一直在思考跨文化影视广告的传播问题,并收集各国影视广告作品、分析跨国品牌运作的成功案例、剖析这些作品和品牌背后的国别文化、解读各国受众的文化背景和风俗习惯,试图在跨文化影视广告传播中探索一条能够跨越文化障碍的有效路径和可行方案。这正是写本书的初衷。

跨文化影视广告创意的研究价值,不仅仅表现在影视媒体上。在媒介融合的大背景下,影视媒体技术与户外媒体融合为办公楼宇分众传媒,与地铁媒体融合为地铁视频媒体,与公交车融合为公交车视频媒体,与网络媒体融合为网络视频媒体,与手机媒体融合为手机视频……多样化的视频媒体不仅为影视广告提供了新的传播平台,也延伸了影视广告的生命力。

影视广告创意是一个丰富而有趣的聚宝盆,而文化则是这个聚宝盆中的明珠。透过这颗明珠,我们看到了各国的风俗人情、各民族的情感喜好,还有不同

族群的人生价值观和幸福观……而了解各国文化背景,分析广告作品的文化渊源,有助于探索有效的跨文化传播的方法,从而提高影视广告的跨文化沟通能力,实现品牌的全球化推广。

本书是以前人研究为基础的,尤其是跨文化传播理论和广告创意理论方面的研究成果,给我带来了很多启发;本书还引用了各国广告公司的优秀作品,作为本书的重要分析文本。在此向学界和广告业界表示由衷的感谢!在本书积累素材的过程中,也特别感谢各届学生,与学生们的课堂互动和讨论,为我开辟了新的视角,也为我拓宽了收集素材的渠道。

由于笔者的学术背景以及篇幅的限制,本书还有很多未尽之处,比如在跨文化影视广告传播模式的建构上还需深入,研究的样本国家还需增加,深度剖析的品牌数量还需拓展,选取的作品还需要扩充……这既是本书的不足之处,也是笔者未来进一步开展研究的努力方向。跨文化影视广告创意的研究价值以及其丰富的内涵,值得我们给予更多的关注。

聂艳梅

2016年8月

参考文献

［ 1 ］高晓红：《电视广告谋划》，北京广播学院出版社1992年版。

［ 2 ］樊志育：《广播电视广告》，中国友谊出版公司1995年版。

［ 3 ］丁俊杰：《现代广告通论——对广告运作原理的重新审视》，中国物价出版社1997年版。

［ 4 ］陈俊良：《广告媒体研究——当代广告媒体的选择依据》，中国物价出版社1997年版。

［ 5 ］韩勇：《文化促销》，中国经济出版社1998年版。

［ 6 ］聂鑫：《影视广告学》，文化艺术出版社1999年版。

［ 7 ］王方华：《文化营销》，山西经济出版社1998年版。

［ 8 ］甘碧群：《国际市场营销学》，武汉大学出版社1999年版。

［ 9 ］郭庆光：《传播学教程》，中国人民大学出版社1999年版。

［10］姚力：《广播电视广告学》，吉林大学出版社2000年版。

［11］李谋：《CF大透视・影视广告创作指南》，中国摄影出版社2000年版。

［12］保罗・A.赫比格、芮建伟：《跨文化市场营销》，机械工业出版社2000年版。

［13］龙秋云、刘立宾：《大检阅——中国国际影视广告大奖赛》，中国摄影出版社2000年版。

［14］王诗文：《电视广告》，中国广播电视出版社2001年版。

［15］［美］霍珀・怀特著，邱顺应译：《如何制作有效的广告影片》，企业管理出版社2001年版。

［16］夏洪波、洪艳：《电视媒体广告经营》，北京大学出版社2003年版。

［17］唐・舒尔茨、史丹立・田纳本、罗伯特・劳特朋：《整合行销传播》，中国物价出版2002年版。

［18］陈家华，麦箴时：《我国儿童与广告》，中国社会科学出版社2004年版。

［19］刘艳春：《电视广告语言类型与创作》，中国经济出版社2004年版。

［20］冯广超、方钰淳：《数字电视广告》，北京广播学院出版社2004年版。

［21］李燕临、王蕊:《电视广告教程》,国防工业出版社2004年版。

［22］周星、王宜文等著:《影视艺术史》,广西师范大学出版社2005年版。

［23］杨乃近、梁恩瑞:《电视广告创作》,浙江大学出版社2005年版。

［24］张印平:《电视广告创作基础》,暨南大学出版社2005年版。

［25］黄勇:《2006年中国广播影视发展报告》,社会科学文献出版社2006年版。

［26］刘宏球:《电影学》,浙江大学出版社2006年版。

［27］王进力:《影视广告摄制》,中南大学出版社2006年版。

［28］田兆耀:《电影美学与文化学》,中国广播电视出版社2006年版。

［29］和群坡:《影视广告制作教程》,中国传媒大学出版社2006年版。

［30］［英］克里斯·帕特莫尔:《英国影视制作基础教程》,上海人民美术出版社2006年版。

［31］朱月昌:《广播电视广告学》(第二版),厦门大学出版社2007年版。

［32］聂艳梅、林永强:《电视广告创意》,中国市场出版社2009年版。

［33］聂艳梅:"论电视广告的发展趋势",《北京商学院学报》2000年第5期。

［34］聂艳梅:"整合之下话广告——论广告传播与整合营销传播",《广告大观》2000年第
10期。

［35］聂艳梅:"广告公司在跨文化传播中的应对策略",《广告大观》2001年第1期。

［36］聂艳梅:"跨国广告公司的本土化策略探讨",《国际广告》2003年第9期。

［37］聂艳梅:"广告:引领生活形态",《真言》2003年第12期。

［38］叶晶晶:"挽马VS蚂蚁——浅析百威啤酒广告中不同动物形象的文化意义",《广告大
观》2006年第1期。

［39］马中红:"文化敏感与广告跨文化传播",《深圳大学学报》(人文社会科学版)2007年第
6期。

［40］陈云萍:"广告跨文化传播的影响因素及传播策略",《东南传播》2008年第7期。

［41］吉峰:"广告跨文化传播技巧刍议",《鸡西大学学报》2009年第2期。

［42］陈洁:"浅析广告跨文化传播中的文化冲突及对策",《新闻传播》2009年第8期。

［43］汤志耘:"中西方广告跨文化传播的文化解读",《东南传播》2009年第9期。

［44］陈元贵:"审美修饰背后的文化隐喻——试论电视广告的跨文化传播",《绥化学院学
报》2010年第1期。

［45］柳庆勇:"广告跨文化传播效果的符号学解读",《新闻界》2010年第5期。

［46］熊蕾、吴昌娥:"广告跨文化传播的冲突与对策",《新闻前哨》2010年第8期。

［47］洪婷:"中国元素在广告跨文化传播中的表现——以《水墨篇》为例",《华中师范大学
学报》2011年第1期。

［48］李翠、徐健:"全球化语境下中国广告的跨文化传播",《新闻世界》2011年第7期。